新编法国语言与文化

Langue et Civilisation Françaises

（下册）

主　编　肖　凌
主　审　刘春芬
编　委　肖　凌　高文婧　王广梅

北京大学出版社
PEKING UNIVERSITY PRESS

图书在版编目(CIP)数据

新编法国语言与文化. 下册/肖凌主编. —北京：北京大学出版社，2015.8
(21世纪法语系列教材)
ISBN 978-7-301-26066-1

Ⅰ.①新… Ⅱ.①肖… Ⅲ.①法语—文化语言学—高等学校—教材 Ⅳ.①H32-05

中国版本图书馆CIP数据核字(2015)第163109号

书　　名	新编法国语言与文化(下册)
著作责任者	肖　凌　主编
责任编辑	初艳红
标准书号	ISBN 978-7-301-26066-1
出版发行	北京大学出版社
地　　址	北京市海淀区成府路205号　100871
网　　址	http://www.pup.cn　　新浪微博:@北京大学出版社
电子信箱	alicechu2008@126.com
电　　话	邮购部 62752015　发行部 62750672　编辑部 62759634
印 刷 者	北京大学印刷厂
经 销 者	新华书店
	787毫米×1092毫米　16开本　20.25印张　396千字
	2015年8月第1版　2015年8月第1次印刷
定　　价	58.00元

前　言

为适应21世纪法语教学改革的需要，切实提高大学公共法语的教学质量，编写一套实用的针对法语初学者的基础法语教材，无论对教师的课堂教学还是对学生的学习都是十分必要的。

本教材呈现出以下几个特点：

一、针对性强。主要针对高校非法语专业以法语为第二外语的本科学生以及法语专业的低年级学生，为其更好地学习法语提供一本难易适中的教材。本教材用简明的语言系统地讲解法语的语音和语法，有利于在短时间内帮助初学者掌握法语的基本知识。

二、实用性强。一是注重教学目的的实用性。本教材依据《大学法语教学大纲》(第二版)的要求，"培养学生具有一定的阅读能力，初步的听、写、说与译的能力，使学生能用法语交流简单的信息，提高文化素养并为进一步提高法语水平打下较好的基础"。二是为适应社会的需求，本教材还与现行各类法语考试密切相关。如大学法语四级考试、同等学力人员申请硕士学位法语水平考试、职称考试和法国TEF考试等。

三、内容丰富。一是在课文选取上，注重题材、体裁的多样化和语言的规范性及内容的实用性。二是在练习编排上，增加了较全面的练习。通过对本教材由浅入深地学习，学生不仅能使用法语进行信息的交流，而且可以感受到法语细腻优雅的表达方式，从而使枯燥的学习平添许多乐趣。

本册教材由肖凌主编，刘春芬主审，编者是肖凌、高文婧、王广梅(其中肖凌完成198,000字，高文婧完成118,000字，王广梅完成80,000字)。在编写过程中，我们得到了法籍教师Hervé Laval的热情帮助。另外，本教材在编写过程中参考了出版发表的文献资料，在此对作者表示感谢。由于编写时间仓促，编者水平有限，不当之处在所难免。恳切希望同仁提出宝贵的意见。

编　者

2015年6月

常用缩略语表

adj. : adjectif 形容词

adv. : adverbe 副词

art. :article 冠词

c.-à-d. : c'est à dire 即,就是说

cf. : confer (comparez) 参考,比较

compl. : complément 补语

compl. cir. :complément circonstanciel 壮语

conj. : conjonction 连词

etc. : et coetera 等等

ex. : exemple 例如

f. : féminin 阴性

ib. , *ibid.* : ibidem 同一出处

id. : idem 同上

interj. : interjection 叹词

loc. : locution 短语

loc. adv. : locution adverbiale 副词短语

loc. conj. : locution conjonctive 连词短语

loc. prép. : locution prépositive 介词短语

loc. verb. : locution verbale 动词短语

n. : nom 名词

N°, n°: numéro 号码

N.B. : nota bene (notez bien) 注意

n.f. : nom féminin 阴性名词

n.m. : nom masculin 阳性名词

目　录

Leçon 1

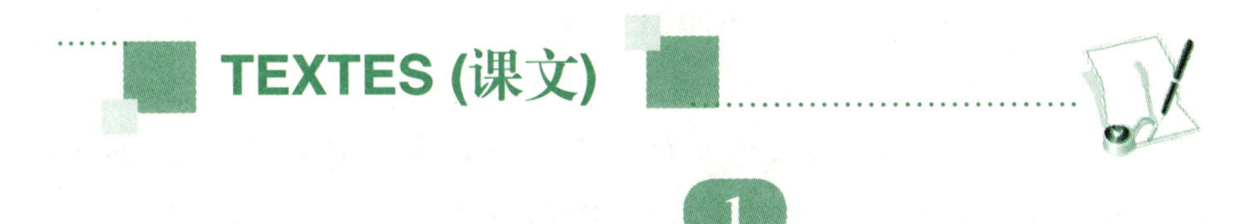

1

Le coup de foudre

Martin: Vous êtes mariés depuis sept ans ! Incroyable !
Où vous vous êtes rencontrés ?

Julie: Sur l'autoroute Paris-Lille.[1]

Frédéric: Sur l'aire de repos de Survilliers.[2]

Julie: Moi, je montais vers Belgique, j'allais garder les enfants d'une famille belge.[3]

Frédéric: Moi, j'allais voir mes parents à Lille.

Martin: Et alors ?

Frédéric: A la cafétéria; j'ai renversé mon plateau à ses pieds. Tout le monde me regardait. J'étais rouge comme une tomate !

Martin: Alors, comment a-t-elle réagi ?

Frédéric: Elle a éclaté de rire et elle a tout ramassé avec moi. Puis, on a pris un café ensemble.

Julie: Et on a échangé nos numéros de portable.

Frédéric: J'étais déjà très amoureux ! Nous nous sommes appelés tous les jours et je lui ai écrit aussi.

Julie: Je pleurais, je riais. Les enfants ne comprenaient rien. Je leur disais : les histoires d'amour, c'est comme ça.

Martin: Et alors ?

Frédéric: Nous nous sommes retrouvés en mai, à Paris.

Martin: C'était quand ce coup de foudre ?

Julie: En janvier 2005.

Frédéric: Et on a attendu deux ans pour se marier, le 11 mai exactement.

2

L'amour

Victor Hugo a 31 ans ; il est marié et a déjà des enfants ; le 17 février 1833, il rencontre l'actrice Juliette Drouet au théâtre ; elle interprète la princesse dans la pièce de Victor Hugo. Il tombe tout de suite amoureux de cette jeune femme. Elle devient sa maîtresse. Victor Hugo reste marié et rencontrera d'autres femmes.[4] Mais Juliette l'adore et elle sera sa maîtresse jusqu'à sa mort, en 1883.

La polonaise Marie Slodowska arrive à Paris à 24 ans ; elle s'inscrit à la Sorbonne en juillet 1893 pour passer sa licence de physique. En 1894, elle rencontre Pierre Curie. Il a 35 ans, c'est déjà un physicien célèbre. Tous les deux adorent la science, la nature, la famille. Marie obtient sa licence de maths et retourne en Pologne. Pierre lui écrit tous les jours ; il lui demande de revenir à Paris. Elle revient et ils se marient le 25 juillet 1895. Ils reçoivent deux vélos comme cadeau de mariage. En 1903, ils obtiennent tous les deux le prix Nobel de physique. Mais, en 1906, Pierre Curie meurt dans un accident. Marie continue seule ses recherches. Elle meurt en 1934. Elle ne s'est jamais remariée.

Le boxeur Marcel Cerdan est marié et père de quatre enfants quand il fait la connaissance de la chanteuse Édith Piaf en 1946. Mais il n'y a pas de coup de foudre cette année-là. C'est en 1948, à New York, que la romance commence.[5] Le boxeur et la chanteuse s'aiment à la folie pendant presque deux ans. Le 7 juillet 1949, Marcel Cerdan meurt dans un accident d'avion : il allait à New York retrouver Édith. Elle a composé la chanson *L'hymne à l'amour* en souvenir de cet amour.

Les numéraux : la fraction（分数）

法语有3个专门的分数词：

1/2 demi *a.* un demi

1/3 un tiers   2/3 deux tiers

1/4 un quart   3/4 trois quarts

除了以上三个专门的分数词外，其他分数的分子用基数词，分母用序数词：

1/5 un cinquième   3/7 trois septième

如果分母的数目很大，可以用介词sur来表示分数关系：

63/183 soixante-trois sur cent quatre-vingt-trois

Proverbe: Les murs ont des oreilles. 隔墙有耳。

VOCABULAIRE (词汇)

l'amour	*n.f.*	爱情，爱
marié, e	*adj.*	已婚的
incroyable	*adj.*	不可相信的，难以置信的
l'autoroute	*n.f.*	高速公路
l'aire de repos	*loc. n.*	高速公路休息站
Survilliers		叙尔维利耶尔市镇
Belgique	*n.f.*	比利时
garder	*v.t.*	看管，照看；保卫；保存
la cafétéria	*n.f.*	高级咖啡馆；(多为自助式的)快餐馆
une tomate	*n.f.*	番茄，西红柿
renverser	*v.t.*	打翻
le plateau	*n.m.*	托盘，盘子
réagir (à qch.)	*v.t.ind.*	起反应，有反应
éclater de rire	*loc. verb.*	突然哈哈大笑
ramasser	*v.t.*	拾取，捡起
échanger	*v.t.*	交换，互换
le numéro	*n.m.*	号数，号码
le portable	*n.m.*	手机
amoureux, se	*adj.*	钟情的，爱恋的
appeler	*v.t.*	打电话
pleurer	*v.i.*	流泪，哭泣

rire	*v.i.*	笑,发笑
comprendre	*v.t.*	理解,明白
se retrouver	*v.pr.*	重逢,相见
le coup de foudre	*loc. n.*	一见钟情,一见倾心
se marier	*v.pr.*	结婚
exactement	*adv.*	确切地,准确地
Victor Hugo		(人名)维克多·雨果
acteur, actrice	*n.*	演员
Juliette Drouet		(人名)朱丽叶·德鲁埃
interpréter	*v.t.*	表演,演奏
une princesse	*n.f.*	公主,王妃,公爵夫人
une pièce	*n.f.*	剧作,剧本
tomber amoureux de...	*loc. verb.*	爱上……
une maîtresse	*n.f.*	情人;情妇
adorer	*v.t.*	爱慕,崇拜
Polonais, e	*n.*	波兰人
Marie Slodowska		(人名)玛丽·斯克沃多夫斯卡
s'inscrire	*v.pr.*	报名参加,进行登记
la licence	*n.f.*	学士学位
la physique	*n.f.*	物理学
Pierre Curie		(人名)皮埃尔·居里
physicien, ne	*n.*	物理学者,物理学家
obtenir	*v.t.*	取得,获得
les maths	*n.f.pl.*	(mathématiques 的缩写)数学
Pologne	*n.f.*	波兰
recevoir	*v.t.*	接到,收到,得到
un mariage	*n.m.*	婚礼,婚姻
le prix Nobel		诺贝尔奖
seul, e	*adj.*	(起副词作用)独自地,单独地
les recherches	*n.f.pl.*	研究,钻研
un boxeur	*n.m.*	拳击手
Marcel Cerdan		(人名)马塞尔·瑟丹
chanteur, chanteuse	*n.*	歌手,歌唱家

Edith Piaf		(人名)艾迪·皮雅芙
New York		纽约
la romance	*n.f.*	罗曼史,浪漫曲
à la folie	*loc. adv.*	疯狂地,狂热地,发疯般地
composer	*v.t.*	作曲
l'hymne	*n.m.*	颂歌;国歌
un souvenir	*n.m.*	回忆,记忆
en souvenir de...	*loc. prép.*	为了纪念……

NOTES (注释)

1. Sur l'autoroute Paris-Lille. 在巴黎到里尔的高速公路上。
2. Sur l'aire de repos de Survilliers. 在叙尔维利耶尔的高速公路休息站。
3. Moi, je montais vers Belgique, j'allais garder les enfants d'une famille belge. 我呢,我当时正北上去比利时,正要去一个比利时家庭照看小孩。
4. Victor Hugo reste marié et rencontrera d'autres femmes. 维克多·雨果保持着已婚身份并在之后又邂逅了其他的女性。这里rencontrera 是动词rencontrer的简单将来时第三人称单数形式。
5. C'est en 1948, à New York, que la romance commence. 他们的爱情罗曼史于1948年在纽约开始。这里面c'est ... que 是强调句式,强调其中间的成分。

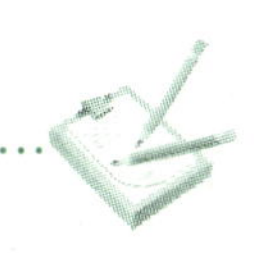

GRAMMAIRE (语法)

1. 直陈式未完成过去时(l'imparfait de l'indicatif)

1) 构成:直陈式未完成过去时由直陈式现在时第一人称复数去掉词尾-ons,加上词尾-ais, -ais, -ait, -ions, -iez, aient构成。除être外,所有动词的直陈式未完成过去时的构成方法都相同。以parler为例,现在时第一人称复数为nous parlons,其未完成过去时为:

je parlais	nous parlions
tu parlais	vous parliez
il parlait	ils parlaient

注意下列动词的形式：

être	j'étais	nous étions
commencer	je commençais	nous commencions
manger	je mangeais	nous mangions
étudier	j'étudiais	nous étudiions
envoyer	j'envoyais	nous envoyions
voir	je voyais	nous voyions
faire	je faisais [fə-]	nous faisions

2）用法：未完成过去时表示过去未完成的，正在延续进行的动作，可以说是过去时中的现在时。其用法特点可分为以下几种情况：

（1）延续性（la durée）：用来表示过去处于延续状态的动作，这类动作开始和结束的时间都不明确，也就是说这个动作曾经持续过一段时间。如：Mes parents étaient professeurs.

但是如果限定了动作的期限，就不用未完成过去时，而改用复合过去时，试比较：

① J'étais ouvrier. 我曾经当过工人。

J'ai été ouvrier pendant deux ans avant de venir à l'université.

来校之前我当过两年工人。

② Avant, ils habitaient à la campagne. 从前，他们住在乡下。

Avant de venir en ville, ils ont habité pendant deux ans à la campagne.

来城里之前，他们在乡下住过两年。

（2）描写性（la description）：由于未完成过去时表示延续过一定时期的动作，所以它就常被用来描写过去的事情或动作发生时的背景、人物、环境和气氛等的状况，如：

Un jour, il neigeait, il gelait. J'étais malade depuis plusieurs jours, mais je devais quand même travailler. J'étais si faible que je suis tombée par terre.

有一天，下着雪，结着冰。我病了有几日了，不过我仍需工作。我当时如此虚弱以致跌倒在地。

Hier, il faisait mauvais, le ciel était gris, il y avait du vent, je suis resté à la maison.

昨天，天气不好，天空阴沉，有风，我待在家里。

Nous sommes arrivés à la station Porte d'Italie vers huit heures, les gens marchaient ou couraient dans les couloirs.

我们将近8点到达了意大利门站，人们在通道里走着或者跑着。

Je suis entré dans la chambre. C'était une petite pièce, il y avait peu de meubles : un lit, une table et un banc.

我进入了房间。这是一个小房间，家具很少：一张床、一张桌子和一个凳子。

(3) 表示习惯性(l'habitude)或重复性(la répétition)的过去动作，如：

Nous nous levions à six heures pendant les vacances. 假期期间我们每天6点起床。

Quand j'étais au lycée, j'allais tous les ans chez mon oncle pendant les grandes vacances. Je passais mes journées à courir les champs.

我上高中的时候，每年寒、暑假我都去我叔叔家。我每天都在田间奔跑。

Tous les ans, ils allaient en vacances à la campagne. Tous les jours, ils se levaient à neuf heures. 过去，他们每年都去乡下度假。那时他们每天9点起床。

L'année dernière, nous déjeunions chez mon grand-père chaque semaine.

去年，我们每周都在祖父家吃午餐。

(4) 表示动作发生的同时性(la simultanéité)：未完成过去时所表示的动作处于延续状态，因此在叙事的过程中必然会与另一些动作同时发生，如：

Je suis sorti de la maison, il pleuvait dehors. 我走出家门，外面正在下雨。

主从复合句中，时间状语从句常常由 quand, pendant que 等引出。

① 未完成过去时与复合过去时配合使用。两个动作，一个是一下子完成的动作，用复合过去时；另一个是正在进行的动作，用未完成过去时。如：

Pendant que j'écrivais une lettre, il est entré. 我正在写信的时候，他进来了。

Quand elle est venue à la clinique, elle avait de la fièvre. 她发着烧，来到了诊所。

Nous faisions nos devoirs quand le professeur est entré.

我们正在做作业的时候，老师进来了。

② 主句和从句都用未完成过去时。此时两个动作均为正在进行的、未完成的、延续的动作。如：

Il écrivait une lettre pendant que je lisais. 我看书时，他正在写信。

Pendant que je faisais mes devoirs, ma mère préparait le dîner.

当我在做作业的时候，妈妈正在准备晚餐。

注意：用quand不一定都表示同时性，有时表示完成一个动作后，再完成另外一个动作，这时就不用未完成过去时。如：

Quand il a fini sa lettre, il est allé à la poste. 当他写完信后，他去了邮局。

2. 副代词en (le pronom adverbial «en»)

en = de + nom 在句中作地点状语。

Li entre dans la salle et Wang en sort.

Le train arrive, des voyageurs en descendent.

Il est allé à Shanghai le mois dernier, et il en est revenu aujourd'hui.

3. 形容词补语(le complément de l'adjectif)

有些形容词后面可以有补语，用来补足形容词的意义。形容词补语可以是名词、代词或动词不定式，通常由介词引导。

Elle est contente de mon travail.

Le directeur est très content de toi.

Nous sommes très heureuses de faire ta connaissance.

TABLEAUX DE CONJUGAISON (动词变位)

rire		attendre	
je ris	nous rions	j'attends	nous attendons
tu ris	vous riez	tu attends	vous attendez
il rit	ils rient	il attend	ils attendent

EXERCICES (练习)

1. Répondez aux questions suivantes.

1) Julie et Frédéric allaient du nord vers le sud ou du sud vers le nord ?

2) Ils se sont mariés depuis combien de temps ?

3) Pourquoi Julie et Frédéric échangent-ils leurs numéros de portable?

4) Aujourd'hui, ils se connaissent depuis combien de temps ?

5) Quelle est la date de leur mariage ?

6) Qu'est-ce que c'est que le coup de foudre?

7) Pourquoi est-ce que Julie pleurait et riait ?

8) Les trois couples indiqués dans le deuxième texte sont lesquels ?

9) Un seul couple s'est marié, lequel ?

10) Connaissez-vous Victor Hugo ?

11) Connaissez-vous Marie Curie ?

12) Et Édith Piaf ?

13) En France, on dit souvent que les plus belles histoires d'amour sont tristes ; qu'est-ce qui est triste dans ces trois histoires ?

14) Y a-t-il dans votre pays des couples célèbres ? Lesquels ?

2. Mettez les verbes entre parenthèses au temps convenable.

1) Quand je suis entré, il (lire) ________.

2) Ce jour-là, il (faire) ________ beau.

3) L'année dernière, je (se lever) ________ à cinq heures.

4) Quand il (être) ________ petit, il (aller) ________ à l'école.

5) Tous les ans, ils (aller) ________ à la campagne pour voir les amis.

6) Quand il est sorti, je (écouter) ________ la radio.

7) Nous sommes entrés dans la pièce, ce (être) ________ une petite chambre, il y (avoir) peu de meubles.

3. Faites des phrases d'après le modèle.

Modèle : arriver

—Quand êtes-vous arrivé ?

—Je suis arrivé hier.

1) sortir

2) se laver

3) rentrer

4) monter dans le métro

5) aller à la campagne

6) arriver à la gare

4. Conjuguez les verbes suivants au présent, au passé composé, et à l'imparfait.

1) avoir de la fièvre

2) être malade

3) parler français

4) traverser la rue

5) faire les devoirs

5. Mettez les verbes entre parenthèses au temps et au mode qui conviennent.

Hier, je (aller) ______________ au Palais d'Eté avec mon ami Li. Quand je (arriver) ______________ chez lui, il (lire) ______________ le journal. Ensuite, nous (sortir) ______________ , nous (prendre) ______________ l'autobus. Un quart d'heure après, nous (entrer) ______________ au Palais d'Eté. Il y (avoir) ______________ beaucoup de monde. Des enfants (chanter) ______________ et (danser) ______________. Nous (se promener) ______________ au bord du lac. Il (faire) ______________ beau, il n'y (avoir) ______________ pas de nuages. Vers quatre heures de l'après-midi, nous (rentrer) ______________ . On (passer) ______________ une bonne journée.

6. Traduisez en français.

1）他们结婚五年了。

2）我们互换了手机号码。

3）居里夫人获得了诺贝尔奖。

4）她在一场交通事故中死去了。

CONTRÔLE (测验)

1. Répondez aux questions avec «en, y», ou un pronom complément d'objet direct.

1) Qu'est-ce que tu es en train de faire ? Tu as fini tes devoirs d'aujourd'hui ?

2) Est-ce que tout le monde est allé au cinéma ?

3) Catherine a-t-elle assisté à la conférence du professeur Li ?

4) Allez-vous voir l'exposition de peinture ?

5) Vous êtes allées au centre ville dimanche dernier ?

6) Combien de cours avez-vous eus hier ?

7) Où vas-tu recevoir tes amis français ce soir ? Chez toi ?

8) Est-ce que les étudiants ont acheté beaucoup de cassettes ?

9) A qui veux-tu donner ces livres ? A Pierre ?

10) Ces vieux ouvriers sont-ils montés au sommet de la Grande Muraille ?

2. Mettez les verbes entre parenthèses au temps convenable.

Anne raconte comment elle a passé son dimanche.

Le Palais d' Eté (ne pas être) ______________ loin de notre institut. J' y (aller) ______________ déjà plusieurs fois. Je (aimer) ______________ (faire) ______________ une promenade sur le lac.

Hier, j'y (aller) ______________ avec mes amis Colette, Catherine et Nathalie. Nous (partir) ______________ tôt le matin, à vélo. Nous (arriver) ______________ à sept heures. Colette (trouver) ______________ le Palais d' Eté magnifique. Nous (monter) ______________ au sommet de la colline. Dans un restaurant, nous (prendre) __________ le déjeuner et (boire) ______________ du thé, nous y (se reposer) ______________ une heure. L'après-midi, la promenade sur le lac nous (plaire) ______________ beaucoup. Le soir, nous (rentrer) ______________ à six heures.

Nous (être) ______________ très contentes de notre promenade, nous (vouloir) ______________ aller aux Collines parfumées dimanche prochain.

3. Employez les mots suivants: *raconter, être en train de, excuser, parler, dire, se précipiter, se sentir, préparer, se reposer, plaire.*

1) —Hélène, tu veux patiner avec nous ?

— __________ -moi, je ___________ un peu fatiguée, je veux __________ ce soir.

2) Le professeur est en train de ___________ d'un film.

3) —Ce roman vous ___________ ?

—Oui, il est assez intéressant.

4) —Que lis-tu là ?

—Un roman français.

—Qu'est-ce qu'il ___________ ?

—Je ne sais pas encore.

5) —Tu vas bien aujourd'hui ?

—Je dois te ___________ non, parce que ça ne va pas du tout.

6) —Où est Maman ?

—Elle est dans la cuisine, elle ___________ de ___________ les plats pour les invités.

7) Il est presque 8 heures, tous les étudiants ___________ vers la classe.

4. Lisez les textes suivants, faites attention au temps des verbes.

La poste

Scène 1 : Il est dix heures, Mme Vincent vient de rentrer à la maison.

—Où est votre père ? demande-t-elle.

—A la poste, répond Hélène, à 9 heures, il était assis à son bureau et il écrivait ; soudain, le facteur a sonné...

—Non, dit Pierre, c'était un petit télégraphiste. Il a apporté un télégramme. Papa l'a lu ; il voulait téléphoner, mais il n'a pas eu la communication ; son téléphone ne marchait pas ; alors, il est allé à la poste. Pouvons-nous aller le chercher ?

—Oui, mais attention aux voitures !

Dans les grands magasins

Scène 2 : Cet après-midi, Mme Vincent est allée dans un grand magasin et elle a emmené Hélène. Quand elles sont entrées, il y avait déjà beaucoup de monde.

—La parfumerie, s'il vous plaît ?

—Au rez-de-chaussée à droite, a répondu un vendeur.

Elles ont traversé le rayon de lingerie, puis le rayon des chapeaux. Mme Vincent s'arrêtait partout. Mais Hélène tirait sa mère par la manche: «Maman, allons voir les poupées.»

Alors, elles sont montées au rayon des jouets par l'escalier roulant. Hélène ne voyait ni les trains mécaniques ni les autos électriques. Elle voulait une poupée et toutes étaient si belles, si bien habillées.

Mme Vincent a interrogé Hélène : «Allons, quelle poupée veux-tu ? Ce gros bébé ou cette jolie Alsacienne ?» Enfin, Hélène a choisi une poupée bretonne : elle fermait les yeux, puis elle les ouvrait. Quand on appuyait sur son ventre, elle faisait : «Ouin, ouin.» Hélène était ravie : «Ma poupée dit "maman" !» Et la petite fille berçait la poupée dans ses bras.

Vocabulaire :

le facteur		邮递员
la communication		信息，消息
la parfumerie		化妆品部
le rayon de lingerie		衬衣部
la poupée		娃娃
interroger	*v.t.*	询问，打听
ravi, e	*adj.*	高兴的，愉快的，狂喜的
bercer	*v.t.*	摇，摇晃，摇动

Leçon 2

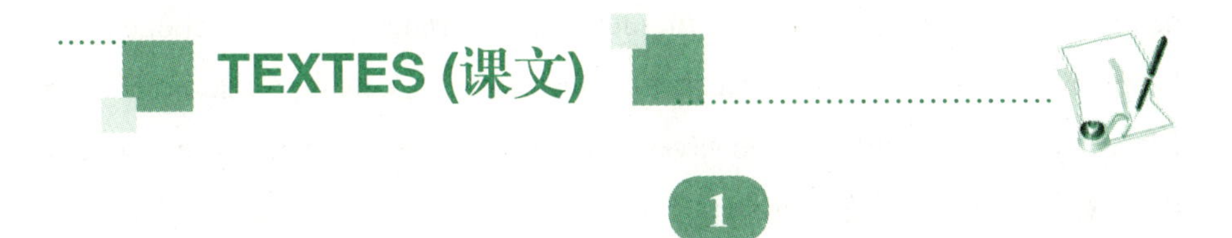

1

Un vendredi soir

Eva : Salut ! Ah ! Ce soir, c'est curry de poulet.

Xavier : Dix sur dix [1]!

Eva : Et tu as mis un nouveau parfum ... Jazz, Yves Saint Laurent [2]!

Xavier : Quel nez !

Eva : Que veux-tu, c'est mon métier. Justement, le DRH veut me voir lundi.

Xavier : Pour le poste de chef de projet ?

Eva : C'est possible.

Xavier : Mais alors, tu vas avoir une augmentation !

Eva : J'espère.

Xavier : Tu pourras changer ta voiture ! On achètera une nouvelle télé ! On ira à Venise le mois prochain !

Eva : Du calme ! Nous ferons surtout des économies[3].

Xavier : Tu penses déjà à ta retraite ?

Eva : Non, monsieur. Mais dans un an, on fera un bébé et je prendrai un congé. Tu es toujours d'accord ?

Xavier : Bien sûr !

Eva : Alors il faudra vivre avec ton salaire de contrôleur de gestion.

2

Quelle école pour demain ?

Le journal a réuni des parents d'élèves et des professeurs pour parler de l'avenir de l'école. Extraits.

Le Quotidien: On dit que l'école va mal. Certains élèves ne travaillent pas et ne respectent pas les professeurs. Il y a eu des incidents graves dans quelques collèges.

Un parent : Le problème est qu'on a mélangé tous les élèves[4]. Dans la classe de 5e de ma fille, il y a des enfants qui ne savent pas lire. Quand le professeur s'occupe d'eux, les autres n'écoutent pas. Quand il s'occupe des élèves qui ont le niveau, les autres ne comprennent pas. Résultat, il y a toujours une partie de la classe qui ne s'intéresse pas au cours[5]. Il faut des classes spéciales pour les élèves en difficulté.

Un professeur: Vous avez raison. La vie d'un professeur n'est pas toujours facile mais je ne suis pas d'accord avec votre solution. L'école est faite pour apprendre les maths, l'histoire, les sciences, les langues. Mais elle est aussi faite pour apprendre à vivre ensemble. Les élèves qui ont des difficultés viennent de familles qui ont des problèmes (le chômage, la pauvreté, un divorce...). Vous ne devez pas les couper des autres. Quand nous aurons quinze élèves dans nos classes, nous pourrons passer plus de temps avec eux.

Un parent : Il y aura toujours des différences entre les bons et les moins bons.[6] Les programmes sont les mêmes pour tous. Certains apprendront très vite. D'autres ne réussiront pas.

Le Quotidien, 18 octobre 2007

Les numéraux: le pourcentage（百分比）

10%	dix pour cent
18%	dix-huit pour cent
100%	cent pour cent
1,9%	un virgule neuf pour cent

Proverbe : Paris ne s'est pas fait en un jour. 事情不是一蹴而就的。

VOCABULAIRE (词汇)

le curry	*n.m.*	咖喱,咖喱粉
le poulet	*n.m.*	小鸡,鸡肉
le parfum	*n.m.*	香水
le jazz	*n.m.*	爵士风格
Yves Saint Laurent		伊夫·圣·罗兰
le nez	*n.m.*	鼻子
le métier	*n.m.*	职业
DRH	*loc. n.*	人力资源主管(directeur des ressources humaines 的缩写)
le poste	*n.m.*	职位,岗位
un chef	*n.m.*	首领,主任
une augmentation	*n.f.*	增加;加薪
changer	*v.t.*	更换;调换
Venise		威尼斯
le calme	*n.m.*	平静;冷静
les économies	*n.f.pl.*	储蓄,积蓄
la retraite	*n.f.*	退休,退职
un bébé	*n.m.*	婴儿
le congé	*n.m.*	假期,休假
vivre	*v.i.*	活着,生活
le salaire	*n.m.*	薪水,工资
le contrôleur	*n.m.*	监督员,检查员
la gestion	*n.f.*	管理,经营
réunir	*v.t.*	汇集,集中
l'avenir	*n.m.*	将来,未来
un extrait	*n.m.*	节选,摘录
le quotidien	*n.m.*	日报

respecter	*v.t.*	尊重，敬重
un incident	*n.m.*	事件，事端
grave	*adj.*	严重的
mélanger	*v.t.*	混合，搀和
s'occuper de	*loc. verb.*	照看，照管，照顾
le niveau	*n.m.*	水平
s'intéresser à...	*loc. verb.*	对……感兴趣
spécial, e	*adj.*	特别的，特殊的
une difficulté	*n.f.*	困难
une solution	*n.f.*	解决办法
le chômage	*n.m.*	失业，失业现象
la pauvreté	*n.f.*	贫困，贫苦
le divorce	*n.m.*	离婚，离异
couper	*v.t.*	分开，断绝
un programme	*n.m.*	计划，项目

NOTES (注释)

1. Dix sur dix ! 十分之十，相当于百分之百，表示肯定。
2. Jazz, Yves Saint Laurent 伊夫·圣·罗兰的爵士男士香水
3. Nous ferons surtout des économies. 我们尤其要攒钱。
4. Le problème est qu'on a mélangé tous les élèves. 问题是人们把所有学生都混合在一起。
5. il y a toujours une partie de la classe qui ne s'intéresse pas au cours. 总是有一部分学生对课程不感兴趣。
6. Il y aura toujours des différences entre les bons et les moins bons. 好学生和不太好的学生之间将总是有差距。(moins bon 是形容词 bon 较低一级的比较级。)

GRAMMAIRE (语法)

1. 简单将来时(le futur simple)

1) 构成：简单将来时是在动词不定式后面加下列词尾构成的：

infinitif + ai, as, a, ons, ez, ont

1er groupe parler	2e groupe finir	3e groupe partir
je parlerai	je finirai	je partirai
tu parleras	tu finiras	tu partiras
il parlera	il finira	il partira
elle parlera	elle finira	elle partira
nous parlerons	nous finirons	nous partirons
vous parlerez	vous finirez	vous partirez
ils parleront	ils finiront	ils partiront
elles parleront	elles finiront	elles partiront
Forme négative : Il ne parlera pas ... Forme interrogative : Parlera-t-il ... ?		

以-re结尾的第三组动词的简单将来时，要去掉词尾的e，然后加上述词尾：

boire : je boirai

dire : je dirai

entendre : j'entendrai

mettre : je mettrai

prendre : je prendrai

lire : je lirai

注意简单将来时中的下列特殊情况：

(1) 第一组动词词尾-er在双辅音后的读法：

je parlerai [parlәre]

je montrerai [mɔ̃trәre]

(2) 注意下列第一组动词简单将来时的拼法及读音：

étudier	j'étudierai	tu étudieras
jouer	je jouerai	tu joueras
acheter	j'achèterai	tu achèteras
se lever	je me lèverai	tu te lèveras
se promener	je me promènerai	tu te promèneras
préférer	je préférerai	tu préféreras
répéter	je répéterai	tu répéteras
appeler	j'appellerai	tu appelleras
payer	je pai(y)erai	tu pai(y)eras
essayer	j'essai(y)erai	tu essai(y)eras
envoyer	j'enverrai	tu enverras

(3) 注意下列第三组不规则动词在简单将来时中词根的改变：

être	je serai	tu seras
avoir	j'aurai	tu auras
aller	j'irai	tu iras
faire	je ferai	tu feras
venir	je viendrai	tu viendras
voir	je verrai	tu verras
recevoir	je recevrai	tu recevras
s'asseoir	je m'assoirai	tu t'assoiras
savoir	je saurai	tu sauras
pouvoir	je pourrai	tu pourras
vouloir	je voudrai	tu voudras
pleuvoir	il pleuvra	
falloir	il faudra	

2) 用法：简单将来时表示将要发生的行为或状态。

例如：Il partira pour la France la semaine prochaine.

Je finirai ce travail dans une heure.

Nous vous attendrons jusqu'à cinq heures.

Il fera beau demain.

Dans quelques jours, ils arriveront à Paris.

2. 条件从句 (la proposition subordonnée de condition)

连词si主要用来引导条件从句,整个从句作主句动词的状语。

例如:Vous allez faire des progrès, si vous travaillez comme ça.

Si vous continuez, vous ferez des problèmes.

Nous irons à la campagne, s'il ne pleut pas demain.

(注意:以si引导的条件从句中,谓语永远不能使用将来时。)

TABLEAUX DE CONJUGAISON (动词变位)

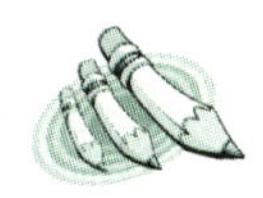

vivre

Présent de l'indicatif	
je vis	nous vivons
tu vis	vous vivez
il vit	ils vivent
Participe passé : vécu	

EXERCICES (练习)

1. Répondez aux questions suivantes sur le dialogue.

1) Quel est le dîner de ce couple ?

2) Quel est le métier d'Eva ?

3) Qu'est-ce que c'est que Jazz, Yves Saint Laurent ?

4) Qu'est-ce que c'est que le DRH ?

5) Pourquoi Xavier est-il très content ?

6) Pourquoi est-ce qu'Eva pense à faire des économies ?

2. Répondez aux questions sur le deuxième texte.

1) Quelle est le sujet de l'article ?

2) Est-ce que l'école d'aujourd'hui va bien ?

3) D'après le parent, quel est le problème ?

4) Est-ce que tous les élèves s'intéressent aux cours ?

5) Où M. Vincent sera-t-il correspondant de son journal ?

6) Qu'est-ce qu'il faut pour les élèves en difficulté selon le parent ?

7) La vie d'un professeur est-elle facile ou difficile ?

8) D'après le professeur, l'école est faite pour quoi faire ?

9) Selon le professeur, quel est le problème ?

3. Remplacez les blancs par une préposition ou un article contracté et supprimez, s'il y a lieu, l'article.

1) Nous faisons du sport ______ quatre heures ______ l'après-midi.

2) Nicole, quelqu'un t'attend ______ le bas. Il est grand ______ un visage rond.

3) Mon ami vient me demander ______ l'aider ______ étudier l'espagnol.

4) Monsieur Gauthier a envie ______ visiter un hôpital.

5) Hier, je suis allée ______ la ville ______ voir une exposition.

6) Pierre va venir à Beijing ______ une semaine.

7) C'est Pierre qui s'occupe ______ les bagages.

8) Lucien avait de la fièvre, il a bien fait ______ rester ______ le lit.

9) Auras-tu l'occasion (*n.f.*机会) ______ aller ______ France.

10) Paul a travaillé ______ Lyon. Maintenant, il est ingénieur ______ Renault.

4. Mettez au futur simple les verbes entre parenthèses.

1) A quelle heure (se lever) ______ -tu demain ?

2) —Tu (voir) ______ ton père ce soir ?

—Non, je ne le (voir) ______ pas. Il n'est pas à Paris en ce moment.

3) Demain, l'avion (arriver) ______ à 9 heures. Nous (aller) ______ attendre Pierre à l'aéroport.

4) Je (finir) ______ mon travail avant la fin du mois.

5) Mes amis (venir) ______ me voir dimanche. Nous (passer) ______ la journée ensemble.

6) Est-ce que tu (réviser) ______ les leçons après le dîner ?

7) Nous (ne pas avoir) ______ de cours samedi, nous (faire) ______ une excursion à la Grande Muraille.

8) Est-ce que vous (avoir) ______ beaucoup de choses à faire dimanche ?

9) A quelle heure (être) ______ -tu là demain ?

10) Demain, les élèves (se lever) ______ tôt, vous (pouvoir) ______ venir faire de la gymnastique avec eux à six heures.

5. Mettez les verbes entre parenthèses au temps qui convient.

Ma voisine Nathalie n'est pas prudente (*adj.* 谨慎的).

Un jour, il (pleuvoir) ______ beaucoup quand elle (sortir) ______ de son usine. Elle (ne pas avoir) ______ d'imperméable (*n.m.* 雨衣). Elle (attendre) ______ longtemps l'autobus sous la pluie, et quand elle (arriver) ______ chez elle, elle (se mettre) ______ au lit. Sa mère (prendre) ______ sa température : elle (avoir) ______ de la fièvre. Alors, elle lui (donner) ______ de l'aspirine (*n.f.* 阿斯匹林) et (téléphoner) ______ au docteur.

Le docteur (venir) ______ le soir, il (dire) ______ que ce (être) ______ la grippe. Il lui (faire) ______ une ordonnance et sa mère (aller) ______ acheter des médicaments à la pharmacie.

Après une semaine au lit, Nathalie (commencer) ______ à mieux manger. Quelques jours plus tard, elle (revenir) ______ au bureau.

6. Traduisez les expressions suivantes en chinois et utilisez-les dans des phrases.

prendre froid
prendre des médicaments
prendre de la soupe
prendre du vin
prendre le repas
prendre sa tension
prendre une douche
prendre un billet
prendre le train
prendre l'avion
prendre l'autobus
prendre des photos
prendre sa température
prendre le soleil

7. Conjuguer les verbes suivants au futur simple.

1) rentrer à la maison

2) voyager en avion

3) faire du sport cet après-midi

4) aller en ville demain

5) avoir un vélo tout neuf dans un an

8. Faites des phrases d'après le modèle.

Modèle: finir ses devoirs vers 10 heures

—Quand finirez-vous vos devoirs ?

—Je les finirai vers 10 heures.

1) partir pour Pékin le mois prochain

2) sortir demain

3) lire ce roman demain

4) dire cela à Pierre tout à l'heure

5) faire ce travail à 7 heures du soir

9. Traduisez en chinois.

1) J'aurai beaucoup de choses à faire.

2) Ce sera très agréable de faire un voyage à l'étranger.

3) Quand partiront-elles pour la France ?

4) Elles seront très contentes de passer quelques jours à la campagne.

5) Je compte faire un voyage au Canada au mois de juillet.

10. Traduisez en français.

1) 今年暑假我们将可以换手机。

2) 去年夏天,我曾到过北京。

3) 下周他去英国休假。

4) 要活得跟得上时代。

5) 这些法国留学生将非常高兴在中国度过几年。

CONTRÔLE (测验)

1. Conjugaison.

au présent

je (emmener)

tu (écrire)

il (mettre)

au futur simple

nous (accueillir)

vous (se sentir)

elles (servir)

au passé composé	à l'imparfait
nous (se sentir)	vous (accueillir)
elle (rester)	ils (mettre)

2. Répondez aux questions suivantes en utilisant les pronoms qui conviennent.

1) Est-ce que Nathalie a accompagné ses amis à Notre-Dame ?
2) Avez-vous déjà appris la grammaire anglaise ?
3) Combien de leçons les étudiants ont-ils apprises ?
4) Comment les étudiants ont-ils répondu aux questions du professeur ?
5) Est-ce que le professeur a expliqué la leçon 2 cette semaine ? (Non, ...)
6) Avez-vous déjà fait tous ces exercices ?
7) Où avez-vous passé vos vacances ?
8) Est-ce que M. Ma a visité tous les monuments historiques de Paris ?
9) Mme Vincent a-t-elle retrouvé sa fille disparue ?
10) M. Dupont a-t-il emmené Catherine en voiture au bord de la Méditerranée ?

3. Remplacez les blancs par un pronom personnel qui convient et accordez, s'il y a lieu, le participe passé.

1) —Connaissez-vous la capitale de la France ?
   —Non, je ne ______ connais pas, je ne ______ suis jamais allé.
2) —Avez-vous visité les parcs de Beijing ?
   —Oui, je ______ ai vu plusieurs.
3) J'aime beaucoup le Palais d'Eté. Je ______ vais une fois par mois.
4) Mes amis vont à la Grande Muraille : ils ne ______ ont pas encore visité.
5) L'année dernière mes deux amis sont allés en France. Pendant leur séjour en France, Jacques ______ a servi de guide.
6) Peux-tu me passer cette cassette ? Je vais ______ écouter ce soir.
7) —As-tu fait tous ces exercices ?
   —Oui, je ______ ai fait tous.
8) Nous sommes allés chez Hélène hier soir. Elle ______ a montré des diapositives sur son pays et ______ a invité à dîner.

4. Mettez les verbes entre parenthèses au temps qui convient.

Beaucoup d'étudiants de première année (venir) _________ à Beijing pour la première fois. Le lendemain de leur arrivée, ils (aller) _________ à la place Tian'an Men. Ils (admirer) _________ la célèbre porte, le Palais de l'Assemblée Populaire (人民大会堂) et le Musée d'Histoire de la Révolution (革命历史博物馆). Ces deux grands bâtiments (être) _________ à l'est et à l'ouest de la place. Ils (voir) _________ aussi le Monument aux Héros du Peuple. Et puis ils (aller) _________ dans de grands magasins de la ville et ils (acheter) _________ des objets nécessaires.

Quelques jours après, l'association des étudiants (organiser *v.t.*组织) _________ une visite pour tous les nouveaux étudiants. On les (emmener) _________ au Palais Impérial et au Parc Beihai et on leur (donner) _________ beaucoup d'explications sur notre belle capitale.

5. Traduisez en français.

1) 玛丽每天白天看管学生们，晚上照看姐姐的儿子。
2) 艾娃对这款香水很感兴趣，她下周去买。
3) 贝尔纳尔想去威尼斯度假，他的妻子不同意。
4) 如果明天天气好，妈妈将带我们去公园。
5) 学生们在学校里将学习数学、语言和科学，也将学习生活在一起。

Leçon 3

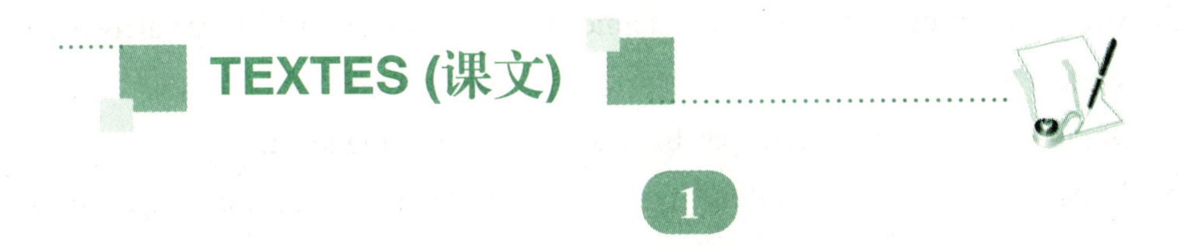

1

Une consultation médicale

Malade : Bonjour, docteur. Je vous ai téléphoné hier pour prendre rendez-vous[1].

Docteur : Bonjour, monsieur. De quoi s'agit-il ?

Malade : Ça ne va pas, docteur. Je n'ai pas d'appétit.[2] Je ne mange plus.

Docteur : Où avez-vous mal ?

Malade : Oh ! Partout, docteur. Je ne me sens pas très bien[3] depuis deux jours. J'ai mal à la gorge. Je ne dors pas bien. C'est grave, n'est-ce pas ?

Docteur : Mais, non. Je ne pense pas. Vous savez, j'ai eu une maladie plus grave. Maintenant je suis tout à fait guéri. Bon, je vais vous soigner.

Malade : Merci, docteur.

Docteur : Je vais prendre votre température.[4] Elle est normale, il n'y a pas de fièvre. Déshabillez-vous, allongez-vous sur ce lit. Je vais vous ausculter. Respirez fort. Bon, vous toussez, parce que vous fumez trop.

Malade : Alors, je ne fume plus.

Docteur : Rien de grave. C'est une grippe. Je vais vous rédiger une ordonnance. Des médicaments et quelques piqûres suffiront. Voilà des pilules, trois fois par jour, avant chaque repas. Avec ça, vous serez vite guéri.

Malade : Merci beaucoup. Combien vous dois-je pour cette visite?[5]

Docteur : Vingt euros.

Malade : Merci, docteur. Au revoir !

Docteur : Au revoir, monsieur.

2

Michel est malade

Mme Vincent: Michel, il est déjà huit heures et demie. Tu es encore au lit ! Tu vas arriver en retard à ton cours.

Michel: Oh, maman ! Je ne me sens pas bien. Je ne peux pas me lever.

Mme Vincent: Tiens ! Prends ta température. Oh ! Tu as de la fièvre. Où est-ce que tu as mal ?

Michel: J'ai mal à la tête.

Mme Vincent: Tu as sans doute la grippe. Je vais appeler le médecin. Allô ! C'est vous, docteur ? Est-ce que vous pouvez venir ? Mon fils est malade.

Docteur: Mais certainement, madame. Je passerai chez vous dans l'après-midi.

3

La visite du docteur

Docteur : Alors, jeune homme, qu'est-ce qui ne va pas[6] aujourd'hui ?

Michel : Je tousse, docteur. Je suis au lit depuis ce matin. J'ai mal au ventre, aux jambes, au dos, à la tête, partout.

Docteur : Voyons un peu ! Tirez la langue. Respirez fort maintenant.

Michel : Qu'est-ce que j'ai, docteur ?

Docteur : Rien de grave, ne vous inquiétez pas. Vous serez bientôt debout, si vous prenez ces médicaments.

Michel : Oh ! Tant mieux, docteur ! Je dois aller faire du ski samedi prochain, vous croyez que je pourrai partir ?

Docteur : Oui, je pense que tout ira bien. Vous vous sentirez beaucoup mieux dans deux ou trois jours.

Unités de mesure (计量单位): la longueur (长度) (1)

un mètre (m) 米(公尺)

un kilomètre (km) 公里(千米)

un centimètre (cm) 厘米(1/100米)

un millimètre (mm) 毫米(1/1000米)

Dans un kilomètre, il y a 1000 mètres.

Dans un mètre, il y a 100 centimètres.

Dans un centimètre, il y a 10 millimètres.

Dans un mètre, il y a 1000 millimètres.

Proverbe: Il n'y a que les montagnes qui ne se rencontrent pas. 人生何处不相逢。

VOCABULAIRE (词汇)

une consultation	*n.f.*	门诊,看病
médical, e, aux	*adj.*	医学的
le docteur	*n.m.*	医生,大夫
l'appétit	*n.m.*	食欲,胃口
partout	*adv.*	到处,处处
la gorge	*n.f.*	喉咙,咽喉,嗓子
guéri, e	*adj.*	痊愈,医好
soigner	*v.t.*	看护,照料;治疗
une pilule	*n.f.*	药丸
normal, e, aux	*adj.*	正常的
la fièvre	*n.f.*	发热,发烧
déshabiller	*v.t.*	替……脱衣服
se déshabiller	*v.pr.*	脱掉衣服
ausculter	*v.t.*	听诊
respirer	*v.i.*	呼吸
tousser	*v.i.*	咳嗽
rien	*pron.*	没有什么
la grippe	*n.f.*	流行性感冒

rédiger	*v.t.*	拟定;编写
une ordonnance	*n.f.*	处方
le médicament	*n.m.*	药
une piqûre	*n.f.*	注射,打针
suffire	*v.t.indir.*	足够,足以
une visite	*n.f.*	访问,参观;出诊
sans doute	*loc. adv.*	大概,可能
le dos	*n.m.*	背
tirer	*v.t.*	拿出,取出,抽出
la langue	*n.f.*	舌头
debout	*adv.*	站立,起来
s'inquiéter	*v.pr.*	不安,担心
le mal	*n.m.*	疼痛
avoir mal à	*loc. verb.*	疼
tant mieux	*loc. adv.*	那就好了,那很好
la température	*n.f.*	温度,体温;发烧
le ski	*n.m.*	滑雪
faire du ski	*loc. verb.*	滑雪
croire	*v.t.*	以为,相信
penser	*v.i.*	想,思考
être debout	*loc. verb.*	站起

NOTES (注释)

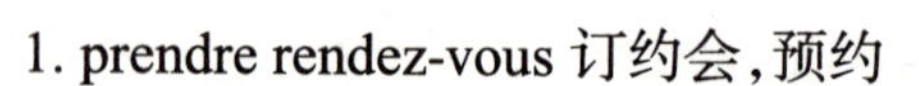

1. prendre rendez-vous 订约会,预约
2. Je n'ai pas d'appétit. 我没有胃口。
3. Je ne me sens pas très bien 我觉得不太舒服。
4. Je vais prendre votre température. 我来给您量体温。
5. Combien vous dois-je pour cette visite ? 这次看病我要付您多少钱?
6. Qu'est-ce qui ne va pas 哪儿不舒服?

   Qu'est-ce qui 的意思是"什么",指物,在句中作主语。

   如:Qu'est-ce qui est sur la table ?

如果指人,则用qui或其强调形式qui est-ce qui。

如:Qui est malade ? Qui est-ce qui est malade ?

VOCABULAIRE COMPLEMENTAIRE (补充词汇)

Demander à qn des nouvelles de sa santé :

Qu'est-ce qu'il y a ?

Qu'est-ce que tu as ?

Qu'est-ce que vous avez ?

Comment ça va ?

Comment vous sentez-vous ?

Comment vous portez-vous ?

Dormez-vous bien ?

Avez-vous bon appétit ?

Où avez-vous mal ?

Consultation :

aller voir le médecin

consulter un médecin

aller à l'hôpital, à la pharmacie

prendre sa tension

prendre sa température

faire des radios (*f.*) 透视,做X光检查

faire une analyse de sang (*m.*), des selles (*f.*), d'urine (*f.*) 验血,验大便,验尿

faire une piqûre 打针

rédiger une ordonnance 开药方

prendre des médicaments, du sirop, des comprimés, des pilules

La santé ou la maladie :

être en bonne santé 身体健康

être en forme 身体好

se sentir bien
avoir bonne mine 脸色好
ne pas être en forme
se sentir mal
être pâle
avoir mal à la gorge, au ventre
avoir de la fièvre
avoir la grippe
avoir le rhume
être enrhumé

TABLEAUX DE CONJUGAISON (动词变位)

se sentir	devoir
Présent de l'indicatif	Présent de l'indicatif
je me sens nous nous sentons tu te sens vous vous sentez il se sens ils se sentent	je dois nous devons tu dois vous devez il doit ils doivent
Participe passé : senti	Participe passé : dû, due

croire	s'inquiéter
Présent de l'indicatif	Présent de l'indicatif
je crois nous croyons tu crois vous croyez il croit ils croient	je m'inquiète nous nous inquiétons tu t'inquiètes vous vous inquiétez il s'inquiète ils s'inquiètent
Participe passé : cru	Participe passé : inquiété

GRAMMAIRE (语法)

1. 作动词宾语的补语从句(les propositions subordonnée complétives-compléments d'objet) (1)

dire, écrire, raconter, croire, penser, espérer, savoir, comprendre, voir, apprendre(得知)等动词后可以接一个从句,作为宾语。这类从句叫做补语从句,一般用连词que引导。如:

Je pense que vous avez raison. 我想你们是对的。

Je crois qu'il est rentré. 我想他已经回来了。

Il nous écrit qu'il partira bientôt. 他来信告诉我们,他不久就要走了。

注意:

1) que和它后面单词的省音问题。如:

Il dit qu'il aime bien lire les romans français. 他说他很喜欢读法国小说。

Je crois qu'Anne viendra demain. 我觉得安娜明天会来。

2) 两个以上的补语从句并列使用时,que需要重复,不能省略。如:

Elle dit au médecin qu'elle a pris froid dans l'avion et qu'elle se sent grippée.

她对医生说她在飞机上着了凉,患了流感。

Paul dit qu'il a acheté une chemise et qu'elle lui va bien.

保尔说他买了件衬衣,这件衬衣很适合他。

2. 复合句(la phrase complexe) (1)

法语句子分为两类:简单句(la phrase simple)和复合句(la phrase complexe)。

简单句:由一个独立句(la proposition indépendante)组成,只有一个变位动词。如:

Il fait froid aujourd'hui.

Il a décidé de vous aider à chercher du travail.

复合句:由几个分句组成。下面介绍两种复合句:

1) 平列句(les propositions juxtaposées):几个独立分句可以组成平列句,中间用逗号或分号分开,不用连词。如:

Il faisait froid, il faisait noir.

Il mange du pain, il boit du lait.

2) 并列句(les propositions coordonnées):几个独立分句可以组成并列句,中间用et, ou, mais, ni, car, donc等连词连接。如:

Il faisait froid et il faisait noir.

Fera-t-il beau demain ou pleuvra-t-il ?

EXERCICES (练习)

1. Répondez aux questions suivantes.

1) Quand le malade a-t-il téléphoné au docteur ?

2) Pourquoi lui a-t-il téléphoné ?

3) Où a-t-il mal ?

4) Quelle est la température du malade ?

5) Est-ce grave ?

6) Doit-il prendre des médicaments ?

7) Combien doit-il au docteur ?

2. Exercices sur les propositions complétives.

1) Wang dit à Li :«Je m'appelle Wang Feng.»

→ Qu'est-ce que Wang dit à Li ?

Il lui dit qu'il s'appelle Wang Feng.

Wang dit à Li :

«Je suis de Harbin.»

«Je travaillais dans une école secondaire avant de venir ici.»

«Je ne suis jamais allé à Shanghai.»

«Je vais faire du sport.»

«Je viens de rentrer.»

«J'irai voir mes parents pendant les vacances.»

2) Il est chez lui, je pense.

→Je pense qu'il est chez lui.

(1) Ils nous écrirons bientôt, j'espère.

(2) Elle a pris froid dans l'avion, elle le dit au médecin.

(3) Il est parti, vous le savez ?

(4) Vous m'accompagnerez à l'hôpital, j'espère.

(5) Elle a fini de préparer ses bagages, vous le savez ?

(6) Ils ont fait ce travail, je pense.

(7) Vous n'avez pas pris froid, j'espère.

(8) Vous avez couru trop vite, je crois.

3. Remplacez les blancs par un article ou la préposition de et supprimez, s'il y a lieu, les points.

1) On a organisé une visite à ________ Usine de Tracteurs No 3.
2) Ma mère travaille dans ________ atelier de ________ réparation.
3) On a mis sur ________ pied ________ écoles, ________ stade et ________beaux jardins.
4) Un de ________ responsables de ________ école No 8 nous a parlé de leur projet dans ________ années à venir.
5) Hier, nos amis ont flâné ________ long de ________ larges avenues plantées de ________ arbres.
6) Un de ses amis est à ________ chômage. Il cherche ________ travail depuis trois mois.
7) Aujourd'hui, il ne fait pas ________ vent, il fait beau.

4. Mettez une préposition convenable entre parenthèses.

1) Il a mal (   ) la tête.
2) Nous aurons rendez-vous (   ) trois heures.
3) Il s'agit (   ) travailler avec ardeur.
4) Il n'a pas (   ) fièvre.
5) Il m'a téléphoné (   ) prendre rendez-vous.
6) Ils vont partir (   ) Beijing.
7) Jean ne se sent pas très bien (   ) deux jours.

5. Traduisez en français.

1) 我近两天来身体不舒服,发烧,没有胃口。
2) 我给您量体温,给您听诊。
3) 您咳嗽是因为您吸烟过多。
4) 这是给您的药丸,每日三次,每次两丸,饭前吃。
5) 我昨天给我的老师打了电话,他没给他的老师打电话。

CONTRÔLE (测验)

1. Mettez un article indéfini aux mots suivants et traduisez-les en chinois.

____silence	____kilomètre	____capitale
____dette	____banque	____problème
____moisson	____machine	____champ
____lycée	____vache	____mouton

2. Conjuguez les verbes suivants à l'imparfait de l'indicatif.

être avoir voir étudier

3. Mettez les verbes entre parenthèses à l'imparfait.

1) Le semestre dernier, ils (faire) ________ de la course tous les matins.

2) Nous (loger) ________ à l'institut quand nous (être) ________ étudiants.

3) Elle (faire) ________ ses devoirs quand ils sont arrivés.

4) Hier, nous sommes allés au Palais d'Eté : il (faire) ________ beau. Le soleil (briller) ________, le ciel (être) ________ bleu. Il n'y (avoir) ________ pas de vent, les oiseaux (chanter) ________ et tout le monde (être) ________ gai.

4. Mettez les verbes entre parenthèses au temps convenable.

Un jour d'hiver, il (faire) ________ très froid. Il (neiger) ________ . Nous (attendre) ________ notre père. En général, il (rentrer) ________ dîner avant 8h. Mais ce jour-là, il n'était toujours pas rentré. Nous (être) ________ très inquiets.

Quelqu'un (frapper) ________ à la porte. Ma mère (courir) ________ pour ouvrir. Un homme (entrer) ________ . Mais ce (ne pas être) ________ notre père. L'homme (avoir) ________ l'air grave (*adj.*沉重的). Il (dire) ________ : «Je (être) ________ bien chez Madame Dupont ? Votre mari (avoir) ________ un accident. On le (amener *v.t.* 带来,领到) ________ à l'hôpital. Je (aller) ________ retourner le voir. (Avoir) ________ -vous quelque chose pour lui ?»

Ma mère ne (dire) ________ rien. Elle (ne pas pleurer) ________ même. Elle (prendre) ________ le vieux manteau de notre père et (sortir) ________ avec lui.

5. Répondez aux questions suivantes avec un pronom complément d'objet.

1) Avez-vous vu Mme Berger hier ?

2) Est-ce que Paul a rencontré Pierre et Marie dimanche dernier ?

3) Est-ce que tu as bien compris cette leçon ?

4) Est-ce que Marie a téléphoné à son père ?

5) Est-ce que vous êtes allé en France l'an dernier ?

6. Traduisez en chinois le paragraphe suivant.

Mais la mécanisation apporte d'autres problèmes : par exemple, mon oncle a dû emprunter de l'argent à la banque. Et il n'arrête pas de se demander comment rembourser toutes ses dettes.

Leçon 4

1

Les Français et le cinéma

La journaliste: Je suis à la sortie d'un grand cinéma. Une séance vient de se terminer. Madame, pourquoi allez-vous au cinéma ?

Personne A : Comme vous voyez, quand on est avec des copains, le cinéma, c'est la sortie idéale, mais j'aime aussi la télé.

La journaliste : Et vous, Monsieur ?

Personne B : Pour moi, les loisirs, c'est le cinéma. Je vais au cinéma pour rire, pour pleurer, pour partager mes sentiments avec des inconnus, avec des gens comme moi.

La journaliste : C'est parce que le cinéma est trop cher que les gens y vont de moins en moins ?

Personne C : Je ne le crois pas. Aujourd'hui, avec toutes les réductions, le cinéma ne coûte pas trop cher.

La journaliste : Mademoiselle, à votre avis, pourquoi est-ce qu'on va moins au cinéma qu'avant [1]?

Personne D : Avec la télévision, c'est plus commode [2] : il n'y a pas de limitation d'horaire, et il y a beaucoup plus de choix... Personnellement, je préfère le cinéma : l'ambiance de la salle, la musique, les premières et les dernières images sur l'écran. C'est formidable. Et pendant deux

	heures, j'oublie tout.
La journaliste :	Et vous ?
Personne E :	J' adore les films comiques, je vais au cinéma au moins une fois par mois. A la télé, ce n'est pas pareil, et on ne s'amuse pas autant.
La journaliste :	Aimez-vous seulement les films français ?
Personne F :	J'aime bien les films français, et nous avons de grands acteurs, mais j'aime aussi les films doublés.
La journaliste :	De toute façon, si la télévision se porte bien, le cinéma n'est pas mort ! [3]

2

Club des anciens de Miribel-sur-Lac

PROCHAINE SORTIE THEATRE

LE MALADE IMAGINAIRE DE MOLIERE [4]

Nous avons assisté pour vous à une représentation de la pièce. C'est une merveilleuse comédie où l'on se moque de la médecine et des médecins. Elle est en fait très actuelle quand on pense aux problèmes de la Sécurité sociale, aux manifestations de médecins, aux réformes proposées par l'Etat. On y retrouve le type du « malade » qui a seulement besoin qu'on s'occupe de lui et que son médecin le prenne — lui et ses maladies — au sérieux.[5] Quelques bonnes paroles, quelques médicaments, et tout le monde est content.

Nous avons particulièrement apprécié le comédien qui jouait Argon, le malade imaginaire. Les docteurs nous ont fait pleurer de rire. Mais la meilleure interprétation est celle de Toinette, la servante : elle dit toujours ce qu'elle pense, ne fait que ce qui lui plaît, elle se déguise en médecin pour mieux se moquer de son patron ! Les spectateurs autour de nous étaient contents de leur soirée. Les pièces classiques sont souvent plus amusantes que le théâtre moderne.

Dans notre club, tout le monde a plus de 60 ans, et on parle sans doute trop souvent de problèmes de santé. Pour une fois, nous pourrions en rire. Si vous êtes de cet avis, inscrivez-vous pour notre prochaine sortie théâtrale !

* Inscriptions avant le 4 février

Soirée le jeudi 18 février

Prix des places : 30 euros (première catégorie) ou 25 euros (deuxième catégorie).

Unités de mesure : la longueur (长度) (2)

Cette salle a 10 mètres de long.

—Combien a-t-elle de long ?

—Elle a 10 mètres.

Son bureau a 4 mètres de haut.

—Combien a-t-il de haut ?

—Il a 4 mètres.

—Combien y a-t-il d'ici à l'entrée de l'université ?

—Il y a 100 mètres.

Combien y a-t-il de Harbin à Tianjin ?

—Il y a environ 1300 mètres.

Proverbe: Qui ne risque rien n'a rien. 不入虎穴,焉得虎子。

VOCABULAIRE (词汇)

un ciméma	*n.m.*	电影,电影院
une séance	*n.f.*	一场
se terminer	*v.pr.*	结束,终止
une sortie	*n.f.*	外出,出门
idéal, e	*adj.*	理想的
de moins en moins	*loc. adv.*	越来越少
partager	*v.t.*	分享,分担
inconnu, e	*n.*	陌生人,不认识的人
une réduction	*n.f.*	减价,折扣
à son avis	*loc. prép.*	依某人看来
un horaire	*n.m.*	时刻,时刻表
personnellement	*adv.*	就个人而言
une ambiance	*n.f.*	环境,气氛
un écran	*n.m.*	银幕
un film	*n.m.*	电影,影片
comique	*adj.*	喜剧的,滑稽的

s'amuser	*v.pr.*	消遣,娱乐
autant	*adv.*	同样,一样多
un acteur, une actrice	*n.*	演员
doublé, e	*adj.*	译制的
un club	*n.m.*	俱乐部
prochain, e	*adj.*	最近的,即将到来的
un théâtre	*n.m.*	剧场,剧院
imaginaire	*adj.*	想象中的
Molière		莫里哀
assister	*v.i.*	参加,参与
une représentation	*n.f.*	演出
merveilleux, se	*adj.*	出色的,令人赞叹的
une comédie	*n.f.*	喜剧
se moquer de	*v.pr.*	嘲笑
en fait	*loc. prép.*	事实上
actuel, le	*adj.*	当前的,目前的
la Sécurité sociale		社会保障
une manifestation	*n.f.*	示威运动,示威游行
une réforme	*n.f.*	改革
prendre...au sérieux	*loc. verb.*	认真对待
apprécier	*v.t.*	欣赏,赏识
un comédien, une comédienne	*n.*	喜剧演员
une interprétation	*n.f.*	表演
une servante	*n.f.*	女仆
se déguiser	*v.pr.*	乔装打扮
un spectateur, une spectatrice	*n.*	观众
classique	*adj.*	古典的;经典的
théâtral, e	*adj.*	戏剧的
une inscription	*n.f.*	注册,登记
une place	*n.f.*	座位
une catégorie	*n.f.*	种类,类别

NOTES (注释)

1. Mademoiselle, à votre avis, pourquoi est-ce qu'on va moins au cinéma qu'avant ? 小姐，依您看来，为什么人们去电影院看电影的次数比原来少了？
   moins 是副词peu的比较级形式，que后接比较的第二个成分。
2. Avec la télévison, c'est plus commode 电视就方便多了。
   这里plus commode是形容词commode的比较级形式。
3. De toute façon, si la télévision se porte bien, le cinéma n'est pas mort ! 无论如何，如果说电视的发展势头良好，电影也没有到穷途末路的境地。
4. *Le malade imaginaire*《没病找病》，法国文学著名喜剧之一，是17世纪喜剧大师莫里哀（Molière, 1622—1673）的作品。
5. On y retrouve le type du « malade » qui a seulement besoin qu'on s'occupe de lui et que son médecin le prenne — lui et ses maladies — au sérieux. 我们在其中可以找到这种类型的病人：他仅仅需要人们关心他，并且认真对待他和他的病。
   avoir besoin que... 需要……，其后的从句动词要用虚拟式。此处s'occupe, prenne分别是动词s'occuper和prendre的虚拟式第三人称单数形式。

FAÇONS DE PARLER (表达方式)

Au sujet d'un film

aller au cinéma 去看电影

Il y a une séance de film(s). 有一场电影。

C'est un film en couleurs. 这是一部彩色电影。

en noir et blanc. 黑白电影

en version original. 原文片

doublé. 译制片

sous-titré. 有字幕的片子

bien tourné. 拍得好

Voilà un film de fiction. 这是一部故事片。

d'animation. 动画片

policier. 侦探片

On va voir des dessins animés. 动画片

une pièce filmée 舞台纪录片

La mise en scène est excellente. 摄制得很好。

Ce film plaît aux spectateurs.

Qui est le metteur en scène (导演)?

Les acteurs jouent bien.

une vedette de cinéma 男或女电影明星

TABLEAUX DE CONJUGAISON (动词变位)

s'inscrire

Présent de l'indicatif	
je m'inscris	nous nous inscrivons
tu t'inscris	vous vous inscrivez
il s'inscrit	ils s'inscrivent

GRAMMAIRE (语法)

1.作动词宾语的补语从句(les propositions subordonnée complétives-compléments d'objet) (2)

作宾语用的补语从句一般都可以看成是转引别人所讲的话(或思想)。如:

Pierre dit : «Je veux voir un dessin animé.»

Pierre dit *qu'*il veut voir un dessin animé.

Robert croit *que* Pierre veut voir un dessin animé.

第一句引号中直接引用原文,叫做直接引语(le discours direct),后两句中从句所引的不是原文,而是转述别人的话,叫做间接引语(le discours indirect)。

直接引语如果是陈述句，间接引语用连词que引导。直接引语如果是疑问句，间接引语也叫做间接问句（l'interrogation indirecte），有以下两种情况：

1）普通问句（以oui, non回答的问题，即一般疑问句）变成间接引语时以连词si引导。如：

Est-il allé à la poste ?

—Je ne sais pas s'il est allé à la poste.

2）疑问句以qui, quoi, quel, où, comment, quand, pourquoi, combien等疑问词开始时，间接引语也用这些疑问词开始。如：

Qui est-ce ?

—Je demande *qui* c'est.

Avec qui travaillez-vous ?

—Dites-moi *avec qui* vous travaillez.

De quoi parle-t-il ?

—Sais-tu *de quoi* il parle ?

Quel roman lis-tu en ce moment ?

—Dis-moi *quel roman* tu lis en ce moment.

Quelle heure est-il ?

—Il demande *quelle heure* il est.

A quelle heure finira la conférence ?

—Tout le monde sait à *quelle heure* finira la conférence.

D'où vient André ?

—Je ne sais pas *d'où* vient André.

Comment est-elle devenue actrice ?

—Ce film montre *comment* elle est devenue actrice.

Quand le cours de philosophie commence-t-il ?

—Je ne sais pas *quand* commence le cours de philosophie.

Pourquoi est-ce qu'il n'est pas venu à l'école ?

—Est-ce que vous savez *pourquoi* il n'est pas venu à l'école ?

注意：

（1）疑问词前面如有介词，如avec qui, de quoi等，间接引语中仍然保留。

（2）间接问句的词序不用倒装，但动词后无其他成分时，可以把名词主语放在最后。

（3）疑问词如果是指物的主语或直接宾语，则情况比较特别：

疑问句	间接引语
qu'est-ce qui(主语) que, qu'est-ce que(直接宾语)	ce qui ce que

Qu'est-ce qui s'est passé hier ?

—Dites-moi ce qui s'est passé hier.

Qu'est-ce que vous avez fait hier soir ?

Qu'avez-vous fait hier soir ?

—Ils demandent ce que nous avons fait hier soir.

2. 复合句(la phrase complexe) (2)

主从复合句由两个或几个分句组成，其中有一个是必不可少的主要部分，称为主句(la proposition principale)；另外一个或几个分句附属于主句，补足主句的意义，用从属连词与主句相连，称为从句(la proposition subordonnée)。

我们已经见过两种从句：①作动词宾语的补语从句(见第3、4课)，②状语从句(les propositions subordonnées circonstancielles)。

状语从句在复合句中起状语作用，如：

1) 时间状语(la circonstance de temps)，连词用quand, pendant que, dès que, lorsque等，如：

Quand le travail pressait, je donnais un coup de main à mon oncle dans les champs.

Le professeur est entré quand nous lisions.

J'allais sortir, lorsque vous avez téléphoné.

2) 条件状语(la circonstance de condition)，连词用si，如：

S'il pleut demain, nous ne sortirons plus.

Si vous continuez, vous aurez des problèmes.

Si vous fumez, ça ira mal.

3) 原因状语(la circonstance de cause)，连词用comme, parce que, car等，如：

Comme il a plu hier toute la nuit, nous ne sortons pas.

Elle n'est pas venue, parce qu'elle est malade.

注意：用parce que连接的原因状语从句，大多数放在主句之后，解释原因；有时为了强调原因，也可以放在主句之前。用comme连接的原因状语从句一般总是放在主句之前，引导一个原因。

EXERCICES (练习)

1. Répondez aux questions suivantes sur le premier texte.

1) Qui pose les questions ?
2) A qui ?
3) Combien de personnes sont interrogées ?
4) Où les échanges ont-ils lieu ?
5) Relevez dans le texte ce que les personnes interrogées disent quand elles comparent le cinéma et la télévision.
6) Relevez dans le texte ce que les personnes interrogées disent quand elles parlent de la fréquentation des salles de cinéma.
7) Et vous, vous préférez le cinéma ou la télévision ?
8) Quels sont les genres de films que vous préférez ?
9) Quels sont les genres de films que vous n'aimez pas du tout ?
10) Vous présentez le dernier film que vous avez vu : le genre, vos sentiments, les personnages, les images...

2. Trouvez la bonne réponse d'après le deuxième texte.

1) Qui a écrit ce texte ?
2) Quel est le nom du club ?
3) Pour qui ?
4) Pourquoi ?
5) Quelles sont les informations générales sur le spectacle ?
6) Quelles sont les informations détaillées sur cette pièce ?
7) Vous êtes le responsable d'une association culturelle. Ecrivez une lettre pour organiser une sortie pour les membres de votre club.

3. Exercices sur l'interrogation indirecte.

1) si（以 oui, non 回答的问句）

—Dis donc, Pierre, est-ce qu'il y a un film ce soir ?

—Je ne sais pas s'il y a un film ce soir.

(1) Est-ce qu'il y aura des actualités ?

(2) Est-ce que c'est Notre-Dame de Paris ?

(3) Est-ce que c'est un film en couleurs ?

(4) Est-ce que le film commence à 7 heures ?

(5) Est-ce que le cinéma est loin d'ici ?

(6) Est-ce que M. Lin y va à vélo ?

(7) Est-ce que M. Lin va souvent au cinéma ?

(8) Est-ce qu'il aime voir des films anciens, mais très célèbres ?

2) ce qui

Qu'est-ce qui ne va pas ?

Dis-moi ce qui ne va pas.

(1) Qu'est-ce qui s'est passé hier ?

(2) Qu'est-ce qui l'intéresse dans ce roman ?

(3) Qu'est-ce qui lui fait du mal ?

(4) Qu'est-ce qui leur a fait plaisir ?

(5) Qu'est-ce qui te plaît ?

(6) Qu'est-ce qui est nouveau pour toi ?

3) ce que

Qu'est-ce que vous voulez faire ?

Dites-nous ce que vous voulez faire.

(1) Qu'est-ce qu'on doit préparer pour demain ?

(2) Qu'est-ce qu'il y a comme film ce soir ?

(3) Qu'est-ce qu'il aura pour déjeuner à midi ?

(4) Qu'est-ce que vous voulez dire ?

(5) Qu'est-ce que vous pouvez faire ?

(6) Qu'est-ce qu'on doit répondre ?

(7) Qu'est-ce que vous aimez lire ?

(8) Qu'est-ce qu'ils veulent manger ?

4) quand, comment

Quand (comment) partiras-tu pour la France ?

Dis-moi quand (comment) tu partiras pour la France.

(1) Quand (comment) iras-tu chez tes parents ?

(2) Quand (comment) viendrez-vous chez moi ?

(3) Quand (comment) iront-ils à Shanghai ?

(4) Quand (comment) va-t-on au théâtre ?

(5) Quand (comment) rentreras-tu dans ta région ?

(6) Quand (comment) l'oncle de Jacques moisonne-t-il le blé ?

(7) Quand (comment) le frère de Catherine voyagera-t-il en Chine ?

(8) Quand (comment) Monique arrivera-t-elle à Lyon ?

5) quel

Demain, on passe un film.

Tu sais quel film on passe demain ?

(1) Demain, on va voir une pièce de théâtre.

(2) Le professeur a expliqué un texte ce matin.

(3) Jean a emprunté un roman.

(4) Robert veut voir un film.

(5) On va visiter une usine.

(6) On va visiter une exposition.

(7) On va apprendre une nouvelle leçon.

(8) Ils veulent apprendre une langue étrangère.

6) où, comment, quand, pourquoi, quel

Où partez-vous ?

Vous pouvez me dire où vous partez ?

Je me demande où vous partez.

Je ne sais pas où vous partez.

(1) Où est-ce que vous allez travailler ?

(2) Où est-ce qu'on prend les billets pour *L'Avare* ?

(3) Comment est-ce que je dois faire cet exercice ?

(4) Quand partirez-vous pour la France ?

(5) Quand est-ce qu'on va nous passer *Les Misérables*(《悲惨世界》)?

(6) Pourquoi Paul n'est-il pas venu en classe hier ?

(7) Quelle heure est-il ?

(8) Quel roman avez-vous emprunté ?

(9) Quelle leçon apprenez-vous cette semaine ?

4. Exercices sur des mots et expressions.

1) entendre parler de qn ou de qch.

—Ce soir, on va projeter *Notre-Dame de Paris*. Est-ce que vous le savez ?

—Oui, j'en ai entendu parler.

(1) Il n'y a pas d'actualités avant le grand film. Est-ce que Catherine le sait ?

(2) On a un dessin animé avant l'entracte. Est-ce que Pierre le sait ?

(3) Les acteurs sont très célèbres. Le sais-tu ?

(4) Il y a toujours des places libres au cinéma. Le savez-vous ?

(5) La mise en scène de ce film est excellente. Le savez-vous ?

2) entendre (voir) qn faire qch.

Nous entendons Gérard. Il parle dans la salle voisine.

Nous entendons Gérard parler dans la salle voisine.

(1) J'entends Fanny. Elle parle du film *Notre-Dame de Paris*.

(2) Nous entendons Catherine. Elle chante.

(3) Je vois Philippe. Il lit le journal d'aujourd'hui.

(4) Je vois mes cousins. Ils arrivent.

(5) Nous voyons Monique. Elle patine.

3) avoir besoin de faire qch.

—Il veut acheter une veste ?

—Oui, il a besoin d'acheter une veste.

(1) Voulez-vous vous promener un peu ?

(2) Veut-elle faire attention à son alimentation ?

(3) Veux-tu prendre ces médicaments ?

(4) Veut-il faire un voyage en Amérique ?

(5) Veux-tu te reposer toute la journée ?

4) ne pas avoir besoin de faire qch.

Je dois faire la queue ?

Non, vous n'avez pas besoin de faire la queue.

(1) Je dois vous accompagner à l'hôpital ?

(2) Est-ce qu'elle doit consulter le médecin ?

(3) Est-ce que Pierre doit rester au lit ?

(4) Est-ce que je dois inviter Paul et Nicolas à participer à notre soirée ?

(5) Est-ce que je dois te téléphoner avant d'aller chez toi ?

5) trouver qch. + *adj.*

Comment trouvez-vous ce roman ? / amusant

Je le trouve amusant.

(1) Comment trouve-t-il ce film ? / bon

(2) Comment trouvent-elles ces vestes ? / joli

(3) Comment trouves-tu cette ville ? / beau, propre

(4) Comment trouve-t-elle cette salle ? / grand, clair

(5) Comment trouvez-vous cette histoire ? / émouvant

6) il reste qch. (à qn)

J'ai encore des places pour *L'Avare*.

Il (me) reste des places pour *L'Avare*.

(1) Pierre a encore des billets pour *Notre-Dame de Paris*.

(2) Nous avons encore trois quarts d'heure avant de partir.

(3) Ce metteur en scène a encore un mois pour terminer ce film.

(4) Ils ont encore deux semaines pour préparer leur voyage.

(5) Elle a encore un exercice à faire.

5. Exercices divers.

1) Mettez au féminin les noms suivants.

un acteur	un directeur
un lecteur（读者）	un instituteur（小学教员）
un spectateur	un inspecteur（视察员）

2) Mettez au passé composé le verbe *passer* dans les phrases suivantes.

(1) Cet autobus *passe* devant mon bureau.

(2) Les Gauthier *passent* leurs vacances au bord de la Méditerranée.

(3) *Passez*-vous à Monique le journal d'aujourd'hui ?

(4) Dites-moi ce qui *se passe* dans cette région.

(5) Elles *passent* par là pour prendre le métro.

3) Remplacez le discours direct par le discours indirect.

(1) Le docteur demande à Pierre :

Qu'est-ce que vous avez ?

Est-ce que vous toussez ?

Aviez-vous de la fièvre hier ?

Quelle température aviez-vous ?

Où avez-vous mal ?

Avez-vous souvent mal à la tête ?

Fumez-vous ?

Est-ce que quelqu'un peut porter l'ordonnace à la pharmacie ?

Comment voulez-vous rentrer chez vous ?

(2) Yang demande à Wang :

Quel film projette-t-on aujourd'hui ?

Si c'est un film en couleurs ?

Qui sont les acteurs principaux ?

Comment est la mise en scène ?

Ce qui se passe dans ce film ?

A quelle heure commence ce film ?

4) Votre voisin vous invite au cinéma. Jouez un petit dialogue avec lui en utilisant les mots et expressions ci-dessous.

aller au cinéma	acheter des billets
projeter un film	commencer par
Ça vaut la peine	trouver qch. + *adj.*

5) Parlez du film que vous avez vu la semaine dernière.

6. Transformez le discours direct en discours indirect.

1) Madame Berger dit : «Mon fils a disparu.»

2) Monsieur Legrand lui demande : «Comment est votre fils ?»

3) Elle répond : «Il a trois ans. Il a des cheveux blonds et des yeux marron. Il porte un petit slip bleu et rouge.»

4) Madame Berger demande : «Est-ce qu'on va retrouver mon fils ?»

5) «Qu'est-ce que vous voulez visiter ?» Wang Fang demande à Monsieur Gauthier.

6) Il lui répond : «J'ai déjà vu une usine textile à Shanghai et on m'a montré un hôpital à Nanjing.»

7) «Etes-vous libre dimanche toute la journée ?» lui demande-t-il.

8) «Qu'est-ce qu'on fête à Noël ?» Song Mei demande à Guo Hong.

9) «Qu'est-ce qui se passe à Noël ?» Song demande à Guo.

10) «Comment s'est passée ta soirée ?» Dis-le-moi.

11) Jacques demande à Nathalie : «Pourquoi est-ce que la fête du Printemps est une fête importante pour les Chinois ?»

12) Le docteur dit au malade : «Vous avez la gorge très rouge. Vous avez dû prendre froid.»

13) Monsieur Gauthier dit à Monique : «Cela fait trois mois que je cherchais du travail et j'en ai enfin trouvé hier.»

14) Elles nous écrivent : «Nathalie nous a accompagnées à la Tour Eiffel.»

15) «S'il fait beau demain, nous irons à la Grande Muraille.» dit Paul à ses amis.

16) Vous nous servirez de guide pendant notre voyage, j'espère.

7. Traduisez en français.

1) 他问我们班有多少人。

2) 请告诉我谁是你们的主任。

3) 我问他图书馆在哪里。

4) 我问她是否能出席今天的晚会。

5) 你知道今晚演什么电影吗?

6) 你知道报告会几点开始吗?

7) 告诉我发生了什么事。

8) 你知道他身体怎么样?

9) 我不知道为什么今天下午没有电影。

10) 他说他很想看今晚的电影。

11) 告诉我他和谁一起写的这本小说。

12) 我不知道他在信里写了些什么。

8. Mettez les verbes entre parenthèses au temps qui convient.

Aujourd'hui, Marie (ne pas aller) ________ au bureau. Elle (être) ________ malade et elle (tousser) ________. Hier, elle (ne pas être) ________ bien, et elle (travailler) ________ plus lentement que d'habitude. Le soir quand elle (arriver) ________ à la maison, elle (aller) ________ au lit ; elle (avoir) ________ froid. Maintenant, elle (avoir) ________ trop chaud, et elle (être) ________ rouge, parce qu'elle (avoir) ________ de la fièvre. Elle (téléphoner) ________ à son docteur, mais il (ne pas être) ________ là. Il (rentrer) ________ à onze heures.

9. Remplacez les blancs par les mots suivants : *rester, avoir besoin de, commencer, trouver, se mettre, entendre parler.*

1) Tu sais ce que Marie est devenue ? —Non, je ne ________ plus jamais ________ d'elle.

2) Pierre a des cheveux trop longs, il _______ les couper.

3) Il y a beaucoup de places libres. Où voulez-vous _______?

4) Avez-vous lu ce roman ? —Oui, je le _______ excellent.

5) Il _______ un peu de viande, tu en veux ?

6) La soirée _______ par une chanson(歌曲)française.

10. Thème.

1) 我去电影院是为了笑，为了哭，为了与陌生人分享我的情感。

2) 娜塔莉经常咳嗽，她需要去看医生。

3) 法妮认为这场电影很有趣。

4) 不应该嘲笑别人。

5) 昨天，我们去看了一部法国电影《两个朋友》，我们要排队买票。一个小时以后，当银幕上出现“完”时，我们纷纷离开电影院。

CONTRÔLE (测验)

1. Conjuguez les verbes suivants.

Au futur simple :

je (avoir)	elles (voir)
tu (aller)	nous (savoir)
il (pouvoir)	

A l’imparfait :

nous (faire)	je (manger)
tu (commencer)	vous (étudier)
il (pleuvoir)	

Au passé composé :

il (avoir)	nous (s’asseoir)
je (aller)	vous (être)
elles (venir)	

2. Complétez les phrases suivantes en essayant d’utiliser des expressions.

1) Marie avait de la fièvre, ___________________________

2) Il y aura une conférence cet après-midi, ______________________

3) Si Catherine ______________________, elle fera moins de fautes dans sa dictée.

4) Est-ce que Pierre boit toujours beaucoup de vin ? Non, ______________________

5) Wang est souvent malade, ______________________

6) Tu as beaucoup grossi, ______________________

3. Mettez les verbes entre parenthèses au temps qui convient.

—Dis donc, Pierre, tu (ne pas aller) ______ faire du sport. Tu (être) ______ malade ?

—Oui, je (ne pas se sentir) ______ très bien.

—Tu (ne pas aller) ______ à l'infirmerie ?

—Si, je (venir) ______ de consulter le médecin.

—Qu'est-ce qu'il (dire) ______ ?

—Il me (dire) ______ que ce (être) ______ la grippe.

—Ce (être) ______ grave ?

—Non, ce (être) ______ très peu de chose. Le médecin me (donner) ______ quelques médicaments : du sirop et des comprimés.

—(Garder) ______ le lit pendant quelques jours et tout (aller) ______ bien. Quand tu (être) ______ guéri, je te (expliquer) ______ la nouvelle leçon.

—Tu es vraiment très gentil.

4. Remplacez les blancs par des pronoms convenables et faites l'accord, s'il est nécessaire.

Un jour, la femme d'un paysan tombe dangereusement malade. Le mari va trouver le docteur et ______ demande de venir voir sa femme.

Il ______ dit : «J'ai dix euros, vous guérirez ma femme, mais même si vous ______ tuez, je ______ donnerai cette somme.»

Le médecin accompagne donc le paysan chez lui, cette femme est gravement malade ; il ne peut rien faire et elle meurt quelques heures plus tard.

Au bout de quelques temps, le médecin va chez le paysan pour réclamer (*v.t.*索取) ses dix euros.

Le paysan dit : «Un moment, docteur, laissez- ______ d'abord ______ poser deux questions : premièrement, avez-vous tué ma femme ?»

—«Tué ! ______ ! Vous ______ demandez si j'ai tué votre femme ? Non, monsieur,

certainement pas, je ne ______ ai pas tué.»

—«Bon, vous ne ______ avez pas tué. Deuxièmement, ______ avez-vous guéri ?»

—«Non, hélas, je suis désolé. Je n'ai pas pu guérir votre femme.»

—«Alors, vous avouez que vous ne ______ avez ni tué ni guéri. Vous n'avez donc pas rempli les conditions du contrat et je ne ______ dois rien.»

Leçon 5

Après la soirée

(Sur le pas de la porte[1])

Robert : Allez, bonsoir tout le monde, rentrez bien.

Les voix : Bonsoir, bonsoir, merci pour cette bonne soirée. Ciao !

(Dans la rue)

Robert : Marina, tu rentres en métro ?

Marina : Oui, j'espère avoir le dernier métro, à la station Panthéon, ou un taxi.

Robert : Attends ! Rita va dans la même direction que toi. Rita ?

Rita : Oui ?

Robert : Tu es en voiture ?

Rita : Oui, elle est garée juste là.

Robert : Mais ce n'est pas la tienne[2] !

Rita : Non, la mienne est en panne mais Sylvie me prête la sienne.

Robert : Alors, tu peux raccompagner Marina ? Elle habite près de ta maison.

Rita : Bien sûr, pas de problème. On y va. Allez, salut et encore merci. On a passé une très bonne soirée. On y va Marina.

Marina : D'accord, merci beaucoup. Salut Robert, merci.

(Dans la voiture)

Rita : Tu habites près d'ici ?

Marina : Oui, mon appartement donne sur l'avenue. Il y a du bruit et c'est plutôt moche. Et toi ?

Rita : Moi, j'habite à l'autre côté de l'arrondissement.

Marina : C'est mieux ?

Rita : Ah, beaucoup mieux ! C'est une banlieue sympa. C'est calme et en même temps très proche du centre. C'est pratique.

Marina : Moi, j'aimerais vraiment déménager dans un autre quartier plus tranquille, mais j'aimerais rester à Paris. Je rêve d'un balcon ou d'une petite terrasse, mais c'est cher !

2

La petite couronne

La petite couronne comprend les départements 92 (les Hauts-de-Seine), 93 (la Seine-Saint-Denis) et 94 (le Val-de-Marne). Ces départements touchent la capitale et sont séparés d'elle par le périphérique qui est comme une barrière symbolique entre la ville et la banlieue. Toutes les lignes de métro desservent la petite couronne.

La grande banlieue s'étend au-delà de la petie couronne. Pour y aller, il faut prendre le RER ou un train de banlieue.

L'ensemble constitue l'île-de-France : 11 001 887 habitants qu'on appelle des Franciliens.

Contrairement aux villes américaines, les villes françaises ont un centre ville commerçant, animé et (très) cher. Plus on s'éloigne du centre (les beaux quartiers) moins les loyers sont chers, moins les magasins sont chics et la population est diversifiée.[3]

Unités de mesure : la surface (面积)

le kilomètre carré (km^2) 平方公里

le mètre carré (m^2) 平方米

le centimètre carré (cm^2) 平方厘米

le millimètre carré (mm^2) 平方毫米

VOCABULAIRE (词汇)

le pas	*n.m.*	门口，门槛
ciao	*interj.*	〈俗〉你好！再见！
garé, e	*adj.*	停车的
une panne	*n.f.*	故障
prêter	*v.t.*	出借；提供
raccompagner	*v.t.*	陪送(某人)回去
hélas	*interj.*	唉，哎，哎呀！(表示悲叹、失望、遗憾、惋惜等)
donner sur	*loc. verb.*	朝向
moche	*adj.*	丑的；差劲的
proche	*adj.*	临近的，靠近的
déménager	*v.i.*	迁居，搬家
rêver de		渴望，梦想
un balcon	*n.m.*	阳台
une terrasse	*n.f.*	平台
une couronne	*n.f.*	花环，王冠，环形物
toucher	*v.t.*	和……毗邻，紧接
séparé, e	*adj.*	分开的
un périphérique	*n.m.*	环城大道
une barrière	*n.f.*	栅栏，障碍，屏障
symbolique	*adj.*	象征的
desservir	*v.t.*	通达，连接
une banlieue	*n.f.*	郊区，市郊
s'étendre	*v.pr.*	延展，展开
constituer	*v.t.*	构成，组成
Francilien, enne	*n.*	法兰西岛人，巴黎大区的人
contrairement à	*loc. adv.*	相反地
américain, e	*adj.*	美国的，美国人的
s'éloigner de	*v.pr.*	离开，远离
diversifié, e	*adj.*	多样化的，多种多样的

NOTES (注释)

1. Sur le pas de la porte 在门口
2. Mais ce n'est pas la tienne ! 但是这不是你的(车)!
   此处 la tienne 是主有代词第二人称阴性单数的形式,指代名词 voiture。下面的 la mienne, la sienne 分别是我的(车)、她的(车)。
3. Plus on s'éloigne du centre (les beaux quartiers) moins les loyers sont chers, moins les magasins sont chics et la population est diversifiée.
   离城中心(漂亮的街区)越远,租金就越低,商场的气派程度也越低,并且人口构成也是多种多样的。
   这里是plus... moins...的句型,意思是"越……越不……"。

> **Proverbe :** C'est en forgeant qu'on devient forgeron.
> 打铁才能成铁匠。(实践才能练本事。)

GRAMMAIRE (语法)

形容词的比较级和最高级(le comparatif et le superlatif des adjectifs)

形容词分为原级、比较级和最高级。

1. 形容词比较级的一般构成如下:

<table>
<tr><td colspan="2">原级</td><td>grand</td><td>大</td></tr>
<tr><td rowspan="3">比较级</td><td>较高</td><td>plus grand</td><td>更大</td></tr>
<tr><td>同等</td><td>aussi grand</td><td>同样大</td></tr>
<tr><td>较低</td><td>moins grand</td><td>不如……大</td></tr>
</table>

形容词比较级后用连词que引导比较的第二成分。比较的第二成分可以是名词、代词或其他词类。如:

La Chine est *plus* grande *que* la France.

En hiver, il fait *moins* froid à Lyon *qu'*à Paris.

Jean est *aussi* grand *que* moi.

（注意）如果意义明显，比较的第二成分不一定表达出来，如：

Le Rhône est long, la Loire est *plus longue* (que le Rhône).

2. 形容词最高级

1) 在plus或moins前加上定冠词。注意：定冠词有性、数的变化。最高级后的补语一般用de来引导。如下表：

<table>
<tr><td>le, la, les</td><td>+ plus（最高）</td><td>+ adj.</td><td rowspan="2">+ 介词de引导的补语</td></tr>
<tr><td>le, la, les</td><td>+ moins（最低）</td><td>+ adj.</td></tr>
</table>

Taiwan est *la plus grande* île de Chine.

Le Pacifique est *le plus grand* océan du monde.

Paris et Marseille sont *les plus grandes* villes de France.

La France est *un des plus grands* pays d'Europe.

Catherine est *une des plus jeunes* étudiantes de la classe.

2) 定冠词有时用主有形容词代替，并省略补语：

Paul est *mon plus vieil* ami.

3) 形容词最高级有时放在所修饰的名词后面，这时必须重复冠词：

Quelle est la leçon *la moins difficile* ?

Quels sont les fleuves *les plus longs* de votre pays ?

3. 形容词bon在表示较高的意义时有其特殊形式：

原级	比较级	最高级
bon	meilleur	le meilleur
bonne	meilleure	la meilleure
bons	meilleurs	les meilleurs
bonnes	meilleures	les meilleures

Cette année, la récolte（收成）est *meilleure* que l'année dernière.

Quel est *le meilleur* film de cette année ?

Voilà *un des meilleurs* films de cette année.

Quelle est *la meilleure* bibliothèque de la ville ?

Voilà *une des meilleures* bibliothèques de la ville.

但表示同等或较低时仍使用aussi bon, moins bon :

L'année dernière, la récolte était moins bonne que cette année, mais aussi bonne qu'en 1994.

EXERCICES (练习)

1. Répondez aux questions suivantes.

1) Quelle heure est-il à peu près ?
2) Quelles sont les relations entre les personnages ?
3) Pourquoi Robert s'inquiète-t-il pour Marina ?
4) Où est-ce que Marina habite ?
5) Est-ce que la voiture est à Rita ?
6) Pourquoi ?
7) Quels sont les arguments de Rita pour préférer sa banlieue ?
8) Comparez les avantages et les inconvénients de la vie dans une grande ville et de la vie en banlieue ?
9) Qu'est-ce que c'est que la petite couronne ?
10) Combien de départements comprend-elle ?
11) Lesquels ?
12) Qu'est-ce que c'est que le périphérique ?
13) Pour aller à la petite couronne, que faut-il faire ?
14) Qu'est-ce qu'on appelle les habitants de l'île-de-France ?

2. Exercices sur le comparatif et le superlatif des adjectifs.

1) plus...que

—Le fleuve Jaune est long, et le Yangtsé ?

—Le Yangtsé est plus long que le fleuve Jaune.

(1) Le Rhône est long, et la Loire ?

(2) L'Italie est un pays d'Europe assez grand, et la France ?

(3) Lyon est une grande ville de France, et Paris ?

(4) La leçon 4 est facile, et la leçon 5 ?

(5) Il faisait beau hier, et aujourd'hui ?

(6) Il fait froid à Paris en hiver, et à Lille ?

(7) Il fait chaud à Lyon en été, et à Marseille ?

(8) Il fait humide à Lyon, et à Bordeaux ?

2) moins...que

—Le Yangtsé est long, et le fleuve Jaune ?

—Le fleuve Jaune est moins long que le Yangtsé.

(1) La France est assez grande, et l'Italie ?

(2) La Loire est assez longue, et la Seine ?

(3) Le climat est humide en général dans le Zhejiang, et dans le Anhui ?

(4) A Xi'an, le climat est sec au printemps, et à Beijing ?

(5) A Wuxi, l'industrie est assez développée aujourd'hui, et à Hangzhou ?

(6) En ce moment, il fait mauvais à Lille, et à Paris ?

(7) En ce moment, il fait beau à Shanghai, et à Tianjin ?

(8) En ce moment, il fait bon à Shanghai, et à Shenyang ?

3) aussi...que

—Jean est rapide, et Albert ?

—Albert est aussi rapide que Jean.

(1) Ce texte est facile, et le texte 6 ?

(2) Cette classe est propre, et votre classe ?

(3) *Notre-Dame de Paris* est un film émouvant, et *Les Misérables* ?

(4) Danielle est très gentille, et Isabelle ?

(5) Pierre est jeune, et Paul ?

(6) En ce moment, il fait bon à Marseille, et à Toulon ?

(7) En ce moment, il fait beau à Bordeaux, et à Toulouse ?

(8) En ce moment, il fait mauvais à Lille, et à Strasbourg ?

4) bon / moins bon / aussi bon / meilleur

—Ce vin blanc est moins bon que ce vin rouge ?

—Mais non, il est meilleur.

(1) Ce thé vert est moins bon que ce thé rouge ?

(2) Cette veste bleue est moins bonne que cette veste jaune ?

(3) Ces chaussures noires sont moins bonnes que ces chaussures brunes ?

(4) Le café italien est moins bon que le café belge ?

(5) Ce bateau chinois est moins bon que ce bateau français ?

5) le (la, les) plus...de

—La Loire est un long fleuve ? / France

—Oui, c'est le plus long fleuve de France.

(1) Marseille est un grand port ? / France

(2) Shanghai est une grande ville ? / Chine

(3) Le Yangtsé est un très long fleuve ? / Chine

(4) Jeanne est une bonne élève ? / notre classe

(5) C'est une très jolie maison ? / ce village

(6) C'est un grand parc ? / cette ville

(7) L'automne est une saison très agréable ? / l'année

(8) C'est un article très intéressant ? / cette revue

6) le (la, les) moins...de

—Est-ce que cette leçon est difficile ? / manuel

—Non, c'est la leçon la moins difficile du manuel.

(1) Est-ce que ce texte est long ? / manuel

(2) Est-ce que ces films sont intéressants ? / année

(3) Est-ce que ces bâtimens sont hauts ? / ville

(4) Est-ce que ces avions sont rapides ? / pays

(5) Est-ce que cette région est chaude ? / pays

(6) Est-ce que cette route est large ? / région

(7) Est-ce que cette bibliothèque est bonne ? / ville

(8) Est-ce que ces fermes sont mécanisées ? / région

3. Exercices sur des mots et expressions.

1) paraître + adj.

—A côté du fleuve Jaune et du Yangtsé, la Loire a l'air toute petite malgré ses 1000 kilomètres.

—A côté du fleuve Jaune et du Yangtsé, la Loire paraît toute petite malgré ses 1000 kilomètres.

(1) Ce projet a l'air important.

(2) Cette voiture a l'air rapide.

(3) Cette rue a l'air longue.

(4) Ce film a l'air intéressant.

2) malgré

Il pleut, mais Pierre sort.

Malgré la pluie, Pierre sort.

(1) La Loire compte 1000 kilomètres, elle paraît toute petite à côté du Yangtsé.

(2) Fanny a de la fièvre, mais elle travaille toujours.

(3) Il fait du vent, mais les enfants s'amusent dans la rue.

(4) Jacques est malade, mais il part en voyage.

4. Exercices divers.

1) Traduisez en chinois les phrases suivantes.

(1) C'est un pays dix-huit fois moins peuplé que la Chine.

(2) La Chine est dix-sept fois plus grande que la France.

(3) Ma chambre est deux fois plus petite que sa chambre.

(4) Le rendement du blé de cette année est trois fois plus élevé que celui de l'année dernière.

(5) Les étudiants sont cinq fois plus nombreux qu'en 1979.

2) Donnez les adjectifs correspondant aux noms suivants.

la Belgique	la Chine
la France	l'Espagne
l'Italie	l'Angleterre
la Suisse	l'Allemagne

3) Mettez au pluriel les noms et les adjectifs suivants.

le journal	le drapeau	le jeu
le canal	le tableau	le cheveu
local	occidental	fédéral
mondial	principal	rural

5. Mettez les adjectifs entre paranthèses au comparatif ou au superlatif, en veillant à l'accord.

1) Shanghai est (grand) ________ que Tianjin, c'est la (grand) ________ ville de Chine.

2) Les vieilles maisons de cette ville sont (haut) ________ que les nouveaux bâtiments.

3) Le 22 juin est le jour (long) ________ de l'année.

4) A Shanghai, il fait presque (chaud) ________ au printemps qu'en automne.

5) J'ai choisi cette veste. Elle est (cher) ________ que les autres, mais elle est de (bon) ________ qualité (*n.f.* 质量).

6) La rue Wang Fu Jing est une des rues (animé *adj.* 热闹的) ________ de notre capitale.

7) Les camarades de 3e année sont un peu (âgé) ________ que nous.

8) Je suis (jeune) ________ de la famille. Et ma grand-mère (vieux) ________.

9) Dans le Hebei, l'automne est (bon) ________ saison de l'année.

10) Le Nord-Est est une des régions (froid) ________ de notre pays.

11) Je patine moins bien que Paul. C'est l'exercice (difficile) ________ pour moi.

12) Xi'an est une des (ancien) ________ villes de la Chine.

13) Malgré la sécheresse (*n.f.* 旱灾), nous avons eu une (bon) ________ récolte (*n.f.* 收成) que l'année dernière.

14) Avez-vous un livre (intéressant) ________ que ce roman ?

6. Remplacez les blancs par un article convenable et supprimez, s'il y a lieu, les blancs.

Pour connaître ________ Français, il faut connaître leur pays. ________ France est ______ pays ________ plus grand de l'Europe occidentale. Elle est quatre fois plus étendue (*adj.* 宽广的) que ________ Grande Bretagne.

________ France compte 55 millons ________ habitants. C'est ________ pays industriel comme ________ Angleterre, mais aussi ________ pays ________ plus agricole de ________ Europe. Ses produits agricoles ________ plus importants sont ________ blé et ________ vin. Ses vins sont ________ meilleurs ________ monde.

Paris, Marseille, Lyon et Toulouse sont ________ quatre premières villes de ________ France. Paris est situé sur ________ Seine, fleuve long de 776 kilomètres.

A ________ milieu de ________ Seine, sur ________ petite île de la Cité (城岛), s'élève (*v.pr.* 矗立，耸立) ________ Cathédrale de Notre-Dame. Sur ________ rive (*n.f.* 岸) gauche se trouvent ________ Quartier latin, quartier de ________ universités, et ________ Tour Eiffel, haute de plus de 300 mètres.

7. Complétez les phrases suivantes avec *plus, aussi, moins.*

1) La salle de réunion est ________ grande que la classe.

2) En été, le jour est ________ long que la nuit.

3) Les enfants sont ________ grands que les adultes.

4) Le professeur Li est ________ âgé que le professeur Wang.

5) En hiver, il fait ________ froid à Beijing qu'à Marseille.

6) Je suis grand, mais mon frère est encore ________ grand.

7) Elle veut une veste ________ large.

8) La leçon 20 est ________ difficile que la leçon 15.

8. Mettez à la forme convenable du passé composé les verbes entre parenthèses.

1) Hier soir, il (pleuvoir).

2) On (construire) un grand nombre de nouveaux bâtiments pour les ouvriers.

3) La Tour Eiffel (construire) à l'occasion de l'Exposition Universelle de 1889.

4) Je (rencontrer) un de mes amis au Palais d'Eté.

5) (Recevoir)-vous sa lettre hier ?

6) Elle ne pas (pouvoir) répondre aux questions du professeur.

7) Nous ne pas (avoir) le temps d'aller vous voir.

8) Je (faire) mes devoirs en une heure.

9. Remplacez les points par le complément convenable.

1) A Beijing, il fait plus froid que......

2) Ma chambre est aussi grande que......

3) La ville de Beijing est plus belle que......

4) L'automne est moins chaud que......

5) La langue français est moins difficile que......

10. Traduisez en français.

1) 小李和小王(身材)一样高。

2) 这是全城最大的公园。

3) 我的公寓朝向街道。

4) 他希望搬到其他街区去。

5) 和美国的城市相反,法国的城市一般有一个商业中心。

6) 所有的地铁线路都通抵市中心。

CONTRÔLE (测验)

1. Conjugaison.

1) Au présent :

il (valoir)	nous (ouvrir)
tu (croire)	vous (dire)
je (se souvenir)	elles (prendre)

2) Au passé composé :

je (mettre)	nous (se réveiller)
tu (descendre)	vous (croire)
il (savoir)	elles (partir)

3) A l'imparfait :

je (tenir)	nous (se promener)
tu (faire)	vous (croire)
elle (aller)	ils (valoir)

4) Au futur simple :

je (voir)	nous (recevoir)
tu (être)	vous (avoir)
il (valoir)	ils (faire)

5) A l'impératif :

(faire, tu)	(savoir, tu)
(avoir, vous)	(finir, nous)
(se réveiller, tu)	(être, vous)

2. Mettez les verbes entre parenthèses au temps qui convient.

Nicolas et Sophie (être) ________ amis. Quand ils (être) ________ enfants, ils (habiter) ________ Valence. Après, ils (venir) ________ à Paris. Nicolas (être) ________ maintenant libraire (*n.* 书商), tandis que (*conj.* 而) Sophie (étudier) ________ à l'Université de Paris.

Dimanche dernier, Sophie a aidé Nicolas à chercher un appartement. Ils en (visiter) ________ une dizaine, mais ils (être) ________ ou bien trop vieux, trop petit, ou bien trop chers. Pour le moment, ils ne (trouver) ________ rien. Pourtant (*adv.* 然而), ils ne sont pas déçus (*adj.* 失望的), ils (essayer) ________ encore.

3. Mettez les adjectifs entre parenthèses au comparatif ou au superlatif.

1) Cette maison est trop petite, on va construire une maison (grand) ________ .

2) Françoise a bien passé son examen, et moi non, parce que j' étais (travailleur) ________ qu'elle.

3) Votre classe n'est pas (grand) ________ que votre chambre.

4) Quelle est la leçon (difficile) ________ de ce semestre (学期)?

5) Veux-tu me prêter une revue (intéressant) ________ que ce livre ?

6) Son intonation (*n.f.*语调) est (bon) ________ de toute la classe.

7) Cette voiture est (bon) ________ que l'autre.

8) Elle est (travailleur) ________ de ce groupe.

9) Il a perdu son (petit) ________ dictionnaire.

10) Elles ont vendu (*v.t.*卖) leur (beau) ________ maison.

11) M. Dupont et Mme Dupont ont fait un voyage en Chine. Le 15 mai, ils sont partis de Beijng pour Shanghai, par le train. Ce jour-là, il faisait (beau) ________ que la veille. Le train a traversé le fleuve Jaune à Jinan, un des (long) ________ fleuves de Chine. Quelques heures plus tard, ils sont arrivés à Shanghai qui est (grand) ________ ville de Chine. Mais la gare de Shanghai est (grand) ________ que celle de Beijing.

4. Traduisez en français.

1) 我们度过了很愉快的一天。

2) 我梦想有一个阳台和一个小露天平台，但是那很贵。

3) 城市和郊区由环城大道分开。

4) 我们离家乡越远，就越想念家人。

5) 哪些电影是今年最好的电影？

Leçon 6

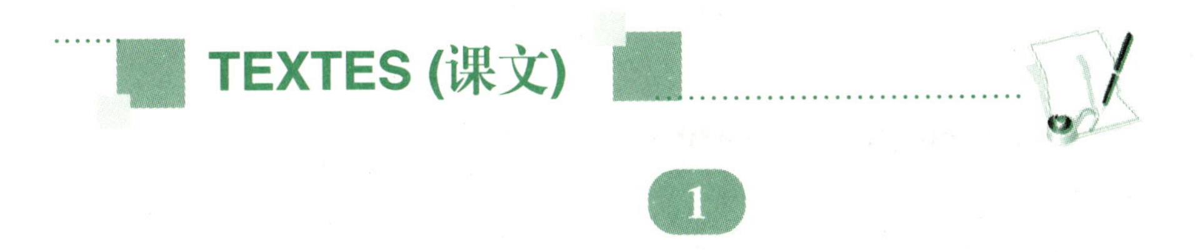

La famille Vincent descend à l'hôtel[1]

Les Vincent sont en voyage à Paris.[2] Ils descendent à l'Hôtel du Nord. « J'ai téléphoné la semaine dernière, dit M. Vincent au réceptionniste, j'ai retenu deux chambres ici. Je m'appelle Vincent, Georges Vincent. » Le réceptionniste ouvre un gros cahier : « Au premier étage[3], nous vous avons réservé une chambre à double-lit avec salle de bains. Une deuxième chambre est au sixième ; elle est moins grande que la chambre du premier, mais elle est plus claire et aussi confortable. Excusez-nous, tout est occupé : en été, il y a beaucoup d'étrangers à Paris. Voulez-vous prendre ces chambres ? »

—Oui, je veux bien.

—Alors, voici vos clés : vous avez les numéros 9 et 127. L'ascenseur est là, à gauche.

—Pierre, dit M. Vincent à son fils, tu montes, n'est-ce pas ? Je reste au premier avec ta mère.

La chambre de Pierre est au sixième. Sixième étage ! Pierre sort de l'ascenseur. Une femme de chambre ouvre la porte du 127. C'est la plus petite des chambres de l'hôtel ; son plafond est bas, mais elle est très confortable et très claire. Un tapis épais couvre le plancher. Sur la table de nuit, près du lit, il y a une lampe de chevet. Le matelas est très bon : Pierre va bien dormir. Les couvertures et les draps sont très propres.

—Si vous désirez quelque chose, vous n'avez qu'à appeler[4], il y a toujours quelqu'un, dit l'employée. Voici le bouton de la sonnette, à droite du lit. Le cabinet de toilette est à gauche. Les voyageurs peuvent prendre le petit déjeuner dans leur chambre.

—Non, merci, dit Pierre. Je déjeunerai au restaurant avec mes parents.

L'employée de l'hôtel quitte la pièce. Pierre ouvre la porte-fenêtre et passe sur le balcon : il voit des toits gris et encore des toits gris. En bas, sur la place du Théâtre-Français et dans l'avenue de l'Opéra, des lumières brillent déjà.

Pierre se déshabille, se couche et s'endort aussitôt.

2

Comparer avant et maintenant

—Bonjour, Florence Bernazzi, bonjour, François Cosprec. Pourquoi vous avez quitté la ville. Florence ?

—Eh bien, d'abord : le temps perdu dans les transports[5]. En semaine[6], c'était difficile de profiter de la vie culturelle parisienne. Le week-end, on passait le temps à faire les courses[7], avec des files d'attente partout ! On a proposé à mon mari un poste en province[8] et, moi, j'ai eu la possibilité de le suivre et de continuer à travailler chez France Télécom[9].

—Et vous, François ?

—Alors, moi, j'en avais assez du stress parisien[10], des embouteillages, de la pollution, du rythme d'enfer... Je voulais un cadre de vie plus sympathique pour ma famille. Je ne voulais pas voir mes futurs enfants grandir dans le stress et la pollution ![11]

—Quelle négative vision de la capitale ! Et dites-nous, quels sont les avantages de votre nouvelle vie ?

—Première chose, l'espace. Avant nous avions un appartement de 55 m^2, maintenant nous habitons une maison de 200 m^2! La campagne est à dix minutes, moins peuplée que les parcs parisiens. Nous organisons mieux le temps, on peut faire plus de choses en une seule matinée[12]. Impossible à Paris ! Et les trajets sont plus courts !

—Moi, je suis bien plus efficace quand je travaille à la maison, je suis mieux organisé dans mon travail et plus cool quand je vais au bureau. En plus, j'ai un appartement beaucoup plus grand et nous avons plus d'activités le week-end.

—Alors, pour vous, il n'y a que des avantages[13] ! Mais il n'y a pas d'inconvénients ? François ?

—Si, bien sûr, deux nuits par semaine à Paris.[14] Cela coûte cher et je suis loin de ma famille, mais ce n'est pas trop grave !

—Et pour vous, Florence, tout est positif ?

—Des inconvénients, il y en a très peu. Il y a moins d'activités culturelles, mais tout le reste est positif, c'est vrai !

Unités de mesure: la vitesse et la distance (速度和距离)

1. Il roule à 800 km à l'heure.
   A combien est-ce qu'il roule ?
   A quelle vitesse roule-t-il ?
2. Le cinéma est à 2 km de l'école.
   A combien de kilomètres est le cinéma ?
   A quelle distance est le cinéma ?
3. Paris est à 500 km de Strasbourg.
   Quelle est la distance de Strasbourg à Paris ?
   Quelle est la distance entre Strasbourg et Paris ?

> **Proverbe :** C'est le premier pas qui coûte. 万事开头难。

VOCABULAIRE (词汇)

le nord	*n. m.*	北，北方
réceptionniste	*n.*	(旅馆、公司)接待员
retenir	*v.t.*	预订，叫人保留
réserver	*v.t.*	预订
la salle de bains		浴室
confortable	*adj.*	舒适的
excuser	*v.t.*	原谅
occupé, e	*adj.*	被占了的，忙碌的
l'étranger, ère	*n.*	外国人
la clé (clef)	*n.f.*	钥匙
le numéro	*n.m.*	号码

l'ascenseur	*n.m.*	电梯
la femme de chambre		女佣人
le plafond	*n.m.*	天花板
bas, se	*adj.*	低的,矮的
le tapis	*n.m.*	地毯
épais, se	*adj.*	厚的
couvrir	*v.t.*	盖,覆盖
le plancher	*n.m.*	地板
la table de nuit		床边柜
la lampe de chevet		床头灯
le matelas	*n.m.*	床垫
la couverture	*n.f.*	被子,毯子
le drap	*n.m.*	床单
propre	*adj.*	干净的
quelqu'un, quelqu'une, quelques-uns, quelques-unes	*pron. indéf.*	有人,某人,某个,某些人,有些人
l'employé, e	*n.*	职员,雇员
le bouton	*n.m.*	按钮
la sonnette	*n.f.*	电铃,铃
voyageur, euse	*n.*	旅客
quitter	*v.t.*	离开,走出
la porte-fenêtre	*n.f.*	落地窗
le toit	*n.m.*	屋顶
gris, e	*adj.*	灰色的
la place du Théâtre-Français		法兰西剧院广场
l'avenue de l'Opéra		歌剧院大街
la lumière	*n.f.*	灯光,光
briller	*v.i.*	发光,闪光
comparer	*v.t.*	比较
perdu, e	*adj.*	失去的,丢失的
les transports	*n.m.pl.*	交通,运输
profiter (de)	*v.t*	利用
culturel, le	*adj.*	文化的

parisien, ne	*adj./n.*	巴黎的;巴黎人
le week-end [wikɛnd]	*n.m.*	(英)周末
la file	*n.f.*	队,直列
l'attente	*n.f.*	等待
proposer	*v.t.*	建议,推荐
la province	*n.f.*	外省
la possibilité	*n.f.*	可能,可能性
suivre	*v.t.*	跟随
continuer	*v.t.*	继续
le stress [strɛs]	*n.m.*	(英)压力
l'embouteillage	*n.m.*	交通堵塞
la pollution	*n.f.*	污染
le rythme	*n.m.*	节奏
l'enfer	*n.m.*	地狱
le cadre	*n.m.*	框架,干部
futur, e	*adj.*	将来的
grandir	*v.i.*	长大,成长
négatif, ve	*adj.*	否定的,消极的
la vision	*n.f.*	观点
la capitale	*n.f.*	首都
l'avantage	*n.m.*	优点,长处
l'espace	*n.m.*	空间
la campagne	*n.f.*	乡下,乡村
peuplé, e	*adj.*	有居民的
la matinée	*n.f.*	上午
le trajet	*n.m.*	路程
court, e	*adj.*	短的
efficace	*adj.*	有效的,有效率的
organiser	*v.t.*	组织
cool [kul]	*adj. inv.*	(英)从容的,洒脱的
l'activité	*n.f.*	活动
l'inconvénient	*n.m.*	不利,缺点
coûter	*v.i.*	值(多少钱),价值

positif, ve *adj.* 肯定的，积极的

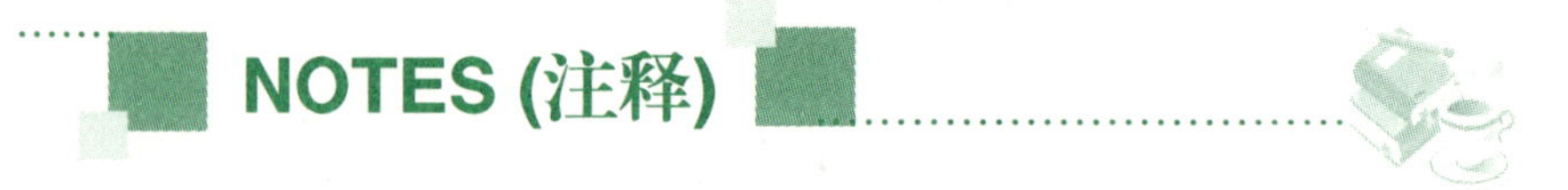

1. La famille Vincent descend à l'hôtel 万桑一家住旅馆。
   descendre à l'hôtel 住旅馆
2. Les Vincent sont en voyage à Paris. 万桑一家人在巴黎旅行。
   1) les Vincent = la famille Vincent 万桑一家人
   表示某某一家人时需要在专有名词前用定冠词les。
   2) être en voyage 在旅行
   介词en后面加无冠词的名词，表示处于某一状态之中。例如：
   être en vacances 在度假
   être en colère 在生气
   être en route 在路上
3. Au premier étage 在二楼
   按照法国人的习惯，le rez-de-chaussée 指一层楼（底层），le premier étage 即按照中国习惯的第二层楼，le deuxième étage 指三楼，依次类推。
4. Si vous désirez quelque chose, vous n'avez qu'à appeler 您想要什么东西，只要招唤一下就行了。
   n'avoir qu'à + inf. 只要做某事就行了。例如：
   Si vous avez besoin de quelque chose, vous n'avez qu'à me le dire.
   假如您需要什么东西，您只要跟我说一声就行。
5. le temps perdu dans les transports 在路途中被浪费的时间
   perdu，动词perdre 的过去分词做形容词，表示被动。
6. En semaine 工作的日子，平日，非假日
7. Le week-end, on passait le temps à faire les courses. 每个周末，我们都花费时间去购物。
   1) passer + 时间 + à inf. 花费多长时间做某事。例如：
   Il a passé toute la nuit à réviser ses leçons. 他用了整整一夜来复习功课。
   2) faire les courses = faire des achats 采购，购物
8. On a proposé à mon mari un poste en province 有人向我的丈夫提供了一个在外省的工作。
   1) proposer qch. à qn 向某人提出，向某人建议某事。例如：

Il m'a proposé une promenade avec lui. 他建议我同他一起去散步。

proposer (à qn) de inf. 建议(某人)做某事。例如:

Je vous propose de passer me voir ce week-end. 我提议你这个周末来看我。

2) 法语中有一些名词既可以作阳性,又可以作阴性,只是其含义往往因其性的不同而不同。

例如:

- un poste (岗位,哨所;职位;站,台,所;设备,装置)
- une poste (邮政;邮局)
- un tour (周,周围,周长)
- une tour (城楼,炮楼;塔,楼,钟楼)
- un livre (书,书本,书籍)
- une livre (半公斤;磅)
- un manche (柄,把)
- une manche (袖,袖子)
- un mode (形式,方式;语式)
- une mode (习俗,风尚;时髦,时兴)

3) en province 在外省,la province 外省,法国人指巴黎以外的地方。

9. continuer à travailler chez France Télécom 继续在法国电信局工作

表示在某家公司工作,用介词chez。例如:

Il travaille chez Renault. 他在雷诺汽车公司工作。

10. j'en avais assez du stress parisien 我受够了巴黎的压力。

en avoir assez de qn/qch. 对某人或者某事感到厌烦。例如:

Il en a eu assez de ces exercices. 他受够了这些练习。

J'en ai assez ! 我受够了!

11. Je ne voulais pas voir mes futurs enfants grandir dans le stress et la pollution !

我不想看到我将来的孩子在压力和污染中长大!

voir, regarder, entendre, écouter 等感官动词,在结构上和一个有自己主语的不定式连用。例如:

J'écoute les étudiants chanter dans la classe. 我听见学生们在教室里唱歌。

12. on peut faire plus de choses en une seule matinée 用一上午的时间,我们可以做更多的事情。

1) beaucoup de 数量副词短语的比较级形式:

plus de + n. (无冠词) 表示更多的……

moins de + n. (无冠词) 表示更少的……

autant de + n. (无冠词) 表示同样多的……

例如:

Il a fait moins de fautes dans la dictée. 他在听写中犯了更少的错误。

Tu as autant de livres que moi. 你和我有同样多的书。

2) 介词en在这里表示时间,翻译成“用多少时间”。

例如:Il fait tout cela en cinq minutes. 他用了5分钟做完这些。

13. il n'y a que des avantages 只有优点

“ne... que”句型,表示强调,翻译成“只,仅仅”。ne 放在变位动词前,que 放在句子中强调部分的前面。例如:

Il n'a que 20 euros. 他只有20欧元。

Il ne pense qu'à s'amuser. 他只想着玩。

14. Si, bien sûr, deux nuits par semaine à Paris. 不,当然有了,每周有两个晚上要在巴黎。

1) 对肯定式的疑问句作肯定的回答,用oui。

—Vous habitez à Paris ? —Oui, j'y habite.

您住在巴黎吗? 是的,我住在巴黎。

对否定式的疑问句作肯定的回答,用si,但是汉语要翻译成“不”。

—Vous n'habitez pas à Paris ? —Si, j'y habite.

您不住在巴黎吗? 不,我住在巴黎。

2) 介词par表示分配,一般翻译成“按照;每”。例如:

deux fois par jour 每天两次

Les ouvriers travaillent maintenant huit heures par jour. 工人现在每天工作8个小时。

GRAMMAIRE (语法)

1. Le comparatif et le superlatif des adverbes(副词的比较级和最高级)

法语中的副词和形容词一样,除了原级以外,还有比较级(表示动作与动作两者比较的程度差异)和最高级。

1) 副词比较级的构成:

plus + adv. + que (表示较高程度)

moins + adv. + que (表示较低程度)

aussi + adv. + que (表示相同程度)

例如:

Paul répond plus vite que Pierre. 保罗比皮埃尔回答得快。

Pierre répond moins vite que Paul. 皮埃尔不如保罗回答得快。

Je réponds aussi vite que vous. 我和您回答得一样快。

注意：副词的比较级和形容词比较级一样，比较的第二个成分可以是名词、代词以外的其他词类，也可以不表达出来。例如：

Nous travaillons plus attentivement qu'autrefois. 我们工作得比过去更细心了。

Maintenant, il parle plus vite. 现在他讲得更快了。

2）副词最高级的构成：

le (不变) + plus + adv. （表示最高程度）

le (不变) + moins + adv. （表示最低程度）

例如：

Paul écrit le plus vite de tous les élèves de la classe.

在班里所有的同学中，保罗写得最快。

Elle parle français le moins couramment. 她法语说得最不流利。

注意：在形容词或副词前加上très, bien 等副词可以构成绝对最高级。例如：

La chambre est très confortable et très claire. 房间十分舒适和明亮。

Il parle bien vite. 他说得很快。

3）少数副词的比较级和最高级有特殊的词形。例如：

原级—比较级—最高级

bien | mieux | le mieux

beaucoup | plus | le plus

peu | moins | le moins

mal | pis | le pis

例如：

Pierre travaille mieux que Paul. 皮埃尔比保罗工作得更好。

C'est Pierre qui comprend le mieux. 皮埃尔理解得最好。

Aujourd'hui, il mange plus que d'habitude. 今天他比平时吃得多。

C'est elle qui travaille le plus. 干得最多的是她。

Pierre fait moins de fautes que Paul. 皮埃尔的错误比保罗少。

Il travaille le moins de toute la classe. 全班中他工作得最少。

注意：mal 的比较级和最高级通常使用plus mal 和le plus mal，pis 通常用在熟语中，例如：tant pis(算了)，de mal en pis或者de pis en pis(越来越糟)。

Il va de mal en pis. 他的身体越来越糟。

4）副词最高级后常常带有形容词possible（没有性、数变化），起强调作用。

例：Je veux aller en France le plus tôt possible. 我想尽早去法国。

Il faut faire le moins de fautes possible. 要尽可能少犯错误。

5）自身程度比较级

这种比较级只与自身进行比较，而不与其他人或物进行比较。翻译成"越来越……"。一般有以下几种结构：

de plus en plus + adv.

de moins en moins + adv.

de plus en plus de + n.

de moins en moins de + n.

v. + de plus en plus

v. + de moins en moins

v. + de mieux en mieux

例如：

Je vais voir mes parents de moins en moins souvent. 我去看望父母的次数越来越少。

Il parle français de mieux en mieux. 他法语说得越来越好。

De plus en plus de femmes occupent des postes très importants dans les entreprises. 越来越多的女性在公司中占据重要职务。

2. La phrase exclamative (感叹句)

汉语感叹句一般使用"多么""何等"构成，表示赞赏、惊奇、愤怒等感情。法语感叹句的构成一般有以下几种：

1）感叹形容词quel / quelle / quels / quelles + 名词，通常省略主语和谓语，感叹形容词quel 需要与名词的性、数进行配合。例如：

Quelle négative vision de la capitale！对于首都多么悲观的想法啊！

Quel grand jardin！多大的花园啊！

Quelle belle maison！多漂亮的房子啊！

Quel temps！多好的天气啊！（也可用来指：多糟糕的天气啊！）

2）感叹副词que + de + 无冠词名词：

例：Que de monde！好多人啊！

Que de chaleur！好热啊！

3）感叹副词que + 句子：

例：Qu'il est content！他多么高兴啊！

Qu'il fait beau ! 天气多么好啊！

4）感叹副词 comme + 句子：

例：Comme il fait froid à Harbin ! 哈尔滨多冷啊！

Comme il est intelligent ! 他多么聪明啊！

5）感叹副词 combien + 句子：

例：Combien nous sommes contents ! 我们多么高兴啊！

Combien il a du courage ! 他多么勇敢啊！

EXERCICES (练习)

1. Répondez aux questions suivantes.

1) Où est-ce que les Vincent descendent ?
2) Quand Vincent a-t-il téléphoné à l'hôtel pour retenir des chambres ?
3) Combien de chambres a-t-il retenues ?
4) Est-ce qu'il y a deux chambres pour eux au premier étage ?
5) Comment est la chambre de M. et Mme Vincent ?
6) Est-ce que la chambre du sixième étage est aussi grande que la chambre du premier ?
7) Y a-t-il encore d'autres chambres libres ?
8) A Paris, est-ce qu'il y a autant d'étrangers en été qu'en hiver ?
9) Quels sont les numéros de ces deux chambres ?
10) Où logent M. Vincent et son fils ? Logent-ils dans la même chambre ?
11) Comment est-ce que Pierre monte ?
12) Qui ouvre la porte à Pierre ?
13) Comment est la chambre 127 ? Est-elle plus confortable ?
14) Qu'est-ce qu'on trouve près du lit ?
15) Où se trouve la lampe de chevet ?
16) Les couvertures et les draps sont-ils propres ?
17) Que fait-on quand on désire quelque chose ?
18) Où est le bouton de la sonnette ?
19) Les voyageurs peuvent-ils prendre le petit déjeuner dans leur chambre ?
20) Pourquoi Pierre veut-il déjeuner au restaurant ?
21) Comment Pierre passe-t-il sur le balcon ?

22) Qu'est-ce que Pierre voit sur le balcon ?

23) Est-ce que Pierre s'endort vite et pourquoi ?

2. Donnez les expressions équivalentes selon le modèle.

La saison la plus chaude = la saison la moins froide

1) le jour le plus long

2) les rues les plus larges (étroites)

3) l'élève le plus attentif (distrait)

4) l'ouvrière la moins âgée

5) la leçon la plus difficile

6) les meilleurs étudiants

7) la nuit la moins longue

8) le dictionnaire le plus gros

9) la chambre la moins petite

10) le magasin le plus grand

3. Complétez les phrases suivantes avec *mieux, le mieux, meilleur(e)(s)* ou *le(s) meilleur(e)(s).*

1) Ma sœur skie ______ que mon frère, mais il est ______ en escalade.

2) Oui, je vais ______ , mais j'ai vraiment eu peur.

3) Je trouve que Justine a une belle écriture, mais Marie écrit ______ , elle a un ______ style.

4) On apprend ______ le français quand on le pratique tous les jours.

5) Tes crêpes étaient très bonnes mais les crêpes de Marc sont ______ .

6) Chloé travaille bien mais elle travaillait ______ l'année dernière.

7) A mon avis, les vins de Bourgogne sont ______ .

8) Quels sont vos ______ desserts ?

4. Complétez les phrases avec *mieux, meilleur* ou *pire.*

1) Tes photos sont de ______ qualité que les photos de Paul.

2) Parler anglais, c'est bien, mais parler anglais et français, c'est ______ .

3) Le pain de mon boulanger est bon, il est ______ que le pain du supermarché.

4) Des nouvelles de Luc ? Il travaille moins, il est plus déprimé, sa situation est ______ qu'avant.

5) J'ai diné chez Jacques hier soir. Personne ne cuisine ______ que lui.

6) Tiens, prends ce livre. Les règles de grammaire sont ______ expliquées.

7) Oh, écoute, c'était horrible ce film. C'était ______ que la dernière fois.

8) Je vais travailler chez L'Oréal. Ils m'ont fait une ______ offre.

5. Remplacez les blancs par les prépositions convenables.

1) J'ai retenu deux billets ______ le train de 15h 21 ______ Beijing.

2) Si Léon va ______ l'est ______ l'ouest, il rencontrera l'océan Atlantique et l'océan Pacifique.

3) J'étais debout ______ la fenêtre.

4) La fusée monte ______ le ciel.

5) Il se dirige ______ lui.

6) J'ai un peu mal ______ la tête.

7) Il logeait ______ ses parents.

8) Je voudrais une chambre ______ deux lits ______ salle de bains.

9) J'ai besoin ______ un dictionnaire pour traduire ce texte.

10) ______ été, il fait très chaud dans le sud de la Chine.

11) Autrefois nous ne pouvions pas manger ______ notre faim.

12) Je passe ______ le balcon et vois la rue de Nanjing pleine de monde.

13) Le petit déjeuner est compris ______ le prix de la chambre.

14) Je dormirai seulement ______ le drap.

6. Traduisez en français.

1) 这个学生今天起得最早。

2) 我开车开得最慢。

3) 听写中，你的错误和他一样多。

4) 他母亲的身体越来越好。

5) 在我们班，她英语讲得最快。

CONTRÔLE (测验)

1. Connaissez-vous les noms qui correspondent à ces verbes ? Complétez à l'aide d'un dictionnaire.

Exemple : observer → observation

1) organiser →
2) associer →
3) résumer →
4) utiliser →
5) écouter →
6) apprécier →
7) voyager →
8) repérer →
9) déménager →
10) créer →

2. Complétez les phrases avec « encore » ou « déjà » ou « toujours ».

1) —Tu vis _______ à Bordeaux ?
   —Non, je n'y vis plus. Maintenant, j'habite à Lyon.
2) —Vous avez _______ fini ?
   —Non, je n'ai pas _______ fini. Il me faut cinq minutes.
3) —Vous avez _______ faim ?
   —Oui, un peu. Je vais prendre un dessert.
4) —C'est vrai que tu vas _______ déjeuner au petit café près de la poste ?
   —Moi ? Mais non, je ne déjeune jamais dans ce café !

3. Remplacez les blancs par une préposition ou un article et supprimez, s'il y a lieu, les blancs.

1) Il lit _______ journaux avant _______ se coucher.
2) M. Durand a invité _______ M. Leroux _______ dîner _______ lui.
3) Pierre a mal _______ la tête, ses amis lui proposent _______ voir _______ médecin.

4) Qu'est-ce qu'on a décidé _______ construire ici ?

5) Ces étudiants ont passé toute _______ soirée _______ regarder _______ diapositives _______ leçon 5.

6) _______ l'arrivée _______ Nicole _______ Chine, Paul s'est occupé _______ ses bagages.

7) Nous n'avons pas pu aller _______ Grande Muraille _______ cause _______ neige.

8) Mes amis français doivent _______ partir demain matin, mais ils ont envie _______ visiter _______ Temple _______ Ciel.

4. Complétez les phrases avec le mot qui convient.

1) Tu es (sur/sûr) _______ que tout le monde est arrivé ?

2) (Ses/C'est) _______ à qui (ces/ses) _______ clés ?

3) Il ne se souvient de rien ; (quand /quant) _______ à sa sœur, elle ne veut pas parler.

4) Marine voudrait bien voir (sa/ça) _______, elle aime l'art.

5) (On/Ont) _______ ne sait pas pourquoi ils ne nous (ont/on) _______ rien dit.

6) Il a (du/dû) _______ partir plus tôt ; excusez-le.

7) Où est-ce que tu as (mi/mis) _______ les clés de la voiture ?

8) Non, je ne l'ai pas (fête/faite) _______.

9) Les gens attendent au guichet (de la/du) _______ poste pour envoyer un paquet ou acheter des timbres.

10) Ne quitte pas (ton/ta) _______ poste jusqu'à l'arrivée de ton camarade.

11) (sa/son) _______ poste de radio ne marche plus, il ne peut donc pas s'en servir.

5. Complétez les phrases avec « quelque chose », « rien », « quelqu'un » ou « personne ».

1) —Tu as rencontré _______ au Café de la Fac ?

—Non, je n'ai vu _______ .

2) —Vous voulez boire _______ , monsieur ?

—Oui, je vais prendre un jus d'ananas, s'il vous plaît.

3) —Mais qui t'a mis ça dans la tête ?

— _______ ne m'a parlé, j'ai réfléchi, c'est tout.

4) — _______ veut un petit chocolat ?

—Oh, oui, moi, je veux bien.

5) —Tu n'as pas entendu du bruit, hier soir ?

—Non, je n'ai _______ entendu !

6) —Police! Vous avez vos papiers, s'il vous plaît ?

—Ah ! Non, je n'ai _______ sur moi. Désolé.

7) — _______ n'est très intéressant dans ce livre, tu ne trouves pas ?

—Moi, j'ai beaucoup aimé. ____ est très bizarre : on n'aime jamais les mêmes livres !

8) —Tes parents ont fait _______ pour toi ?

—Non, ils n'ont _______ fait pour m'aider.

6. Mettez les infinitifs au temps et au mode qui conviennent.

1) Dimanche dernier, Isabelle (aller) ______ chez son amie, elles (se dire) ______ bonjour.

2) Demain, nous (aller) _______ en ville et nous (acheter) _______ des vestes.

3) Hier, après le sport, les étudiants (prendre) _______ une douche.

4) —Que (faire) _______ -vous cet après-midi ?

—Je (envoyer) _______ des livres à mon frère.

5) Il me (demander) _______ de ne pas (oublier) _______ de (écrire) _______ à Paul dès mon arrivée à Harbin.

6) (écrire) _______ -nous quand vous (arriver) _______ à Paris.

7) Il me dit qu'il y (avoir) _______ un ami français qui (venir) _______ travailler dans notre section et que nous le (accueillir) _______ à l'aéroport demain.

7. Ecrivez le verbe entre parenthèses au passé composé.

1) Alors, cette photo, c'est Julie qui la (prendre) _______ .

2) Sylvie, oui, je la (voir) _______ hier.

3) Quelles villes est-ce que vous (visiter) _______ en France ?

4) Je ne trouve pas mes lunettes. Je ne sais pas où je les (mettre) _______.

5) Attends, je vais te montrer la bague que Vincent me (offrir) _______.

6) Non, Amélie ne va pas venir, pourtant je la (inviter) _______.

8. Ecrivez les verbes entre parenthèses à l'imparfait.

1) Les ordinateurs familiaux n'(exister) _______ pas avant 1980.

2) Je ne (savoir) _______ pas qu'elle (habiter) _______ à Paris.

3) Ça me (permettre) _______ de rentrer chez moi plus tôt.

4) Il (faire) _______ très froid.

5) Ils nous (attendre) _______ à l'entrée du théâtre.

6) Léa ne (vouloir) _______ pas me croire.

7) Nous (devoir) _______ arriver à 10h 30.

8) Elle ne (voir) _______ pas très bien.

9. Traduisez en chinois les phrases suivantes.

1) Mon frère a lu un roman hier.

2) Mon frère lisait des romans après les cours.

3) J'ai très bien dormi cette nuit.

4) Quand je dormais, je faisais souvent des rêves.

5) Comme il pleuvait, je suis resté au dortoir toute la journée sans sortir.

6) Je restais dans la salle de lecture tous les dimanches.

7) Je lisais quand il est entré.

8) Je lisais quand il écrivait.

10. Mettez les verbes entre parenthèses au temps convenable.

Le dimanche, nous (rester) _______ souvent à l'institut. Nous (voir) _______ des films et nous (laver) _______ du linge. Nous (passer) _______ bien cette journée de repos.

Dimanche dernier, Sophie et Fanny (sortir) _______ de l'institut. Ce jour-là, il (faire) _______ beau, le ciel (être) _______ bleu. Il y (avoir) _______ beaucoup de monde dans la rue. Elles (prendre) _______ l'autobus jusqu'au cinéma. Elles (voir) _______ un film. Il (raconter) _______ l'histoire d'un médecin. Le film leur (plaire) _______ beaucoup. Elles le (trouver) _______ émouvant.

Sophie (rentrer) _______ à l'institut après le film. Et Fanny (aller) _______ faire des achats. Elles (passer) _______ une excellente journée.

Dimanche prochain, je (ne pas sortir) _______ de l'institut. Je (devoir) _______ préparer un exposé, parce que ce soir-là, nous (avoir) _______ une réunion. Tout le monde (parler) _______ à la réunion.

Après la réunion nous (préparer) _______ des numéros artistiques pour une soirée française. Ce (être) _______ une grande joie de (passer) _______ cette soirée avec nos professeurs français et chinois et nos camarades.

11. Traduisez en français.

1) 昨天我预订了三张去北京的飞机票。
2) 米歇尔，你把这位先生领到304号房间去。
3) 万桑先生预订了一间带浴室的房间。
4) 旅馆客满，所有的房间都有人住了。
5) 您先乘电梯上去，服务员一会儿就把您的行李送上来。
6) 如果不认识这个词，你只要查词典就行了。
7) 他在北京住的房间非常舒适。
8) 图书馆在健身房的左边。
9) 请原谅，这儿已经客满了。
10) 十楼的房间我们不要，因为太小了。
11) 我马上就打电话给和平饭店（l'Hôtel de Paix），替你们订一间双铺的房间。

12. Lisez le modèle et jouez la scène à deux.

Le modèle :

Le réceptionniste: Hôtel du Moulin, bonjour !
Le client: Bonjour, monsieur, est-ce que vous avez une chambre libre pour demain soir, s'il vous plaît ? Une chambre pour deux adultes et un enfant.
Le réceptionniste: Voyons... il me reste une chambre avec un grand lit et un lit d'enfant, salle de bains et toilettes, à 55 €.
Le client: Le petit déjeuner est compris ?
Le réceptionniste: Non, monsieur, le petit déjeuner est à 8 € par personne.
Le client: Très bien. Je prends la chambre.
Le réceptionniste: C'est à quel nom ?
Le client: Au nom de Favier. F-A-V-I-E-R.
Le réceptionniste: A quelle heure est-ce que vous pensez arriver ?
Le client: Vers 17 heures, mais si nous sommes retardés, je vous appellerai.

La scène :

Vous voulez réserver une chambre pour deux adultes pour trois nuits. L'hôtelier propose deux solutions : une chambre à deux lits avec vue sur la campagne à 60 € et une chambre à un grand lit avec vue sur la mer, à 67 €. Vous demandez le prix du petit déjeuner. Il est inclus dans le prix de la chambre. Vous faites votre choix, vous donnez votre nom et votre heure d'arrivée. Imaginez et jouez le dialogue.

Leçon 7

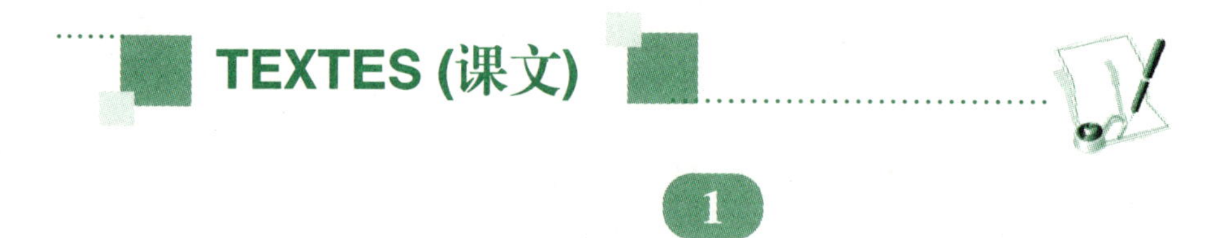

TEXTES (课文)

1

Les vacances à la campagne

Quand j'étais au lycée, j'allais tous les ans passer mes vacances chez mon oncle Vincent qui est agriculteur. Je passais mes journées à courir les champs, et quand le travail pressait, je donnais un coup de main à mon oncle[1]. C'est ainsi que j'ai appris à faire les foins, les moissons et les vendanges.[2]

Mon oncle élevait toutes sortes d'animaux. Il avait des chevaux dans l'écurie et des bœufs dans l'étable pour les gros travaux, de nombreuses vaches laitières avec leurs veaux, des moutons et des chèvres, les brebis logeaient à part avec leurs agneaux. Coqs et poules, canards et canes, dindes et dindons, sans parler des oies, caquetaient dans la basse-cour.[3] Dans la porcherie, on engraissait une demi-douzaine de cochons.

Depuis ce temps-là, la ferme a beaucoup changé. Beaucoup de travaux qui se faisaient à la main étaient longs et pénibles. Aujourd'hui la machine a remplacé en grande partie le travail des hommes et des animaux. Le tracteur laboure et moissonne, la camionnette emporte les produits au marché ; il y a des moteurs électriques dans tous les coins. Les agriculteurs ne travaillent plus comme jadis.

2

À la campagne

A : A quelle heure vous leviez-vous quand vous passiez autrefois vos vacances chez votre oncle ?

B : A six heures, parfois même plus tôt.

A : Oh ! Vous vous leviez de bonne heure ! Et que faisiez-vous alors ?

B : Quand j'arrivais, les foins étaient déjà rentrés[4], et la moisson venait de commencer. Je menais les chevaux qui tiraient la moissonneuse ; j'aidais à charger les gerbes et à faire les meules[5].

A : Et quand il faisait mauvais temps ?

B : Alors je cassais du bois ou je m'occupais des bêtes, il y avait toujours assez à faire[6].

A : Et qu'aviez-vous comme distractions ?

B : Oh, je ne travaillais pas du matin au soir. Je me promenais, j'allais à la pêche, aux champignons ; alors j'allais avec ma tante vendre le beurre et les œufs de la semaine.

A : Vortre oncle avait un verger sans doute ?

B : Bien sûr ! Ses pommes, ses poires, ses prunes et ses cerises étaient connues dans toute la région. Mais actuellement, tout cela est bien fini avec le développement de l'agriculture en France.

A : Oui, en effet. Maintenant chacun s'est spécialisé.

Unités de mesure: le volume (体积)

1. un mètre cube (m^3) 立方米
   un centimètre cube (cm^3) 立方厘米 ($1cm^3 = 1ml$)
2. —Combien de m^3 de sable faut-il acheter ?
   —10 m^3.
   —Combien de cc contient cette bouteille ? (Quelle est la capacité de cette bouteille ?)
   —Elle contient 200 cc au moins.

Proverbe : Après la pluie, le beau temps. 雨过天晴。

VOCABULAIRE (词汇)

le lycée	*n.m.*	（法国的）公立中学
l'agriculteur, trice	*n.*	耕作者，从事农业的人
courir	*v.t.* et *v.i.*	走遍，经常去，奔跑
le champ	*n.m.*	田，耕地
presser	*v.i.*	紧迫，急迫
ainsi	*adv.*	如此，这样
le foin	*n.m.*	干草
la moisson	*n.f.*	收获，收割
la vendange	*n.f.*	收获葡萄
élever	*v.t.*	饲养
toutes sortes de...		各种……
l'animal	*n.m.*	动物
le cheval	*n.m.*	马
l'écurie	*n.f.*	马厩
le bœuf (les bœufs[bø])	*n.m.*	牛
l'étable	*n.f.*	家畜棚
les travaux	*n.m.pl.*	活儿，工程
la vache	*n.f.*	母牛
laitier, ère	*adj.*	产乳的，有关乳品的
le veau	*n.m.*	牛犊
le mouton	*n.m.*	绵羊
la chèvre	*n.f.*	山羊
la brebis	*n.f.*	雌羊
à part	*loc. adv.*	单独地，分开地
l'agneau	*n.m.*	羊羔
le coq	*n.m.*	公鸡
la poule	*n.f.*	母鸡
le canard	*n.m.*	雄鸭
la cane	*n.f.*	雌鸭
la dinde	*n.f.*	雌火鸡

le dindon	*n.m.*	雄火鸡
l'oie	*n.f.*	鹅
caqueter	*v.i.*	(家禽)叫
la basse-cour	*n.f.*	家禽饲养棚
la porcherie	*n.f.*	猪圈
engraisser	*v.t.*	养肥
une demi-douzaine (de)		半打,(约)六个(的……)
le cochon	*n.m.*	猪
la ferme	*n.f.*	农场
se faire	*v.pr.*	被做
pénible	*adj.*	繁重的
remplacer	*v.t.*	代替
en grande partie	*loc. adv.*	大部分
le tracteur	*n.m.*	拖拉机
labourer	*v.t.*	收获,收割
la camionnette	*n.f.*	小卡车
emporter	*v.t.*	运走,带走,拿走
le produit	*n.m.*	产品
le marché	*n.m.*	市场
le moteur	*n.m.*	发动机,马达
électrique	*adj.*	电的
jadis [ʒadis]	*adv.*	从前,往日
autrefois	*adv.*	过去,从前
rentrer	*v.t.*	拿进来,取进来
mener	*v.t.*	带领
la moissonneuse	*n.f.*	收割机
aider	*v.t.*	帮助
charger	*v.t.*	装载,使充满
la gerbe	*n.f.*	捆,束
la meule	*n.f.*	垛,堆
casser	*v.t.*	劈断,打碎
le bois	*n.m.*	木材,柴
la bête	*n.f.*	牲畜

la distraction	*n.f.*	娱乐,消遣
la pêche	*n.f.*	捕鱼
le champignon	*n.m.*	蘑菇
le beurre	*n.m.*	奶油,黄油
le verger	*n.m.*	果园
la pomme	*n.f.*	苹果
la poire	*n.f.*	梨
la prune	*n.f.*	李子
la cerise	*n.f.*	樱桃
connu, e	*adj.*	有名的,出名的
la région	*n.f.*	地区
actuellement	*adv.*	现在,目前
le développement	*n.m.*	发展
l'agriculture	*n.f.*	农业
en effet	*loc. adv.*	确实,其实,事实上
chacun, e	*pron. indéf.*	每一个人,人人
se spécialiser	*v.pr.*	专业化

NOTES (注释)

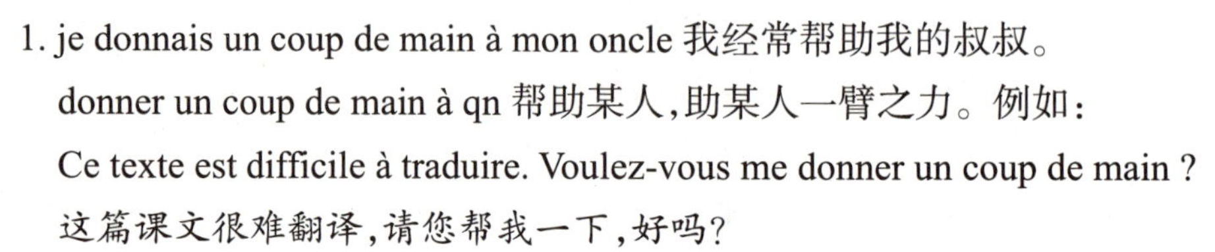

1. je donnais un coup de main à mon oncle 我经常帮助我的叔叔。
   donner un coup de main à qn 帮助某人,助某人一臂之力。例如:
   Ce texte est difficile à traduire. Voulez-vous me donner un coup de main ?
   这篇课文很难翻译,请您帮我一下,好吗?
2. C'est ainsi que j'ai appris à faire les foins, les moissons et les vendanges.
   就是这样我学会了整理干草、收割和收获葡萄。
   强调法 (la mise en relief):
   1) C'est... que... 强调直接宾语、间接宾语、状语和表语,例如:
   C'est le français que j'apprends à Beijing. 我在北京学习的是法语。
   C'est à Fanny que je donne ce livre. 我把这本书给的是法妮。
   C'est à Beijing que j'ai rencontré Paul. 我是在北京遇到的保罗。
   C'est professeur qu'il voudrait être. 他想成为的是老师。

2) C'est... qui... 强调主语，例如：

C'est le professeur Li qui m'apprend le français. 是李老师教的我法语。

注意：如果强调的主语是人称代词则需要使用重读人称代词。例如：

C'est moi qui suis là. 是我在这。

3) Ce qui... c'est... 强调主语，例如：

Ce qui m'intéresse, c'est la musique. 使我感兴趣的是音乐。

4) Ce que... c'est ... 强调直接宾语，例如：

Ce que j'aime, c'est la musique. 我所喜爱的是音乐。

5) Ce à quoi... c'est... 强调à引导的间接宾语或动词短语的补语，例如：

Ce à quoi nous devons faire attention, c'est la prononciation. 我们应该注意的是发音。

6) Voilà... que, Voilà... qui 相当于C'est... que..., C'est... qui...，从应用的角度看更偏向于口语，例如：

Voilà moi qui vais à Paris. 是我去巴黎。

3. Coqs et poules, canards et canes, dindes et dindons, sans parler des oies, caquetaient dans la basse-cour. 鸡、鸭、火鸡，还有鹅，在饲养棚里叫着。

1) 在迅速列举几个名词时，可以省略冠词。例如：

Hommes, femmes, enfants, tous sont descendus dans les rues.

男人、女人、孩子们都上街了。

2) sans parler de 不说……，还有……。例如：

Sans parler de ces cartes postales, il a encore beaucoup de belles photos.

不说这些明信片，他还有很多美丽的照片。

4. Quand j'arrivais, les foins étaient déjà rentrés. 当我到的时候，干草已经收好了。

1) rentrer les foins 收干草，这时 rentrer 是一个及物动词，表示收进来。monter, descendre, rentrer, passer, retourner, sortir 这类动词，在表示方向性的动作时是不及物动词，在复合时态中用être作助动词。这类动词也可做及物动词来使用，这时在复合时态中用avoir作助动词。例如：

Il a monté la télévision par l'escalier. 他从楼梯把电视抬了上来。

2) être + participe passé 表示被动语态，être rentré 表示被收进来。在被动语态中，过去分词要和主语保持性、数一致。

5. j'aidais à charger les gerbes et à faire les meules 我帮忙装载麦捆和整理麦垛。

1) aider qn à inf. 帮助某人做某事。例如：

Il aide ses camarades à finir ce travail. 他帮助同学们完成这项工作。

2) 介词à和de通常在每一个补语前都要重复。例如：

Nous avons téléphoné à Pierre et à Paul. 我们给皮埃尔打电话了，也给保罗打电话了。

Il y a beaucoup de croissants et de baguettes. 这儿有很多羊角面包和长棍面包。

6. il y avait toujours assez à faire 总有事干。

avoir à + inf. 表示有某事要做。例如：

J'ai un texte à traduire. 我有一篇文章要翻译。

Il n'a rien à faire . 他没有什么事要做。

J'ai beaucoup de lettres à écrire. 我有很多信要写。

GRAMMAIRE (语法)

1. Le pronom relatif « qui »（关系代词 qui）

A. Quand j'étais au lycée, j'allais tous les ans passer mes vacances chez mon oncle Vincent, qui est agriculteur.

B. Beaucoup de travaux qui se faisaient à la main étaient longs et pénibles.

1）上述两句中的 qui 是“关系代词”（le pronom relatif），关系代词用来引导一个限定或解释名词或代词的从句。这种用关系代词引导的从句叫做“关系从句”（la proposition relative）。关系代词 qui 代替一个名词或另一个代词，这个被代替的词叫做“先行词”（l'antécédent）。关系代词一般紧跟在先行词的后面。

在上述例句第一句中，qui 代替 Vincent, 第二句中，qui 代替 travaux。

2）关系代词 qui 通常是关系从句的主语，它的先行词可以指人、动物、事物或者概念。

在上述例句第一句中，qui 的先行词指人，第二句中，qui 的先行词指事物。

3）关系代词 qui 本身没有词形的变化，qui 所代表的概念可以是阳性、阴性或者中性；可以是单数或者复数。但在它所引导的从句中动词要与先行词的数和人称保持一致。如：在上述例句第一句中，qui 代替 Vincent，所以从句动词用单数第三人称的动词变位，第二句中，qui 代替 travaux，所以从句动词用复数第三人称的动词变位。

4）在某些谚语和固定表达方式中，关系代词 qui 前没有先行词。例如：

Qui ne risque rien n'a rien. 不入虎穴，焉得虎子。

Qui a bu, boira. 本性难移。

Qui vivra verra. 骑驴看唱本，走着瞧。

2. La voix passive (被动语态)

法语动词有两大语态：主动语态（la voix active）和被动语态（la voix passive）。

当动词为主动语态时，主语是动作的施动者；当动词为被动语态时，主语则是动作的承受者。

主动语态：J'ai déjà rentré les foins.

被动语态：Les foins étaient déjà rentrés.

注意：只有直接及物动词才能变成被动语态（avoir 和 pouvoir 除外）。

1）被动语态构成：助动词 être 加上动词的过去分词构成。

2）被动语态动词的时态由助动词 être 指出。在被动语态中，过去分词要和主语保持性、数一致。

现在时	Juliette est invitée à dîner par Bernard.
将来时	Juliette sera invitée à dîner par Bernard.
复合过去时	Juliette a été invitée à dîner par Bernard.
未完成过去时	Juliette était invitée à dîner par Bernard.
愈过去时	Juliette avait été invitée à dîner par Bernard.
最近将来时	Juliette va être invitée à dîner par Bernard.
最近过去时	Juliette vient d'être invitée à dîner par Bernard.

3）被动语态中，施动者补语通常用介词 par 引导。例如：

Ce vin a été produit par les Français. 这种葡萄酒是法国人生产的。

4）在某些情况下，用介词 de 引导施动者补语。

A. 表示描写的动词，特别是当施动者是非生物时：être accompagné, composé, rempli, entouré, couvert, précédé, décoré, garni 等。例如：

Le président est accompagné d'un interprète. 主席由一名翻译陪同。

Cet article est composé de quatre parties. 这篇文章由四部分组成。

B. 表示抽象或情感的动词：être aimé, admiré, adoré, apprécié, craint, respecté, estimé, méprisé, redouté 等。例如：

Ces règlements sont respectés de tous. 这些规定得到了大家的遵守。

Elle est aimée de tous ses collègues. 她受到了她所有同事的爱戴。

EXERCICES (练习)

1. Répondez aux questions suivantes.

1) Chez qui passiez-vous vos vacances quand vous étiez au lycée ? Et comment les passiez-vous ?
2) Que faisiez-vous quand le travail pressait ?
3) Comment avez-vous appris à faire les moissons ?
4) Pourquoi votre oncle élevait-il des animaux chez lui ?
5) Pourquoi élevait-il des chevaux et des bœufs ?
6) Que donnent les vaches laitières ?
7) Où logent les chevaux, les bœufs, les coqs et les cochons ?
8) Est-ce que les agriculteurs élèvent encore toutes sortes d'animaux chez eux ?
9) Vous leviez-vous tard quand vous étiez à la campagne ?
10) Qu'aviez-vous comme travail manuel à la campagne ? Et comme distraction ?
11) Préférez-vous la campagne à la ville ?
12) Est-ce que les paysans français vendent encore leur beurre, leurs œufs, leurs fruits au marché ? Pourquoi ?

2. Reliez les propositions suivantes par le pronom relatif « qui » et supprimez les mots inutiles.

Je connais le professeur.

Le professeur entre.

Je connais le professeur qui entre.

1) Les ouvriers travaillent maintenant huit heures par jour.
   Ils avaient de longues journées de travail avant.
2) On voit partout des tracteurs.
   Les tracteurs labourent et moissonnent.
3) L'ouvrière travaille dans une grande usine.
   Elle habite dans la maison voisine.
4) Les étudiants sont contents de leur séjour à la campagne.
   Ils sont venus faire du travail manuel.

5) La vie a beaucoup changé.
Elle était dure avant.
6) Je passais mes vacances chez mon oncle.
Il habitait près de Shanghai.
7) Les travaux étaient longs et pénibles.
Ils ne se font plus à la main.
8) La camionnette emporte les produits au marché.
Le marché se trouve à l'ouest de la ville.
9) Mon oncle avait un verger.
Le verger était très connu dans toute la région.
10) Nous ne savons pas encore bien parler français.
Nous sommes en première année.
11) Mes grands-parents menaient jadis une vie misérable.
Ils étaient tous les deux ouvriers.
12) Sa sœur gagnait beaucoup.
Elle travaillait dans un grand magasin.

3. Mettez en relief les mots soulignés dans les phrases suivantes en employant « c'est...que ».

1) J'ai traduit ce texte avec l'aide de mon professeur.
2) Elle a parlé en français aux visiteurs étrangers des transformations de sa ville.
3) L'année dernière, j'ai passé mes vacances chez mon oncle.
4) A l'âge de 13 ans, j'ai commencé à apprendre le français.
5) Nous irons visiter une usine dimanche prochain.
6) Mon pays natal a beaucoup changé maintenant.
7) Ecris-tu à tes parents ?
8) Le professeur visitera cette usine avec ses élèves.
9) Nous attendons les nouveaux camarades à la gare.
10) Je l'ai rencontrée hier dans la rue.

4. Transformez les phrases : utilisez « ce qui...c'est » ou « ce que...c'est » pour mettre en relief l'élément souligné.

1) Je déteste son attitude.

____

2) Sa réponse m'a vraiment énervé.

____

3) Là, maintenant, je voudrais un bon lit pour bien dormir.

____

4) Un gentil petit message lui plairait certainement.

____

5) Je ne sais pas pourquoi il ne veut plus me parler.

____

5. Complétez les phrases avec « qui » ou « que » .

1) Qu'est-ce ______ tu as fait ?
2) Qui est-ce ______ vous a raconté cette histoire ?
3) Qu'est-ce ______ tu regardes comme ça ?
4) Qui est-ce ______ pourrait m'aider, s'il vous plaît ?
5) Qui est-ce ______ elle a préféré dans le roman ?
6) Qui est-ce ______ a trois yeux, deux nez et quatre oreilles?

6. Complétez les phrases avec « qui est-ce qui », « qui est-ce que », « qu'est-ce qui » ou « qu'est-ce que ».

1) — ______ tu attends ?
—Le bus. Il doit passer dans cinq minutes.
2) — ______ t'a offert ce magnifique cadeau ?
—C'est Jean-Louis, pour mes 30 ans.
3) — ______ tu vas voir à Paris ?
—Mes copains d'université. On est toujours contents de se retrouver.
4) — ______ tourne autour du Soleil ?
—La Terre !
5) — ______ a quatre pattes le matin, deux pattes l'après-midi et trois pattes le soir ?
—L'homme.

(Parce que quand il est bébé il marche à quatre pattes, adulte il est sur ses deux jambes et quand il est vieux, il a besoin d'une canne).

6) — ______ tu vas dire aux enfants ?

—Je vais leur dire la vérité.

7. Remplacez, selon le sens, les blancs par « ne...pas », « ne...plus » ou « ne...que ».

1) Mon frère ______ parle ______ allemand, il ______ parle ______ français et chinois.
2) Je ______ vois ______ un seul train qui vient.
3) Il ______ travaille ______ à l'usine.
4) Elle ______ a lu ______ une partie du texte, c'est pourquoi elle ______ a ______ pu répondre aux questions du professeur.
5) ______ venez ______ avant six heures, j'ai un rendez-vous ce soir.
6) Il a beaucoup parlé avec son professeur français. Il ______ rentre ______ à l'heure du dîner.
7) Quand j'ai quitté mon pays natal, je ______ avais ______ dix ans.
8) Mon grand-père ______ travaille ______ , il est un vieil ouvrier retraité.
9) Quand je suis arrivé à la campagne, la moisson ______ est ______ commencée.

8. Lisez le texte, puis complétez les phrases.

Toutes les rues du centre ville sont fermées aujourd'hui de 9 heures à 19 heures dans le cadre de l'opération « Journée sans voiture ». Cette journée a été organisée par la mairie et elle permettra de mener des études sur les déplacements en centre ville. Des mesures de pollution de l'air seront réalisées et une enquête est également prévue cette semaine. La mairie a mis en place plusieurs animations sur les moyens de transports. Les bus seront gratuits toute la journée.

1) A. Cette journée sans voiture a été organisée par la mairie.

B. ______ a organisé cette journée sans voiture.

2) A. Toutes les rues du centre ville sont fermées de 9 heures à 19 heures.

B. La mairie ______ toutes les rues du centre ville de 9 heures à 19 heures.

3) A. Des mesures de pollution de l'air seront réalisées.

B. La mairie ______ des mesures de pollution de l'air.

4) A. Et une enquête est également prévue.

B. La mairie prévoit également ______ .

5) A. La mairie a mis en place plusieurs animations sur les moyens de transports.

B. Plusieurs animations sur les moyens de transports ______ par la mairie.

9. Transformez les phrases comme dans l'exemple.

Exemple : La mairie réalisera une enquête au mois de mai.

→ Une enquête sera réalisée par la mairie au mois de mai.

1) Le directeur organisera une nouvelle réunion.
2) La banque n'a pas accepté mon chèque.
3) Les éditions Gallimard vont publier mon livre.
4) Chanel a créé une nouvelle eau de toilette.
5) Il a envoyé la lettre hier.
6) Ses amis vont très bien accueillir Isabelle.
7) On fait les exercices tous les matins.
8) La femme de ménage n'a pas fait la chambre.

10. Traduisez en français les phrases suivantes avec le pronom relatif « qui » .

1) 我们遇见了一位六十多岁的退休工人。
2) 我们应该帮助那些在学习中有困难的同学。
3) 桌上的那本字典是皮埃尔的。
4) 坐在靠近窗户的那个女孩名叫玛丽。
5) 不努力学习的学生得不到进步。
6) 教师们接待了一些法国朋友，他们是从北京乘火车来的。
7) 上星期我们参观了一个农村，它位于上海西郊（la banlieue ouest）。
8) 昨天给外宾当翻译的那个女学生，法语讲得很好。
9) 在农村，机器已经大部分代替了人力和畜力。过去靠手工干的累人活，现在用机器干了。

CONTRÔLE (测验)

1. Trouvez le féminin des noms suivants.

paysan	instituteur	père	garçon
ouvrier	employé	frère	étudiant
vendeur	oncle	cousin	dindon
mouton	coq	bœuf	canard
médecin	réceptionniste	agriculteur	directeur

2. Complétez les phrases avec « pas » ou « ni » .

1) Le restaurant n'est ouvert ______ le dimanche ______ le lundi.

2) Je n'ai ______ reçu ton message, ______ le message de Virginie.

3) Non, personne ne va là-bas, ______ toi ______ moi !

4) On ne peut pas quitter l'île, il n'y a ______ d'avion ______ de bateau.

5) Je ne peux ______ la voir aujourd'hui, ______ lui téléphoner.

6) Je n'ai pas gagné, je n'ai ______ le numéro 7, ______ le 28.

7) Je ne bois ______ café ______ thé.

8) A cause de la tempête, on n'avait ______ eau ______ électricité.

3. Complétez avec « ce », « cet », « cette » ou « ces » .

1) Tu es déjà venu dans ______ restaurant ? C'est bien ?

2) Elle habite à Nice. Tu connais ______ ville ?

3) Il n'y a pas de place dans ______ hôtel. On va où ?

4) C'est quoi, ______ cinquante euros sur la table ?

5) Vous ne pouvez pas rester ici. ______ plage est privée.

6) Non, non, je ne connais pas ______ personnes.

7) Excusez-moi, ______ place est libre ?

8) Ah, j'adore ______ pays !

4. Complétez ces slogans avec *le / la / les (plus)* ou *le / la / les (moins)* .

1) Vous serez ______ heureux des hommes dans votre jolie villa en bord de mer.

2) Venez goûter les thés ______ meilleurs du monde dans notre salon.

3) ______ cher ______ performant des lave-linge se trouve chez Tarty !

4) Donnez chaque jour les aliments ______ complets à vos enfants !

5) Regarde ! ______ lourd et ______ joli des téléphones portables !

6) *Nouvelle Rondo*, ______ pratique et ______ économique des petites voitures.

5. Corrigez les fautes dans les phrases suivantes.

1) J'ai entendu parler que Pierre était malade.

2) Fanny a vu sa mère acheté des pommes.

3) Puisqu'il ni pleut plus maintenant, je n'ai pas besoin à porter mon parapluie.

4) Tous les étudiants trouvent cette pièce de théâtre émouvant.

5) Les amis de Bernard l'ont enfin décidé à participer la soirée.

6) Voulez-vous me dire ce que vous a plu dans ce film ?

7) Tu peux me dire de quoi est-ce que tu as parlé tout à l'heure ?

8) Je voudrais bien savoir si sont-ils arrivé à l'heure à la gare.

9) Il ne sait pas encore ce qui nous apprenons en ce moment.

10) Mon père m'a écrit dans sa lettre qu'il n'avait plus mal au bras, et il pouvait déjà reprendre le travail.

6. Mettez à l'imparfait ou au passé composé les verbes entre parenthèses.

1) Mon fils (ne pas se sentir) ______ bien ce matin, alors je (appeler) ______ un médecin.

2) Le directeur (être) ______ très fâché. Il (demander) ______ à Philippe de refaire tout son travail.

3) Quand il (travailler) ______ à l'usine, il (se lever) ______ tous les jours de bonne heure.

4) Quand nous (être) ______ à la campagne, nous (faire) ______ souvent des promenades dans la montagne.

5) Hier soir, je (faire) ______ mes devoirs quand un ami (venir) ______ me voir.

6) Dimanche dernier, je (aller) ______ en ville faire des achats, je (prendre) ______ l'autobus 65 jusqu'au terminus.

7) Je (arriver) ______ au bureau tous les matins à sept heures et tous les soirs je (rentrer) ______ à cinq heures et demie.

8) Je (naître) ______ en 1982 dans une famille d'ouvriers agricoles. Mes parents (habiter) ______ alors dans une vieille maison.

9) Mardi dernier, il (pleuvoir) ______ . Il (pleuvoir) ______ pendant trois heures, mais après le déjeuner, il (faire) ______ beau.

10) Justine (attendre) ______ son père à la gare quand le train (arriver) ______.

11) Tous les étudiants (être) ______ présents quand le professeur (entrer) ______ dans la classe.

12) Hier matin, notre professeur (être) ______ absent, il (être) ______ malade. Nous ne (avoir) ______ pas de cours.

13) Dimanche dernier, il (faire) ______ mauvais temps, je ne (sortir) ______ pas. Je (réviser) ______ mes leçons dans la salle de lecture.

14) Elle (me dire) ______ « Ça va te coûter cher ! » et elle (partir) ______.

15) Christian (parler) ______ avec le serveur du bar quand sa femme (arriver) ______.

16) Elle (travailler) ______ avec son ordinateur et, tout à coup, il (s'arrêter) ______.

17) Il (ne pas pleuvoir) ______ quand je (sortir) ______.

18) Ils (prendre) ______ le dîner et après ils (aller) ______ au cinéma.

19) Elle (ne pas pouvoir) ______ étudier hier soir parce qu'elle (avoir) ______ mal aux yeux.

7. Traduisez en français.

1) 暑假里，我每天早上在家里读书。

2) 这位老农耕地时，我们常去助他一臂之力。

3) 张老师以前一个人住在学校宿舍里。去年他的妻子和孩子们都来上海了，现在他们全家住在学校附近的一幢房子里。

4) 这个工作要用手工做，不能用机器做。

5) 我们农村需要各种机器：拖拉机、小卡车、收割机，更不用说电动机了。

6) ——你今天没有事情做吗？

——不，要做的事总是很多。

7) 一般说来，每个农场都有卡车、电动机、收割机和拖拉机。

8) 上个月王林回到家乡。他帮助农民收割小麦。

9) 我们这个地区的苹果是全国闻名的。

8. Lisez et répondez aux questions.

Les Français et le dimanche

Question : Le dimanche, que faites-vous le plus souvent ?

	%
Je retrouve la famille, je rencontre des amis.	55
Je me promène.	49
Je regarde la télévision.	41
Je flâne chez moi.	32
Je m'occupe de mes enfants.	27
Je jardine, je bricole.	26
Je lis, j'écoute de la musique.	24
Je dors, je fais la sieste.	23
Je cuisine, je mange bien, je vais au restaurant.	18
Je fais du sport.	16
Je range, je fais la vaisselle, le ménage.	15
Je surfe sur Internet.	11
Je vais à mon travail ou je travaille chez moi.	11
Je vais au cinéma.	10
Je vais au marché, je fais des courses.	8
Je prends le temps de prier.	6
Autres activités (je fais les brocantes, je chasse, je pêche, je vais au stade...)	5

Question: Aimez-vous le dimanche? Que faites-vous pendant les jours de repos? Décrivez un de vos dimanches.

Leçon 8

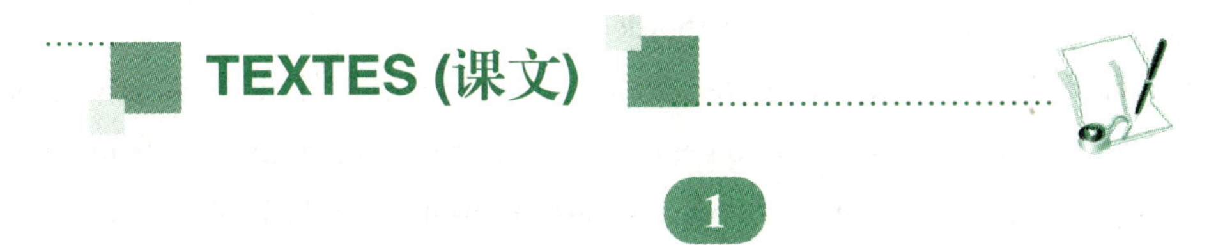

TEXTES (课文)

1

Une lettre de Nathalie

Dominique,

La lettre que tu m'as écrite et que tu as glissée sous ma porte hier soir est très belle[1], mais la décision que j'ai prise (te quitter) est définitive. Moi aussi je suis triste que notre relation se termine.[2] Je suis malheureuse, j'en ai assez de tout ça... Les moments que nous avons vécus ensemble sont des souvenirs inoubliables, des moments de joie, de bonheur, d'amour et de tristesse aussi. Je ne les ai pas oubliés. Je ne les oublierai jamais. Toi non plus[3], je pense. Mais nous sommes trop différents. Nos cultures, nos façons de vivre nous séparent. Et je ne suis pas prête pour une vie de couple.

Je préfère vivre seule, garder mon indépendance pour le moment[4]. Félicitations[5] pour ton Master des beaux arts ! Je suis heureuse pour toi. Bravo !

Dominique, s'il te plaît, arrête de m'écrire, c'est mieux pour nous deux. Tu n'es plus mon chum et je ne suis plus ta blonde, comme on dit chez toi. Tournons la page.

Amicalement,

Nathalie

2

Une lettre de Valérie

Lyon, le 10 février

Ma très chère Delphine,

Oui, j'avais promis de t'écrire dès ton retour au Brésil[6], et cela fait longtemps ! Mais j'ai repris le boulot au lycée et j'ai été débordée...

Tu m'avais demandé de te tenir au courant de l'actualité ici. A vrai dire[7], ça ne va pas très bien : on n'entend parler que de mouvements sociaux[8], crise économique et dette publique ! Les jeunes se révoltent, ils ont occupé le centre d'affaires de la Défense[9] à Paris, mais j'apprends maintenant par la radio qu'il y a eu des incidents avec la police qui les a délogés. Rien de grave[10], j'espère, parce que Laura, ma nièce que tu avais rencontrée à Rochefort, avait décidé d'y aller avec son nouveau copain. On les comprend, l'avenir des jeunes, c'est un enjeu important pour le pays. Enfin, comme tu sais, les journalistes en font des tonnes[11], ils exagèrent toujours et on ne sait jamais ce qui se passe vraiment. Les élections se préparent et les grands médias ne sont pas neutres !

Il a fait très froid la semaine dernière (tu es bien chanceuse d'être rentrée à São Paulo !), on a dû remonter le chauffage.

Et toi, quoi de neuf[12] ? Penses-tu toujours arrêter de travailler pour t'occuper de Rafaël ? Que se passe-t-il au Brésil ? Je compte sur toi pour me tenir au courant.[13] J'ai hâte de venir te voir là-bas, l'année prochaine si tout va bien !

Bisous à toi, amitié à ton homme et des tendresses au petit Rafaël de sa marraine lointaine.

Valérie

Unités de mesure: la capacité（容量，容积）

un kilolitre (kl) 千升

un litre (l) 升

un décilitre (dl) 分升（1/10升）

un centilitre (cl) 厘升（1/100升）

un mililitre (ml) 毫升（1/1000）= un centimètre cube (cm^3)

Proverbe : Deux avis valent mieux qu'un. 三个臭皮匠，顶个诸葛亮。

VOCABULAIRE (词汇)

glisser	*v.t.*	使滑动，悄悄地塞进
la décision	*n.f.*	决定
définitif, ve	*adj.*	最后的，决定性的
la relation	*n.f.*	关系
malheureux, se	*adj.*	不幸的
inoubliable	*adj.*	无法忘记的
la joie	*n.f.*	快乐，喜悦
le bonheur	*n.m.*	幸福
la tristesse	*n.f.*	悲伤
oublier	*v.t.*	忘记
la culture	*n.f.*	文化
la façon	*n.f.*	方式，方法
séparer	*v.t.*	使分开，使分离
prêt, e	*adj.*	准备好的
la couple	*n.m.*	夫妻
l'indépendance	*n.f.*	独立
la félicitation	*n.f.*	祝贺
le master	*n.m.*	硕士
bravo	*interj.*	好啊！好样的！
arrêter	*v.t.*	停止
le chum [tʃœm]	*n.m.*	爱人
blond, e	*adj.*	金色的
tourner	*v.t.*	翻转，转动
promettre	*v.t.*	允许，答应
dès	*prép.*	从……起，一……就
le retour	*n.m.*	返回
le Brésil	*n.m.*	巴西

le boulot	*n.m.*	活儿，工作
le courant	*n.m.*	水流，电流
débordé, e	*adj.*	溢出的；忙碌的
le mouvement	*n.m.*	运动
social, e	*adj.*	社会的
la crise	*n.f.*	危机
économique	*adj.*	经济的
la dette	*n.f.*	债务，欠款
se révolter	*v.pr.*	反抗，起义
occuper	*v.t.*	占据，占领
les affaires	*n.f.pl.*	经济，金融活动
la Défense	*n.f.*	拉德芳斯
la radio	*n.f.*	广播；收音机
la police	*n.f.*	治安；警察
déloger	*v.t.*	赶走
la nièce	*n.f.*	侄女
copain, copine	*n.*	伙伴，朋友
l'enjeu	*n.m.*	得失，关键，重要性
journaliste	*n.*	记者
exagérer	*v.t.*	夸大，夸张
se passer	*v.pr.*	发生
l'élection	*n.f.*	选举
préparer	*v.t.*	准备
le média	*n.m.*	媒体，传媒
neutre	*adj.*	中立的
chanceux, se	*adj.*	走运的
São Paulo		圣保罗（巴西最大的城市）
remonter	*v.t.*	重新装配
le chauffage	*n.m.*	加热，暖气
neuf, ve	*adj.*	新的
compter	*v.t* et *v.i*	计数，计算
compter sur		依靠，信赖
la hâte	*n.f.*	急忙，匆忙

le bisou	*n.m.*	(在面颊上)的亲吻
l'amitié	*n.f.*	友谊
la tendresse	*n.f.*	温柔
la marraine	*n.f.*	教母
lointain, e	*adj.*	遥远的

NOTES (注释)

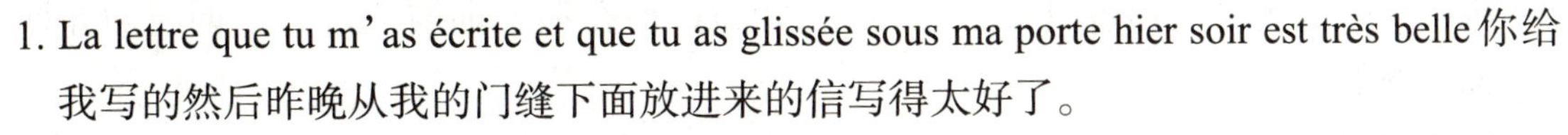

1. La lettre que tu m'as écrite et que tu as glissée sous ma porte hier soir est très belle 你给我写的然后昨晚从我的门缝下面放进来的信写得太好了。
   关系代词引导关系从句时,关系代词不能省略,如果引导多个关系从句,关系代词需要重复。
2. être triste que + 从句,从句中的动词需要采用虚拟式形式,se termine 是 se terminer 的第三人称虚拟式形式。
3. non plus 也不
   non plus 和 aussi 在汉语中的表达都是"也,同样"的意思,但是 non plus 用在否定句中,而 aussi 用在肯定句中。例如:
   —Je vais faire du ski ce dimanche.　　—Alors moi aussi.
   　这个周日我去滑雪。　　我也去。
   —Je ne vais pas faire du ski ce dimanche.　　—Alors moi non plus.
   　这个周日我不去滑雪。　　我也不去。
4. pour le moment 目前,现在。例如:
   Pour le moment, je n'ai rien décidé. 目前,我什么也没决定。
5. Félicitations 祝贺。例如:
   J'ai entendu dire que tu as trouvé un très bon travail. Félicitations !
   我听说你找到了一份很好的工作,恭喜你!
6. j'avais promis de t'écrire dès ton retour au Brésil 我曾经答应过你,你一回到巴西我就会给你写信。
   1) promettre qch. à qn 答应给某人以某物。例如:
   Je lui ai promis mon aide. 我曾经答应过给予他帮助。
   2) promettre à qn de inf. 答应某人做某事。例如:
   Il a promis à sa femme de ne plus fumer. 他答应他的妻子不会再吸烟了。

7. A vrai dire 说真的，老实说

8. on n'entend parler que de mouvements sociaux 我们只听说了一些社会运动。

1) entendre parler de qch. /qn 例如：

J'ai entendu parler de cette nouvelle. 我听说了这个消息。

2) entendre dire que + 句子 例如：

J'entends dire qu'il a réussi son examen. 我听说他通过了考试。

9. la Défense 拉德芳斯，是巴黎都会区首要的中心商务区，位于巴黎城西的上塞纳省，邻近塞纳河畔纳伊。

10. rien de grave 没有什么严重的

rien 等泛指代词受形容词或过去分词修饰时，要在形容词前或过去分词前加介词 de。例如：

Il n'y a rien de vrai dans tout ce qu'elle vous a raconté.

她和你们讲的这一切，没有一点是真的。

11. en font des tonnes 添油加醋

12. quoi de neuf ? 有什么新鲜事吗？

quoi 受形容词修饰时，要在形容词前面加介词de。例如：

Quoi de choquant là-dessus ? 在这个问题上有什么令人惊讶的呢？

13. Je compte sur toi pour me tenir au courant. 我相信你一定会告诉我发生的一切。

compter sur qn/qch. 信任，依靠……。例如：

On ne peut pas compter sur elle. 我们不能指望她。

Elle compte trop sur son adresse. 她过于仰仗自己的机灵了。

GRAMMAIRE (语法)

1. Le pronom relatif « que »(关系代词 que)

1）关系代词que 用来引导一个关系从句，代替名词或者代词，可以指人、动物、事物或者概念，一般用做所引导从句中动词的直接宾语。

A. La lettre que tu m'as écrite et que tu as glissée sous ma porte hier soir est très belle...

que = la lettre, 是écrire和 glisser 的直接宾语，从句用来限定先行词。

B. Les moments que nous avons vécus ensemble sont des souvenirs inoubliables...

que = les moments, 是 vivre 的直接宾语，从句用来限定先行词。

C. mais la décision que j'ai prise (te quitter) est définitive.

que = la décision, 是prendre的直接宾语，从句用来限定先行词。

2）在关系代词que 引导的关系从句中，如果从句动词是以avoir做助动词的复合时态，那么其过去分词应和前面做直接宾语的que 的性、数相一致。例如：

在A句中，由于la lettre 是阴性单数，所以écrire和glisser的过去分词 écrit和glissé 要加-e进行配合。

在B句中，由于les moments 是阳性复数，所以 vivre 的过去分词 vécu 要加-s进行配合。

在C句中，由于la décision 是阴性单数，所以 prendre 的过去分词pris要加-e进行配合。

3）由于直接宾语与表语的结构相同，所以que 也可代替从句中的表语。例如：

Le bon garçon que vous êtes sera sûrement d'accord. 你这样好的男孩一定会同意的。

2. Le plus-que-parfait（愈过去时）

1）构成：愈过去时是一种复合时态，用助动词avoir或 être的未完成过去时加上动词的过去分词构成。

mettre	venir
j'avais mis	j'étais venu (e)
tu avais mis	tu étais venu (e)
il avait mis	il était venu
elle avait mis	elle était venue
nous avions mis	nous étions venus (es)
vous aviez mis	vous étiez venu (e) (s) (es)
ils avaient mis	ils étaient venus
elles avaient mis	elles étaient venues

se déshabiller
je m'étais déshabillé (e)
tu t'étais déshabillé (e)
il s'était déshabillé
elle s'était déshabillée
nous nous étions déshabillés (es)
vous vous étiez déshabillé (e) (s) (es)
ils s'étaient déshabillés
elles s'étaient déshabillées

2）用法：

愈过去时表示在另一个过去的动作之前就已经完成了的动作。

(1) 愈过去时常用在主从复合句的从句中。

Il est allé à la bibliothèque quand il avait fini ses devoirs.

他做完作业就上图书馆去了。

Il est sorti avec son père lorsque la pluie avait cessé.

雨停了，他和他的父亲出门了。

(2) 愈过去时也可用在复合句中的主句中。

Hier soir, quand je suis entré dans la chambre, il s'était déjà couché.

昨天晚上我走进寝室的时候，他已经睡了。

(3) 在宾语从句中，主句动词用过去时态，从句中动词用愈过去时以表示动作发生在主句中动词所表示的动作之前。

On m'a dit que vous m'aviez appelé au téléphone.

有人告诉我您曾打过电话给我。

(4) 愈过去时有时也可用在独立句中，但较少见：

Je vous l'avais bien dit ! 我早就告诉过您了（这事）！

3. La concordance des temps à l'indicatif (直陈式的时态配合)

在一个复合句中，当主句的动词用过去时（未完成过去时、复合过去时、愈过去时）时，从句的动词也应当是一个过去时的时态。这就是时态配合的规则。

A. 现在时引导动词：

Je crois {
qu'il est arrivé（复合过去时）
qu'il vient d'arriver（最近过去时）
qu'il est là（现在时）
qu'il sera là（简单将来时）
qu'il va être là（最近将来时）

B. 过去时引导动词：

Je croyais ou J'ai cru {
qu'il était arrivé（愈过去时）
qu'il venait d'arriver（过去最近过去时）
qu'il était là（未完成过去时）
qu'il serait là（过去将来时）
qu'il allait être là（过去最近将来时）

EXERCICES (练习)

1. Répondez aux questions suivantes.

1) Qui a écrit la lettre ? A qui ?
2) Qu'est-ce que Nathalie a décidé ?
3) Qu'est-ce qui s'est passé entre Nathalie et Dominique ?
4) Comment Nathalie explique-t-elle ce qui s'est passé ?
5) Qu'est-ce que Nathalie n'oubliera pas ?
6) Qu'est-ce qui est différent entre Nathalie et Dominique ?
7) Quelle vie Nathalie veut-elle pour le moment ?
8) Pourquoi Nathalie présente ses félicitations à Dominique ?
9) Que veut dire « chum » et « blonde » ici ?
10) Qu'est-ce que Nathalie demande à Dominique ?

2. Mettez les verbes entre parenthèses au plus-que-parfait.

1) Je (ne pas revoir) __________ Jean-Louis depuis longtemps et ça m'a fait très plaisir de le rencontrer samedi.
2) Tu savais bien que nous (partir) __________ en vacances !
3) Son médecin lui avait dit mais elle (ne pas vouloir) __________ le croire.
4) Il m'a demandé si je (bien dormir) __________ et si je (prendre) __________ mon petit déjeuner.
5) Je pensais que Michel le (prévenir) __________ mais Philippe ne savait rien.
6) Ils nous ont raconté ce qu'ils (faire) __________ pendant leurs vacances.
7) Elle se rappelait toutes les personnes qu'elle (connaître) __________ à l'université.
8) Je n'ai pas vu que je (perdre) __________ tout mon argent en courant.

3. Mettez les verbes entre parenthèses au plus-que-parfait, à l'imparfait ou au passé composé.

1) Tous les soirs, il (aller) __________ s'installer dans son fauteuil et (se mettre) _______ à boire.
2) Quand je (arriver) __________ à la gare, le train (partir) __________ depuis 5 minutes.
3) Hier, quand nous (partir) __________ à la campagne, le soleil (se lever) __________ déjà.

4) Quand les petites filles (rentrer) ________ à la maison, la nuit (tomber) __________ déjà.
5) Je (aller) __________ voir mon maître, mais il (sortir) _________.
6) Monsieur Dupont (devoir) __________ payer le canard qu'il (blesser) __________.
7) Pierre (lire) __________ le roman qu'il (acheter) __________ le matin même.
8) Nous (finir) __________ le travail que nous (commencer) __________ le matin.
9) Nathalie et son amie (être) __________ fatiguées, parce qu'elles (faire) __________ une longue promenade.
10) Je (s'endormir) __________ tout de suite parce que je (avoir) __________ une journée fatigante.
11) Jean (avoir) __________ soif, parce qu'il (courir) __________ vite.
12) Je (envelopper) __________ le paquet que l'employé (peser) __________.
13) Nous (être) __________ contents, parce que nous (recevoir) __________ une lettre de notre ami Jean.
14) Il (avoir) __________ grand faim parce qu'il ne rien (manger) __________ de toute la journée.
15) Le grand-père (retrouver) __________ son sac qu'il (perdre) __________ lundi dernier.
16) Tu (finir) __________ déjà de lire le roman que tu (acheter) __________ à Harbin ?
17) Tu (dire) __________ que vous ne (vouloir) __________ pas visiter le Musée de Shanghai.
18) Chaque jour, après le dîner, le vieux (raconter) __________ aux enfants les films qu'il (voir) __________ quand il (être) __________ jeune.
19) Vous me (rendre) __________ le livre que je vous (prêter) __________ ?
20) Paul (ne pas pouvoir) __________ répondre aux questions que le professeur lui (poser) _________.
21) Le bois que la mère (ramasser) __________ ne (être) __________ pas sec.
22) Les bœufs qui (labourer) __________ autrefois la terre (être remplacé) __________ par les tracteurs.
23) Elle me (écrire) __________ qu'elle (visiter) __________ le Palais du Louvre.
24) On me (dire) __________ que l'enfant (être sauvé) __________.
25) Les médecins (examiner) __________ les blessures que l'enfant (recevoir) __________.

4. Ecrivez le verbe entre parenthèses au temps qui convient.

1) On regardait la télévision quand quelqu'un (sonner) __________ à la porte.

2) J'ai couru jusqu'à la gare, mais le train (partir) _________ depuis deux minutes.

3) Il l'a vue dans la rue. Il l'a appelée mais elle (ne pas l'entendre) _________.

4) Tu as perdu ? Tu vois ! Je te (dire) _________ de ne pas jouer avec lui.

5) Je n'ai pas eu le temps de lui parler parce que je (être) _________ très en retard.

6) J'ai acheté le dernier livre de Shan Sa. Arrivé à la maison, j'ai vu que ma femme (acheter) _________ le même livre.

5. Reliez les propositions suivantes par les pronoms relatifs « qui » ou « que ».

1) Un garçon m'appelle, c'est mon frère.

2) Cette jeune fille ne mange pas ; elle est malade.

3) Vous pouvez lire ces revues ; elles sont très intéressantes.

4) L'avion n'est pas arrivé ; on l'a attendu aujourd'hui.

5) Cet homme porte une veste grise ; il se dirige vers nous.

6) La photo est très réussie ; vous l'avez prise avant-hier.

7) Une vieille femme revient de la poste ; c'est ma voisine.

6. Complétez les phrases avec « qui » ou « que ».

1) Quel est le nom de la personne _________ tu vas rencontrer ?

2) Les documents _________ tu avais commandés à Genève sont arrivés.

3) L'hôtel Ibis, c'est l'hôtel _________ se trouve près de la place Molière, non ?

4) Il y a une Madame Barnond _________ a appelé tout à l'heure.

5) —Pierre, où est le livre _________ tu m'as offert pour mon anniversaire ?

—Je ne sais pas, moi ! Ce n'est pas le livre _________ tu as prêté à Stéphanie ?

—Hier ? Mais non, c'est elle _________ m'a prêté un livre sur le Canada.

—Ah, bon...

6) —J'aime beaucoup le CD _________ j'ai écouté chez toi la semaine dernière.

—Quel CD ?

—J'ai oublié le nom. Le chanteur _________ chante un peu comme Paul Personne, tu vois ?

—Euh... bah non. Désolé.

7. Ajoutez « je ne savais pas » et « il m'a demandé » aux propositions suivantes.

1) Est-ce que Paul veut voir un film de fiction ?

2) Monsieur Dupont est-il venu de Shanghai ?
3) Qu'est-ce qui s'est passé dimanche dernier ?
4) Qu'est-ce qu'ils faisaient quand ils étaient à la campagne ?
5) Qu'est-ce qui est intéressant dans ce roman ?
6) Qu'est-ce qu'il va faire après son travail ?
7) Comment travaillez-vous ?
8) Où va-t-on passer ce film ?
9) De quoi as-tu parlé au professeur ?
10) Pourquoi a-t-il été en retard hier ?

8. Transformez les phrases suivantes en une phrase complexe.

1) Elle m'a dit : « Mon copain ne peut pas venir voir le film. »
2) Il lui a dit : « Je m'appelle Pierre. »
3) Elle m'a dit : « Je ne veux pas y aller. »
4) Fanny a dit : « Je viens voir Jacques. »
5) Catherine a dit à sa tante : « J'espère venir un jour te voir. »
6) Ils ont demandé à leurs amis : « Vous n'aimez pas voyager en avion ? »
7) Nathalie lui a demandé : « Tu n'es pas contente ? »
8) Louise a dit à sa sœur : « Je t'ai téléphoné trois fois. »
9) Les étudiantes ont dit : « Nous sommes allées voir notre professeur. »
10) Paul a demandé : « As-tu réparé ta voiture, papa ? »

9. Remplacez les blancs par une préposition convenable.

1) Cet homme est-il _________ cette usine ?
2) La ville _________ Paris a 2000 ans _________ histoire.
3) Je vous demande _________ voir cela vous-même.
4) Ce texte est facile _________ traduire.
5) Le médecin s'inquiétait beaucoup _________ le sort de ses malades.
6) Nous travaillons _________ la même usine.
7) _________ 100 habitants, il y a 55 femmes.
8) J'ai acheté un poste de télévision _________ son conseil.
9) La France se présente _________ la forme _________ un hexagone.
10) _________ le bord de la Méditerranée se trouve Marseille, le plus grand port de com-

merce français.

11) L'enfant malade est entré _________ l'hôpital accompagné _________ sa mère inquiète.

12) Il a conseillé _________ son ami _________ aller voir le médecin.

13) Il a reçu une lettre _________ Paul, son ancien camarade _________ classe.

14) Elle faisait des achats _________ l'un et l'autre magasin.

15) Quand il l'a vue, il s'est dirigé _________ elle .

16) Ses parents s'étaient beaucoup inquiétés _________ sa maladie.

17) Il n'y a rien _________ intéressant dans ce roman.

18) Rien _________ autre à vous dire.

19) Je suis tout à fait _________ votre avis.

20) Le professeur est aimé _________ tous ses élèves.

10. Traduisez en français en employant les verbes aux temps passés.

1) 李明给我们寄来了两张他在巴黎拍的照片。

2) 老师批改了学生们星期四交给他的作业。

3) 我很喜欢保罗去年送给我的那本书。

4) 杜布瓦夫人非常焦急,因为她的孩子在前一天不见了(disparaître)。

5) 爷爷说他年轻时很喜欢体育运动。

6) 我听说你来找过我了,你有什么话要对我说吗?

7) 昨天我们接待了来访的两个南京大学毕业的工程师。

8) 我们知道去动物园(le zoo)可以坐57路汽车,因为我们问过王明,他是上海人。

CONTRÔLE (测验)

1. Donnez le participe passé des verbes suivants.

peindre	plaire
recevoir	pleuvoir
croire	offrir
courir	valoir
vivre	rire
avoir	tenir

savoir	lire
dire	apprendre
mettre	boire

2. Mettez les verbes entre parenthèses aux temps qui conviennent.

1) Dimanche prochain, (aller) ______ vous au Palais d'Eté, s'il (faire) ______ beau ?
2) Quand ils sont arrivés à l'hôtel, Hélène (déjà partir) ______ avec sa famille.
3) —Qu'est-ce que le professeur vous a dit hier ?
—Il nous a dit que Mme Vincent (rentrer) ______ à Paris mercredi dernier.
4) Ce jour-là, qui vous (attendre) ______ quand vous (descendre) ______ de l'avion ?
5) La semaine dernière, je (recevoir) ______ une lettre d'un ami qui (travailler) ______ dans une usine. Je le (connaître) ______ en 2006.
6) Je (réviser) ______ mes leçons quand le professeur (entrer) ______ dans la classe.
7) Comme Pierre et Jean (décider) ______ d'aller au cinéma ce soir, ils sont rentrés plus tôt.
8) Oh ! Je ne sais pas s'ils (déjà finir) ______ leur travail.
9) Le professeur ne savait pas que nous (voir) ______ *Les Misérables*.
10) Ce matin, je (recevoir) ______ une lettre de ma mère.

3. Mettez les verbes entre parenthèses au temps convenable.

Un jour, vers 7 heures du soir, à la sortie de Lyon, M. Albert (voir) ______ deux femmes qui lui (faire) ______ signe. Il (ne pas pouvoir) ______ les laisser sur la route. Il leur (dire) ______ de monter dans sa voiture. Il (essayer) ______ de bavarder avec elles.

Elles ne (répondre) ______ presque rien et elles (avoir) ______ une grosse voix. Bientôt, il leur (trouver) ______ un air bizarre. Il (lire) ______ dans un journal que deux bandits (attaquer) ______ une banque. Il (penser) ______ : «Ces bandits (pouvoir) ______ porter des vêtements de femme. Ce (être) ________ peut-être eux qui (être assis) ________ derrière moi. »

Alors, il (avoir) ______ peur. Peu après, quand il (traverser) ______ Vienne, il (s'arrêter) ______ devant un hôtel. Il leur (expliquer) ______ qu'il (ne pas pouvoir) ______ aller plus loin. Elles (partir) ______ rapidement sans le remercier.

Après le dîner, la radio (annoner) ______ : « On (venir) ______ d'arrêter près de Vienne deux hommes, ils (attaquer) ______ une banque. »

4. Répondez aux questions suivantes en employant des pronoms personnels compléments.

1) Est-ce qu'ils ont mangé de la soupe ?
   Oui,
2) Mes enfants, est-ce que vous avez entendu ce bruit ?
   Oui,
3) As-tu retrouvé tes crayons ?
   Oui,
4) As-tu acheté des stylos ?
   Oui,
5) Mesdemoiselles, avez-vous parlé de vos vacances ?
   Oui,
6) Michel, est-ce que tu as besoin de ce dictionnaire ?
   Non,
7) Est-ce qu'ils ont trouvé un appartement ?
   Oui,
8) Catherine, combien de paquets as-tu reçus ? (quatre)

9) Est-ce qu'il a lu plusieurs livres ?
   Oui,
10) Est-ce qu'il a bu beaucoup de vin ?
   Oui,

5. Lisez les dialogues et écrivez quel nom remplace chaque pronom.

TEXTE A

— Salut, Louis ! Ça va ?

— Oui, et toi ?

— Bah oui.

— Dis-moi, on ne t'a pas vu jeudi en cours de peinture ?

— Et non, mes parents sont venus me voir et je **les** ai invités au restaurant. En plus, vers 18 heures, mon voisin a eu un problème chez lui et je **l'**ai aidé. J'ai gardé sa fille et il a pu réparer son problème dans la salle de bains.

— Elle a quel âge, la petite ?

— Trois ans, elle s'appelle Mia et je **l'**adore.

les :

l' :

l' :

TEXTE B

— Vous pouvez m'aider, s'il vous plaît ?

— Euh... Oui, peut-être, monsieur.

— Je cherche la rue de Milan mais je ne **la** trouve pas sur le plan.

— Ah... J'ai entendu parler de cette rue mais je ne **la** connais pas vraiment. Vous ne **la** voyez pas sur votre plan ?

— Bah non.

— L'office du tourisme est juste derrière, il y a des personnes qui vont vous aider.

— Je suis allé à l'office du tourisme.

— Et alors ? Vous **leur** avez demandé la rue que vous cherchez ?

— Oui, mais personne n'a pu me renseigner. Mais je vais chercher. Je vous remercie, madame.

la :

la :

la :

leur :

6. Traduisez en français.

1) 50年后，中国将是世界上最重要的工业国之一。
2) 总的来说，中国的工业不如法国的工业发达。
3) 谁是你最好的朋友？
4) 我的老师和我姐姐的老师一样和蔼。
5) 这部电影有意思得多。
6) 这是法语系里最好的班级。

Leçon 9

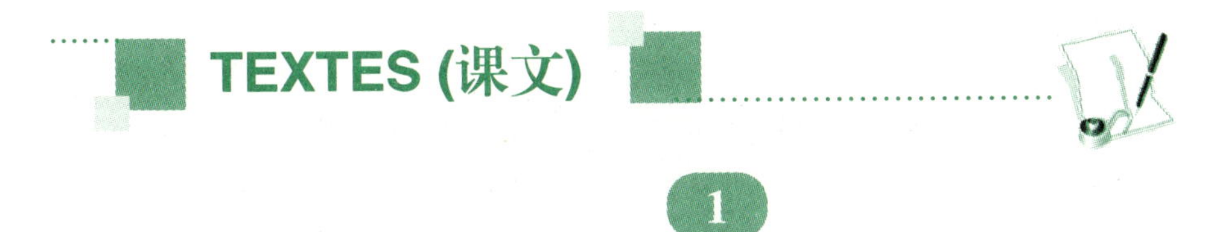

TEXTES (课文)

1

Appartement à louer[1]

Mme Durand: J' ai une mauvaise nouvelle, Henri. Il faut déménager le plus rapidement possible.

M. Durand: Pourquoi donc ? Georges Michel a accepté de nous loger jusqu'à la fin de l'année.

Mme Durand: Sa sœur rentre du Maroc dans un mois avec ses deux enfants ! Et les Michel ont besoin des pièces que nous occupons !

M. Durand: Ne t' en fais pas. Au bureau, ce matin, Duroc, un collègue, a parlé d' un appartement à louer dans son immeuble. Je vais chercher son numéro et l'appeler tout de suite.

Mme Durand: Il habite dans quel quartier ?

M. Durand: Dans le 9e arrondissement[2] , ce n' est pas trop loin du bureau, et c' est un quatier que j'aime beaucoup. Et toi ?

Mme Durand: Moi aussi. Bon, demain, après le travail, allons visiter l'appartement.

M. Durand: Entendu, chérie.

Le lendemain, après le travail.

La concierge: Bonjour, Messieurs-Dames[3].

M. Durand: Bonjour, Madame. C'est au sujet de l'appartement.[4]

La concierge: Ah, oui, entrez. C'est vous qui avez téléphoné ce matin, n'est-ce pas ? Vous êtes un collègue de M. Duroc, le locataire du 4e ?

M. Durand: C'est ça. L'appartement est toujours libre, j'espère.

La concierge: Pour le moment, oui, mais il y a déjà eu deux visiteurs intéressés. C'est un appartement qu'on vient de remettre à neuf.

Mme Durand: Il y a combien de pièces ?

La concierge: Cinq, avec une salle de bains. C'est au premier étage. Voilà l'escalier. Attention, les marches sont cirées... Voici d'abord l'entrée avec une grande penderie.

Mme Durand: C'est pratique !

La concierge: De ce côté, il y a un bureau. A droite, la salle de séjour avec un petit balcon.

Mme Durand: Elle est beaucoup plus ensoleillée que celle des Michel, tu ne trouves pas ?

M. Durand: C'est certain.

La concierge: Ici, vous pouvez installer le coin salle à manger et là, le coin salon.

Mme Durand: Est-ce que je peux voir la cuisine ?

La concierge: Oui, elle est très moderne, assez bien équipée, comme vous voyez.

Mme Durand: Et les chambres ?

La conciege: Ici, à droite, vous avez deux chambres : celle-ci est plus grande, mais celle-là est plus claire. Et en face, encore une, plus petite, exposée à l'est.

Mme Durand: Il est vraiment très bien, cet appartement.

M. Durand: Oui, il me plaît aussi, mais le loyer est très élevé ?

La concierge: Je l'ignore. Veuillez téléphoner au propriétaire.[5] Voilà son numéro de téléphone.

M. Durand: Merci, à bientôt, Madame.

2

S'informer sur un logement

—Allô ! Oui ?

—Bonsoir, Madame. Je vous appelle au sujet de l'annonce dans *Marseille immo*[6]. L'appartement est toujours à louer ?

—Oui, oui. Vous êtes étudiante ?

—Oui, mais j'ai une caution de mes parents !

—Oui, je demande aussi trois mois de caution, à la signature.

—Bien sûr, mais... est-ce que je peux avoir quelques précisions sur l'appartement ?

—Oui, qu'est-ce que vous voulez savoir ?

—L'appartement est disponible tout de suite ?

—Oui.

—C'est un studio avec WC et douche séparés ?

—C'est bien ça.

—Et le séjour est comment ?

—Il est très clair, c'est au dernier étage. Et il y a une belle terrasse. La vue est très dégagée.

—Et c'est en bon état ?

—Ah ! Il faut le rafraîchir ! Un coup de peinture me semble nécessaire, il n'est pas très propre. Mais le studio est bien, hein !... Vous avez visité beaucoup d'appartements ?

—Non, en fait[7], j'appelle de Lyon, je n'habite pas à Marseille. Je ne connais personne.

—Ah ! Très bien ! Parce que je ne veux pas d'ennuis avec les voisins !

—Bon... Je peux le visiter ?

—Oui, demain à 19 heures.

—Demain, je ne peux pas. Je serai à Marseille mercredi seulement.

—Alors, tant pis ! J'ai beaucoup de personnes intéressées, vous savez !

—Tant mieux ![8] Vous n'êtes vraiment pas aimable !

Unités de mesure: la température (温度)

1. Quelle température fait-il aujourd'hui ?
   Quelle est la température aujourd'hui ?
   Combien fait-il aujourd'hui ?
2. Il fait 10° (dix).
   Il fait -10° (moins dix).
   La température est de 10°.
3. Quelle est la température moyenne en été dans votre région ?
   La température moyenne est de 26°.
4. Quelle a été la température la plus élevée ces derniers jours ?
   La température maximale a été de 36°.
   Quelle a été la température la plus basse ?

La température minimale a été de 0° (zéro).

Proverbe : Le travail est un trésor. 劳动是宝。

VOCABULAIRE (词汇)

louer	*v.t.*	出借，租借
loger	*v.t.*	留宿，给……住宿
le Maroc	*n.m.*	摩洛哥
l'arrondissement	*n.m.*	（法国）行政区；（大城市的）区
chéri, e	*adj.* et *n.*	亲爱的（人）
concierge	*n.*	看门人，门房
messieurs [mesjø]	*n.m.pl.*	先生们
le sujet	*n.m.*	主题，原因
locataire	*n.*	租户，房客
pour le moment	*loc. adv.*	暂且，目前
visiteur, euse	*n.*	来访者，来客
intéressé, e	*adj.*	有关的，感兴趣的
remettre	*v.t.*	放回；恢复
remettre à neuf		翻新，更新
l'escalier	*n.m.*	楼梯
la marche	*n.f.*	行走，梯级
cirer	*v.t.*	上蜡，打蜡
la penderie	*n.f.*	挂衣服的壁橱
pratique	*adj.*	实际的，实用的
la salle de séjour		起居室
ensoleillé, e	*adj.*	充满阳光的
celui, celle, ceux, celles	*pron.*	这个，那个，这些，那些
celui-ci, celle-ci	*pron.*	这个
celui-là, celle-là	*pron.*	那个
le coin	*n.m.*	角，角落

la salle à manger		饭厅
moderne	*adj.*	现代化的
équipé, e	*adj.*	装备好的
exposer	*v.t.*	陈列;使(房屋)朝向
le loyer	*n.m.*	房租,租金
élevé, e	*adj.*	高的
propriétaire	*n.*	物主,房东
s'informer	*v.pr.*	询问,打听
le logement	*n.m.*	住房,住处
la caution	*n.f.*	担保,保证金,保证人
la signature	*n.f.*	签字,署名
la précision	*n.f.*	明确,确切
disponible	*adj.*	可自由使用的
le studio	*n.m.*	单间公寓
dégagé, e	*adj.*	没有被遮挡的
l'état	*n.m.*	状态,状况
rafraîchir	*v.t.*	使凉爽,翻新
la peinture	*n.f.*	绘画;粉刷
nécessaire	*adj.*	必要的
l'ennui	*n.m.*	厌倦,烦恼,不快
voisin, e	*adj.* et *n.*	邻近的;邻居
tant pis	*loc. adv.*	算了
aimable	*adj.*	可爱的,讨人喜欢的

NOTES (注释)

1. Appartement à louer 房屋出租

   及物动词louer可以表示两种对立的概念:(1)出租;(2)租借,租用。试比较:

   Vous *louez* toujours une chambre à un étudiant ?(租给)

   Cette maison n'est pas à nous, on la *loue*.(租用)

   louer une maison, un appareil photographique, une voiture, un vélo(租用)

louer une place au théâtre, dans un train, dans un avion（订座位）

2. Dans le 9e arrondissement 在第九区

   巴黎市区分为二十个区。第九区在塞纳河右岸（北面），属于比较繁华的地区。

3. Bonjour, Messieurs-Dames. 你们好，女士先生们。

   正规称呼一般作：Mesdames et Messieurs 女士们、先生们。但在俗语中往往简化为 Messieurs-Dames, 成为一种套语，而不论被称呼者的人数多少。

4. C'est au sujet de l'appartement. 是关于那套公寓的。

   au sujet de qch. 关于。例如：

   C'est à quel sujet ? 这是关于什么的？

5. Veuillez téléphoner au propriétaire. 请给房东打电话。

   veuillez 是动词 vouloir 的命令式第二人称复数，第二人称单数为 veuille。

6. dans *Marseille immo* 在《马赛房产报》上

   在报纸上用介词 dans，dans le journal。immo 是 immobilier 的缩写，表示"不动产的"。

7. en fait 事实上，表示对立、转折。例如：

   Je pensais que c'était de l'eau ; en fait, c'était du vin.

   我以为这是水，但其实是酒。

8. Tant mieux ! 太好了，好极了！ 例如：

   S'il vient, tant mieux, sinon, tant pis. 如果他来，更好，否则就算了。

GRAMMAIRE (语法)

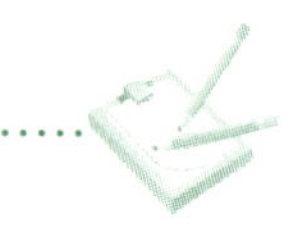

1. Les pronoms démonstratifs（指示代词）

形式：

	Formes simples		Formes composées	
	Masculin	**Féminin**	**Masculin**	**Féminin**
Singulier	celui	celle	celui-ci celui-là	celle-ci celle-là
Pluriel	ceux	celles	ceux-ci ceux-là	celles-ci celles-là

1）指示代词在句中起名词的作用，用来代替上文提及的人或物，以避免重复名词。指示代词可以明确地代替前面已经出现过的某个名词，也可进行泛指。

2）简单形式的指示代词celui，celle，ceux，celles不能单独使用，后面总是有以de引导的补语或关系从句等限定成分。

Cette salle de séjour est beaucoup plus ensoleillée que celle des Michel.

(celle = la salle de séjour)

Cet appartement, c'est celui de ma fille et de son mari.

(celui = l'appartement)

Tu vois ces trois hommes là-bas? Celui qui porte un chapeau, c'est le père de Paul.

(celui = l'homme)

Pierre a deux sœurs. Nous avons rencontré celle qui travaille dans un lycée.

(celle = la sœur)

3）复合形式的指示代词由简单形式的指示代词后加副词-ci或-là构成，单独使用。-ci指近者、后者，-là指远者、前者。

Ici, à droite, vous avez deux chambres : celle-ci est plus grande, mais celle-là est plus claire. 在右边有两个卧室：这个更大，但是那个更明亮。

只使用一个复合指示代词时，一般使用-là，而很少使用-ci。

4）有时，指示代词不起代替名词的作用，而是有泛指意义，泛指某一类人，意思是"任何人"或"无论谁"，只可用来指人，不能指物。

Elle aime celui qui l'aime.

她爱爱她的人。

J'aime bavarder avec celui qui parle bien français.

我喜欢和法语说得好的人聊天。

2. Les pronoms interrogatifs composés（复合疑问代词）

形式：

	Singulier	**Pluriel**
Masculin	lequel	lesquels
Féminin	laquelle	lesquelles

1）复合疑问代词可以指人或物，用来表示在几个人或物之间做选择时使用，意为"哪个，哪几个，哪些"。请看例句：

Ces chambres sont tout à fait pareilles. Laquel allez-vous habiter ?

这些寝室完全一样。你们要住哪一间？

Parmi ces pièces, laquelle est la pièce de Paul ?

这些房间中哪一间是保罗的房间？

2）复合疑问代词后常接以de引导的补语。请看例句：

Lequel des deux dictionnaires choisis-tu ?

你选择这两本字典中的哪一本？

De tous ces manteaux, lequel est le meilleur ?

这些大衣中哪件最好？

3）复合疑问代词有时也可作中性使用，例如：

Accepter ou refuser : lequel vous paraît le mieux ?

接受还是拒绝：你们看怎么办最好？

3. Les pronoms possessifs（主有代词）

形式：

	拥有者为单数		拥有者为复数	
	单件物品	多件物品	单件物品	多件物品
第一人称 阳性	le mien	les miens	le nôtre	les nôtres
第一人称 阴性	la mienne	les miennes	la nôtre	
第二人称 阳性	le tien	les tiens	le vôtre	les vôtres
第二人称 阴性	la tienne	les tiennes	la vôtre	
第三人称 阳性	le sien	les siens	le leur	les leurs
第三人称 阴性	la sienne	les siennes	la leur	

1）使用主有代词是为了避免名词的重复，同时给这个名词加上所属概念。主有代词实际上代替的是：主有形容词+名词。请看例句：

Votre classe est grande, la nôtre est toute petite.

你们的班级很大，我们的很小。

Ce sont ses livres, où sont les tiens ?

这些是他的书，你的在哪？

Ta voiture est différente de la sienne.

你的汽车和他的不一样。

2）主有代词阳性单数和阴阳性复数遇到介词de或à时，构成缩合形式。例如：

Tu penses à tes parents, moi, je pense aux miens.

你想念你的父母，我想念我的父母。

3）主有代词一般只指物，但阳性复数也可指亲近的人、家人。例如：

Il travaille beaucoup pour les siens.

他为了他的家人努力工作。

4）部分冠词+阳性单数形式，可以表示“某某人的力量”或“某某人的意见”。例如：

Nous devons mettre du nôtre dans le développement de notre pays.

我们应当为国家的发展贡献我们的力量。

EXERCICES (练习)

1. Répondez aux questions suivantes.

1) Pourquoi les Durand doivent-ils déménager le plus rapidement possible ?

2) Quand et d'où vient la sœur de Georges Michel ?

3) Pourquoi M. Durand dit-il à sa femme : « Ne t'en fais pas » ?

4) Qui est Duroc ?

5) De quoi a-t-il parlé ce matin au bureau ?

6) Où se trouve cet appartement à louer ?

7) Comment M. Durand trouve-t-il l'arrondissement où se trouve l'appartement ?

8) A qui M. Durand a-t-il téléphoné au sujet de l'appartement ?

9) Est-ce que l'appartement que M.et Mme Durand veulent visiter est toujours libre ?

10) Combien de pièces y a-t-il dans cet appartement ?

11) A quel étage se trouve cet appartement ?

12) Comment Mme Durand trouve-t-elle la salle de séjour ?

13) Comment est la cuisine ?

14) Voulez-vous décrire les chambres ?

15) A qui les Durand doivent-ils téléphoner pour le montant (金额) du loyer ?

2. Exercices sur les pronoms démonstratifs.

1) —On va visiter cette usine ?

—Celle-là ? Oui, on va la visiter.

(1) Il veut acheter cette montre ?

(2) Tu veux lire cette revue ?

(3) Vous voulez visiter ce quartier ?

(4) Tu as envie de prendre ce journal ?

(5) Elle veut emprunter ce roman ?

2) —C'est ton professeur ?

—Non, c'est celui de Pierre.

(1) C'est ton oncle ?

(2) C'est ta sœur ?

(3) C'est ta voisine ?

(4) Ce sont tes cousins ?

(5) Ce sont tes tantes ?

3) —Il y a un train qui part à midi ? / cinq minutes.

—Oui, mais il y a aussi celui qui part dans cinq minutes.

(1) Il y a un autobus qui arrive à 9 heures ? / dix minutes

(2) Il y a un avion qui arrive à 6 heures ? / une heure

(3) Il y a un bateau qui arrive à 16 heures ? / une demi-heure

(4) Il y a un train qui part à 21 heures ? / une heure

4) —Hier vous avez fait cet exercice ?

—Non, voilà celui que j'ai fait.

(1) Tu as lu ce roman le mois dernier ?

(2) Vous avez visité cet hôtel la semaine dernière ?

(3) On a étudié ce texte hier ?

(4) Tu as essayé cette machine tout à l'heure ?

(5) Vous avez habité ce bâtiment ?

5) —Il a acheté la veste qu'il avait essayée ?

—Non, il n'a pas acheté celle qu'il avait essayée.

(1) Vous avez trouvé les hommes que vous cherchiez ?

(2) Tu as écouté la chanson que j'aime bien ?

(3) Elle a pris l'autobus qui est parti à midi ?

(4) Il a emprunté les revues que vous demandez ?

(5) Tu as lu le roman que j'ai apporté ?

3. Complétez les phrases avec *celui, celle, ceux, celles, celui-ci, celui-là, ceux-là, celles-là, ça, celles-ci.*

1) Alors, quel texte voulez-vous travailler aujourd'hui ? ________ de la page 82 ?

2) —J'adore les tapis dans ce magasin. Regarde ________, ils sont superbes.

—Oui, ils sont comme ________ de ma mère, un peu plus jaunes.

3) Bon, tu veux quoi ? ________ ? Non, ce n'est pas bon pour la santé.

4) Tu es contente de ton téléphone portable ? Parce que ________ de mon frère, il est toujours en panne.

5) Bon, on met quel article en une ? ________ ? Ou ________. Vraiment, je ne sais pas.

4. Complétez avec *lequel, laquelle, lesquels* ou *lesquelles.*

1) Regarde, j'ai acheté des cartes postales. ________ tu préfères pour ta famille ?

2) Ces deux voitures sont superbes. ________ je vais prendre ?

3) Imaginez : vous êtes millionnaire. Vous pouvez acheter le château de Versailles ou le château de Chambord. ________ choisissez-vous ?

4) Pour notre exposé, on peut proposer trois romans de Marguerite Duras. On choisit ________ ?

5. Remplacez les mots soulignés avec les pronoms possessifs.

1) —Pardon, c'est votre valise, là, près de la porte ?
—Non, non, ce n'est pas <u>ma valise</u>.

2) —Vous avez mon numéro de portable ?
—Attendez... J'ai le numéro de Pablo, mais je n'ai pas <u>votre numéro</u>.

3) —Je me suis trompé, j'ai pris le sac d'Isabelle.
—Et elle, elle a pris <u>ton sac</u>.

4) —Alors, Vincent est le fils de Lucas, c'est ça ?
—Non, non, c'est <u>mon fils</u>. Le fils de Lucas, c'est Simon.

5) —Ah, tu peux me donner ton adresse électrique ?
—Oui. Et toi, tu me donnes <u>ton adresse électrique</u> !

6) —Attends, ce n'est pas la voiture de Philippe et Béa ?
—Non, <u>leur voiture</u> est verte.

7) —Bon, vous allez me donner vos exercices écrits.
—Euh, excusez-moi, je n'ai pas fait <u>mes exercices</u> !

8) —Félicitations ! Bravo pour votre présentation !
—Oh, mais <u>votre présentation</u> était très bonne aussi !

9) —Oh, j'ai oublié mon dictionnaire.
—Attends, tu peux prendre <u>mon dictionnaire</u>.

10) —Hé, c'est le chien des voisins, non ?

—Euh, non, non, leur chien a les oreilles noires.

6. Remplacez les mots en italique en utilisant un pronom démonstratif.

1) Prends ton journal et *le journal* de ton père.

2) Notre chambre, c'est *la chambre* où il y a deux fenêtres.

3) Tu vois ces deux hommes là-bas ? Eh, mon père, c'est *l'homme* qui porte un blouson noir.

4) Les revues que je préfère, ce sont *les revues* que tu m'as données.

5) Les meilleures pommes sont *les pommes* qui viennent du nord.

6) Ah ! Ce livre est justement *le livre* que je cherchais.

7. Complélez avec pronoms démonstratifs suivants : *celui-là, celui qui, celui que.*

1) —Je cherche Frédéric. Tu ne l'as pas vu ?

—_______ fait beaucoup de football ?

—Non, _______ , c'est Jean-Marc.

—Alors _______ travaille dans la publicité ?

—Oui, _______ tu as rencontré chez moi l'été dernier.

2) —Tu rentres bien tard, chéri ! Le lundi tu rentres plus tôt.

—J'étais avec un collègue de bureau.

—Ah oui ? Qui ?

—_______ est arrivé il y a deux mois, et _______ nous avons rencontré l'autre jour au cinéma.

8. Remplacez les mots soulignés par *celui, celle... lequel, laquelle...*

1) L'Hôtel de France ou l'Hôtel de la gare ? Quel hôtel préfères-tu ?

2) Si tu n'aimes pas les tasses blanches, prends ces tasses-là !

3) 2, 10 € ce jus d'orange ! Non, on va acheter le jus d'orange à 1, 50 €.

4) Comme il y a beaucoup d'étudiants, on va faire deux groupes. Les étudiants qui veulent faire du théâtre vont avec Mme Lecomte, les autres avec moi.

5) Ce sont les lunettes de Marie ? Oui, ce sont les lunettes de Marie.

9. Remplacez les points par une des prépositions suivantes : *avec, pour, de, à, chez.*

1) —As-tu le temps _______ réparer ma montre ?

— Pour le moment, non, excuse-moi.

2) Elle parlait _______ un _______ ses amis quand je l'ai vue.

3) Est-ce que Mme Thibault a accepté _______ venir dîner _______ nous demain soir ?

4) Jacques est très fatigué. Il a besoin _______ se reposer.

5) Pierre adore bricoler. Il est prêt _______ remettre _______ neuf la salle _______ séjour.

6) As-tu téléphoné _______ le propriétaire _______ l'appartement _______ louer.

7) C'est un appartement _______ trois pièces, _______ une cuisine, une salle _______ bains et un balcon.

8) Un _______ mes collègues a besoin _______ une machine _______ écrire. Il va en emprunter une _______ Fanny.

9) Catherine est enrhumée, le médecin lui conseille _______ rester _______ le lit au moins trois jours.

10) On va descendre _______ le métro _______ la station _______ la Bastille.

10. Associez les abréviations aux mots complets.

1) dernier/4ᵉ ét.	A. refait neuf
2) WC	B. charges
3) F3	C. salle de bains
4) ds quart. agréable	D. dans un quartier agréable
5) sdb	E. parquet
6) cuis. équipée	F. parking
7) rdc sur cour	G. chauffage électrique
8) prqt	H. 3 pièces
9) ch.	I. douche
10) loy. 550 € CC	J. rez-de-chaussée sur cour
11) asc	K. water-closet (toilettes)
12) séj	L. dernier/4ᵉ étage
13) park	M. séjour
14) chaff. électr.	N. loyer 550 € charges comprises
15) rf. neuf	O. ascenseur
16) dche	P. cuisine équipée

11. Lisez le sommaire du journal *Marseille immo* et repérez les rubriques où figurent les annonces suivantes.

Particulier loue F3 62 m^2, ds petite résidence.
9e arrdt. Sdb, WC, cuis., park., cave. Rdc sur
cour, calme. A rafraîchir. Libre immédiatement.
Prix: 678 € CC.
Tél. 06 59 97 54 33 le soir.

Propriétaire loue F2 45 m^2 à la Timone.
Lumineux, bon état, chauff. électr.
Sérieuses références demandées.
Loy.: 550 € CC.
Tél. 04 87 35 69 41 de 18h à 20h.

A louer rue Camille-Pelletan, 3e arrdt, studio
25m^2, WC, dche, coin cuisine. Dernier ét.,
vue dégagée. Caution parentale indispensable.
Loyer: 300 € + 20 € charges.
Tél. propriétaire: 04 91 57 16 16 de 20h à 22h.

3 colocataires dans beau F5 100 m^2
recherchent une 4e personne, non fumeur.
2 sdb, 2 WC, 4e ét. avec asc. Parking ext.
Loyer: 400 € CC.
Tél. aux locataires 04 91 33 07 81.

Prox. Parc Bagatelle (8e) ds quart. très
agréable, F3 70 m^2 ref. neuf, prqt, sdb,
WC, cuis. équipée, park. 820 € CC.
ALTO 04 91 85 31 24.

A louer colline St-Joseph (9e), F4 neuf
85 m^2,, plein sud, vue mer, séj. 40 m^2.
2 WC, sdb, balcon, 1000 € C + ch.
Immo CPL 04 91 87 32 29.

12. Traduisez en français.

——我最近租到一套房间。
——啊，在哪里？
——伦敦街(rue de Londres)。
——有几间房？
——三间：一间起居室、两间卧室，再加厨房和浴室。
——房租贵吗？
——相当贵。但我们已经花了六个月找房子，你想得到吗？我们很高兴总算找到了一套。

1. Complétez avec un nom de meuble ou d'équipement.

fauteuil — ordinateur — placard — bureau — chaise — canapé — table basse — table — armoire — lit

1) Pour déjeuner sur la terrasse, j'ai acheté une _______ ronde et six _______ assorties.
2) J'ai besoin d'un _______ pour regarder la télé confortablement et de deux petits _____ de même style.
3) J'ai vu une superbe _______, idéale pour mettre devant le canapé.
4) J'ai un _______ de 140 cm mais j'aimerais en avoir un plus large.

5) Quand j'ai mon _______ , mes livres et mes documents sur mon _______, je n'ai plus de place pour travailler !

6) Où est mon aspirateur ? Ah oui ! Je l'ai rangé dans le _______.

7) Cette belle _______ appartenait à ma grand-mère ; elle y mettait tout son linge de maison.

2. Complétez avec « depuis », « il y a » ou « pendant » .

1) J'ai eu très froid _______ ce concert, pas toi ?

2) _______ l'arrivée de Martine, Marco ne veut plus sortir le soir.

3) _______ longtemps que vous m'attendez ? Oh ! Pardon.

4) Nos voisins ont déménagé _______ une semaine.

5) Je pourrai lire ça _______ mon voyage, j'ai trois heures d'avion.

6) Je réfléchis à ce problème _______ ce matin, mais je ne trouve pas de solution.

7) Jean-Luc est revenu me voir _______ un mois, environ.

8) _______ le 27 février, je n'ai plus de voiture.

3. Complétez les phrases avec *le, la, elle, lui, leur,* ou *y*. Faites les modifications nécessaires.

1) —Tes parents sont d'accord ?

—Je ne _______ ai pas demandé.

2) —Mais, vous n'allez pas à l'école aujourd'hui ?

—Non, on ne _______ va pas, on est en vacances !

3) —Madame Fourrier n'est pas là ? J'ai besoin de cette information aujourd'hui !

—Je vais _______ téléphoner.

4) —Tu vas être avec Julie en Espagne, non ?

—Non, je ne veux pas _______ aller avec _______!

5) —Vous pensez que Monsieur Métayer va accepter ?

—Oui, oui, je _______ connais bien. Ça va _______ plaire.

6) —Tu as rencontré Monsieur Foucault à Marseille ?

—Ah, non, non, je ne _______ ai pas vu à Marseille.

7) —On n'a pas de réponse des responsables de l'agence ?

—Non. Je vais _______ envoyer un message.

4. Mettez les verbes entre parenthèses aux temps convenables.

1) Les promenades sur le quai de la Seine (être) _______ très belles. Pendant mon enfance, j'y (aller) _______ très souvent quand je (habiter) _______ à Paris.

2) Dimanche dernier, nous (aller) _______ voir notre professeur. Il (finir) _______ son travail quand nous sommes arrivés. Il se préparait à sortir.

3) Voici une anecdote (轶事) sur Alexandre Dumas (大仲马).

Le grand écrivain aimait voyager. Il se trouvait un jour dans un village allemand. Il (avoir) _______ faim et il (vouloir) _______ manger des champignons, parce qu'il savait que dans ce pays les champignons étaient très bons. Mais il ne (parler) _______ pas l'allemand. Il (entrer) _______ dans une auberge.

—Comment faire ? Comment expliquer à l'aubergiste que je veux des champignons ? se demandait Dumas. Je ne connais pas un seul mot d'allemand.

Alors il (prendre) _______ un crayon et il (dessiner) _______ sur une feuille de papier ce qu'il voulait manger.

L'aubergiste (regarder) _______ le dessin attentivement et il (faire) _______ signe à l'écrivain qu'il comprenait ce que l'écrivain (vouloir) _______ , puis il (sortir) _______. Alexandre Dumas (être) _______ content de lui-même.

Il (attendre) _______ les champignons avec impatience.

L'aubergiste (revenir) _______ . Il lui (apporter) _______ un parapluie.

5. Utilisez, d'après le sens des phrases, le comparatif ou le superlatif de l'adjectif ou de l'adverbe.

1) La Terre est (grande) _______ que le Soleil, mais elle est (grande) _______ que la Lune.

2) Il est l'homme (intelligent) _______ de ce groupe.

3) Les fromages français sont _______ (bons) du monde.

4) Vous écrivez _______ (bien) que moi.

5) Dans la montagne l'air est (frais) _______ que dans la plaine.

6) Les rues de la banlieue sont (larges) _______ que celles de la ville.

7) Les étudiants de 2e année parlent _______ (bien) français que ceux de 1ère année et _______ (bien) que ceux de 3e année.

8) Elle a (beaucoup) _______ de livres français que moi.

6. Traduisez en français.

1) 今天晚上比昨天晚上热多了。你瞧，我已经是汗流浃背了。

2) 我想玛丽小姐不是太喜欢看电影。

3) 因为我们经常进行体育锻炼，我们身体很好。

4) ——莫尼克比皮埃尔唱得好，你同意吗？

——这次她比他唱得好，但是星期六晚会上，皮埃尔唱得最好。

7. Associez les questions et les réponses ; jouez la scène à deux.

(　) Quelle est la surface ?

(　) Il est disponible à partir de quand ?

(　) Il y a combien de pièces ?

(　) C'est à quel étage ?

(　) Quel est le loyer ?

(　) Est-ce que c'est à proximité des transports ?

A. Deux pièces.

B. 500 € par mois, charges comprises.

C. Au 4e étage sans ascenseur.

D. L'appartement fait 52 m^2 exactement.

E. Oui, il y a une station de métro à 100 m et deux arrêts de bus au bout de la rue.

F. A partir de la semaine prochaine.

La scène :

Vous avez sélectionné une petite annonce dans la rubrique « Appartements locations» du journal *Marseille immo*. Vous téléphonez au propriétaire pour avoir plus d'informations. Pendant la conversation, vous découvrez qu'un aspect vous pose problème (situation géographique, éléments de confort, loyer...)

Leçon 10

TEXTES (课文)

Paris

Pierre : Vous avez déjà fait une promenade dans Paris ?

Wang : Non, pas encore, s'il fait beau cet après-midi, j'irai me promener dans la rue. Mais je ne compte pas beaucoup sur le temps. A propos, voudriez-vous me dire par quoi je dois commencer ?[1]

P : D'après moi, il vaudrait mieux d'abord visiter la Tour Eiffel, parce que du haut de ce monument, vous pourrez avoir une vue d'ensemble sur tout Paris.

W : Je trouve votre conseil très bon. Comme je brûle de connaître Paris, pourriez-vous m'en parler un peu avant ma visite ?

P : Avec plaisir. Paris, comme vous le savez, est situé au centre du Bassin parisien à un point de convergence des fleuves et des routes. Il est le siège du gouvernement, des grandes administrations, des grandes écoles, des académies, des bibliothèques, etc. Il est aussi le premier centre commercial et industriel de la France grâce à[2] l'abondance de la main-d'œuvre, à la convergence des voies ferrées, des routes et des lignes aériennes. Mais les industries lourdes se trouvent surtout en banlieue ; la ville, elle-même, est plutôt spécialisée dans de petites industries de transformations variées.

W : Combien d'arrondissements Paris comprend-il ?

P : La ville est divisée en 20 arrondissements. Ces arrondissements forment des quartiers qu'on pourrait classer en 3 catégories :

Les quartiers du centre comprennent les arrondissements de 1 à 10 où se trouvent les bâtiments officiels, les ministères, les ambassades, les centres d'affaires, la plupart des grands magasins[3] et le quartier Latin.

Les quartiers à l'est sont les plus étendus et les plus peuplés. Là, les usines et les petites boutiques se mêlent aux maisons basses et aux vieux immeubles. Mais de grands immeubles s'y construisent aussi.

Dans les quartiers de l'ouest et du nord-ouest, au contraire, on voit surtout de grands et beaux immeubles, des jardins et des boutiques élégantes. Ce sont des quartiers résidentiels.

W : Combien d'habitants y a-t-il à Paris ?

P : Dans Paris-ville, on compte plus de huit millions d'habitants, si l'on compte les banlieusards, ça fait plus de 11 millions.[4]

W : On dit qu'à Paris il y a beaucoup d'endroits à voir. Voudriez-vous m'en citer quelques-uns ?[5]

P : Oui, la Tour Eiffel, Notre-Dame de Paris, l'île Saint-Louis, le Marais, le Louvre, la Concorde, le Palais de l'Elysée, la place Charles de Gaulle, l'Arc de Triomphe...

2

Evolution-Révolution

La France a connu, au cours des cent dernières années[6], une évolution technique qui a radicalement transformé la vie quotidienne. Cette évolution a été possible grâce au développement des deux principales sources d'énergie que sont l'électricité et le pétrole[7], et elle a accompagné de petites révolutions sociales.

L'intérieur domestique

Les deux machines les plus emblématiques de l'évolution technique dans les maisons sont la machine à laver et le réfrigérateur. Environ 95% des foyers français ont aujourd'hui une machine à laver et 99 % un réfrigérateur.

Des machines à laver mécaniques, en bois, existaient à la fin du XIXe siècle mais ce n'est qu'après 1930 que les machines à laver modernes ont pris place dans les maisons françaises pour libérer les femmes de ce travail difficile[8].

Le réfrigérateur a connu une évolution semblable. La production industrielle du frigo domestique a commencé en 1931. Avant, il y avait la cave ou le grenier, les aliments étaient appropriés au mode de conservation[9] et les consommateurs moins exigeants.

Les communications et les transports

Durant le XXe siècle, on a beaucoup fait pour réduire les distances. Avec les télécommunications, la voix, puis l'image et l'écrit, font instantanément le tour du monde. La révolution de la communication atteint son maximum dans les années 1990[10] avec l'extension des réseaux de téléphones portables qui permettent une totale autonomie de l'individu pour ses communications à distance.

La révolution des transports a eu pour conséquence des changements sociaux. Avant le XXe siècle, les populations voyageaient peu. L'emploi, le commerce et le tourisme ont modifié cette donnée. Les automobiles ont commencé à remplacer les chevaux. Les trains ont gagné en confort et en vitesse.[11] Mais c'est surtout le développement des avions de lignes qui a bouleversé les transports et permis que, en quelques heures, hommes et marchandises parviennent à l'autre bout du monde.

Les numéraux : l'augmentation et la multiplication（倍数表达法）(1)

1. 使用fois表达倍数。

   ... X fois plus + adj. que...

   ……是……的X倍/ X 分之一

   ……比……+ adj. + Y 倍 (Y = X - 1)

   A est deux fois plus grand que B. A是B的两倍/ A比B大一倍

   A est trois fois plus grand que B. A是B的三倍/ A比B大两倍

   A est deux fois plus petit que B. A是B的二分之一/ A比B小一倍

   A est trois fois plus petit que B. A是B的三分之一/ A比B小两倍

2. 使用增加或减少的动词augmenter 和diminuer表达倍数。

   1) augmenter de

   Cette année la population a augmenté d'un quart par rapport à celle de 1985.

   今年人口数比1985年增加了四分之一。

   2) diminuer de

Le rendement des pommes de terre a diminué de 10%.

土豆减产百分之十。

Proverbe : Qui se ressemble s'assemble. 物以类聚，人以群分。

VOCABULAIRE (词汇)

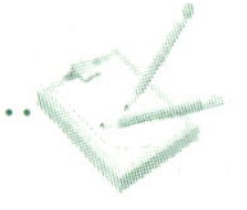

à propos	*loc. adv.*	对了，想起来了
il vaut mieux		最好是……
la vue	*n.f.*	看，看到，视觉，风景
le conseil	*n.m.*	劝告
brûler	*v.i.* et *v.t.*	燃烧
brûler de faire qch.		渴望做某事
le bassin	*n.m.*	盆地，流域
la convergence	*n.f.*	集中
le siège	*n.m.*	所在地
le gouvernement	*n.m.*	政府
l'administration	*n.f.*	管理，行政
l'académie	*n.f.*	科学院，研究院
commercial, e	*adj.*	商业的
industriel, le	*adj.*	工业的
grâce à	*loc. prép.*	多亏，全靠
l'abondance	*n.f.*	大量，丰富
la main-d'œuvre	*n.f.*	劳动力
la voie	*n.f.*	路，道路
la voie ferrée		铁路
aérien, ne	*adj.*	空中的，航空的
lourd, e	*adj.*	重的
spécialisé, e	*adj.*	专业化的
la transformation	*n.f.*	改变，改造，加工
varié, e	*adj.*	各种各样的，多样化的
diviser	*v.t.*	分开，划分

former	*v.t.*	组成，构成
classer	*v.t.*	分类，分等，分级
officiel, le	*adj.*	官方的，政府的，正式的
le ministère	*n.m.*	(政府中的)部
l'ambassade	*n.f.*	大使馆
étendu, e	*adj.*	面积大的，幅员广的
se mêler	*v.pr.*	混合，混杂
construire	*v.t.*	建造，建筑
élégant, e	*adj.*	优美的，雅致的
des quartiers résidentiels		居民区，住宅区
le banlieusard	*n.m.*	郊区人
l'endroit	*n.m.*	地方，处所
la Tour Eiffel		埃菲尔铁塔
l'île	*n.f.*	岛
l'île Saint-Louis		圣-路易斯岛
le Marais	*n.m.*	马来区(沼泽区，巴黎老区)
le Louvre	*n.m.*	卢浮宫
la Concorde	*n.f.*	协和广场
le Palais de l'Elysée		爱丽舍宫
l'Arc de Triomphe		凯旋门
l'évolution	*n.f.*	演变，发展，变化
la révolution	*n.f.*	革命
technique	*adj.*	技术的
radicalement	*adv.*	根本地，彻底地
transformer	*v.t.*	改变，转换
la source	*n.f.*	源泉
l'énergie	*n.f.*	能量
l'électricité	*n.f.*	电
le pétrole	*n.m.*	石油
accompagner	*v.t.*	陪伴，伴随
l'intérieur	*n.m.*	内部，室内
domestique	*adj.*	家庭的，家内的
emblématique	*adj.*	象征性的，作为标志的

la machine à laver		洗衣机
le réfrigérateur	*n.m.*	电冰箱
mécanique	*adj.*	机械的
exister	*v.i.*	存在
libérer	*v.t.*	解放
semblable	*adj.*	相似的
la production	*n.f.*	生产,出产
la cave	*n.f.*	地窖
le grenie	*n.m.*	谷仓,顶楼
les aliments	*n.m.pl.*	食品
approprier	*v.t.*	欣赏
la conservation	*n.f.*	保存,储藏
consommateur, trice	*n.*	消费者,用户
la communication	*n.f.*	交流
durant	*prép.*	在……期间,在……过程中
réduire	*v.t.*	减少
la distance	*n.f.*	距离
la télécommunication	*n.f.*	电信
la voix	*n.f.*	声音
l'image	*n.f.*	图像
instantanément	*adv.*	瞬间地,即刻地
atteindre	*v.t.*	到达,达到
maximum	*n.m.* et *adj.*	最大值,最大的
l'extension	*n.f.*	伸长,延伸
le réseau	*n.m.*	网
permettre	*v.t.*	允许,准许
l'autonomie	*n.f.*	自治,自主
l'individu	*n.m.*	个人
la conséquence	*n.f.*	后果,结果
le changement	*n.m.*	变化
la population	*n.f.*	人口
voyager	*v.i.*	旅行
le tourisme	*n.m.*	旅游业

l'automobile	*n.f.*	汽车
gagner	*v.t.*	赢得
le confort	*n.m.*	舒适
bouleverser	*v.t.*	弄乱，引起革命
marchandise	*n.f.*	商品，货物
parvenir à	*v.t.*	到达，能够

NOTES (注释)

1. A propos, voudriez-vous me dire par quoi je dois commencer？对了，请您跟我说说，参观巴黎先参观什么好？

   1) à propos是个转折短语，用以提出一个新的话题或提起一个已经忘了的事。例如：

   (1) —Il commence à pleuvoir. 下雨了。

   —A propos, où est mon parapluie？对了，我的雨伞呢？

   (2) — Mon fils est un peu malade ces jours-ci. 这些天我的儿子有些生病了。

   — A propos, est-ce que ton mari va mieux？对了，你的丈夫好些了吗？

   (3) —Nous allons lire ensemble le journal d'aujourd'hui.

   我们一起看一下今天的报纸。

   —A propos, sais-tu que la Chine vient d'établir des relations diplômatiques avec un pays d'Afrique？对了，你知道吗，中国刚刚和一个非洲国家建交了。

   2) par quoi意思是"通过什么；从什么开始"，quoi是疑问代词que的重读形式。quoi前面加介词，做间接宾语或状语。例如：

   De quoi parlez-vous？你们在谈论什么？

   Dis-nous de quoi tu t'es occupé ces derniers jours？告诉我你这些天都在忙些什么？

   Voilà ce à quoi je n'ai pas pensé. 这是我没有想到的事情。

   En quoi puis-je vous être utile？我能帮到您什么？

   Voilà avec quoi il a écrit cet article. 他就是用这个写的这篇文章。

2. grâce à 多亏，全靠 。例如：

   C'est grâce à elle que j'ai réussi. 全靠她，我才成功的。

3. la plupart des grands magasins 大部分大商店

   la plupart de 后面的名词要加定冠词或者物主形容词。例如：

   La plupart des hommes, des femmes et des enfants sont descendus dans la rue pour célébrer la Fête nationale. 大部分的男人、女人和小孩都走上了大街,庆祝国庆佳节。

Dans la plupart des foyers, on trouve un ordinateur. 大部分的家庭里都有电脑。

La plupart de mes amis participent à cette soirée. 我的大部分朋友都参加这个晚会。

4. Dans Paris-ville, on compte plus de huit millions d'habitants, si l'on compte les banlieusards, ça fait plus de 11 millions. 在巴黎城里有八百多万的居民,如果算上郊区的话,将会超过一千一百多万。

1) Paris-ville意思是"巴黎城里,巴黎市区"。

2) l'on即泛指代词on加上了定冠词"l",是为了读音时避免两个元音的重复。on在si, où, et和que后面,可加定冠词"l",写作l'on。例如:

Si l'on veut, j'irai où l'on voudra.

Parlez et l'on vous répondra.

注意:如果on后面是人称代词le, la, les,就不加"l"。例如:

Et on l'attend.

Si on le savait.

Dites où on le trouvera.

5. On dit qu'à Paris il y a beaucoup d'endroits à voir. Voudriez-vous m'en citer quelques-uns? 人们说巴黎有很多值得看的地方。您能给我举几个例子吗?

quelques-uns, quelques-unes是泛指代词quelqu'un, quelqu'une的复数形式。可以指人,也可以指物。例如:

Quelques-unes de nos camarades sont citées en exemple.

我们的同学中有几个被列为了榜样。

Voilà de beaux fruits ; donnez-m'en quelques-uns. 这儿有些很好的水果,给我几个。

Quelques-uns de vos camarades sont partis. 你们的同学中有几个已经走了。

注意:单数quelqu'un只能指人。例如:

J'attends quelqu'un. 我在等一个人。

Il y a quelqu'un là. 在那儿有个人。

6. au cours des cent dernières années 在近一百年中

au cours de在……过程中,在……进程中。例如:

au cours de la conversation在这次谈话中

7. grâce au développement des deux principales sources d'énergie que sont l'électricité et le pétrole 由于两项主要能源的发展:电和石油

que引导关系从句,代替从句中的表语。

8. mais ce n'est qu'après 1930 que les machines à laver modernes ont pris place dans les

maisons françaises pour libérer les femmes de ce travail difficile 但直到1930年之后，现代化的洗衣机才在法国家庭中占有重要地位，使妇女可以从繁重的劳动中解放出来。

1) prendre place 就坐，取得位置

2) libérer qn. de qch. 使某人摆脱，解除

9. au mode de conservation 按照保存的方法

mode 此处作为阳性名词，表示方式、方法。

10. dans les années 1990 在20世纪90年代

11. Les trains ont gagné en confort et en vitesse.

介词en 表示范围、领域（在……方面，在……领域）。例如：

docteur en droit/en médecine 法学博士/医学博士

Il est très fort en mathématiques. 他在数学方面很棒。

GRAMMAIRE (语法)

1. Place des pronoms personnels compléments d'un même verbe (同一动词的人称代词宾语的位置)

一个动词可以同时有两个人称代词宾语（包括y，en），其前后排列顺序可以分为以下两种情况。

1) 除肯定命令句外，宾语代词一般放在动词前面，次序如下：

	1	2	3	4	5	6	
(ne)	me te se nous vous	le la les	lui leur	y	en	verbe	(pas)

Il ne connaît pas les noms des joueurs. Il me les demande.

他不知道这些球员的名字。他问我他们的名字。

—Tiens ! Tu as un nouveau roman. Peux-tu me le prêter pour quelques jours ? Je te le rendrai samedi.

啊！你有了一本新小说。你能把它借给我几天吗？我周六把它还给你。

Comme Paul voulait lire *Le petit prince*, je le lui ai prêté.

由于保罗想读《小王子》，我就把它借给了他。

Cette revue n'est pas intéressante. Ne la lui montre pas.

这本杂志没有意思。不要把它给她了。

Il a les mains un peu sales. Il va se les laver. 他的手有些脏了。他去洗洗手。

—Il me faut un sac de voyage. Pourriez-vous m'en apporter un ?

我需要一个旅行包。你们能给我带来一个吗？

—Oui, oui, d'accord ; nous vous en apporterons un demain.

好的，我们明天给您带一个。

Je sais où est sa chambre, je vous y conduis ? 我知道他的寝室在哪儿，我带你们去？

Comme je brûle de connaître Paris, pourriez-vous m'en parler un peu avant ma visite ?

由于我非常想了解巴黎，您能在我参观之前先跟我说说吗？

Voudriez-vous m'en citer quelques-uns ? 您能给我举几个例子吗？

注意：第1、3两栏不能同时出现。

2) 肯定命令句中，宾语代词放在动词后面，次序如下：

verbe	1	2	3	4
	-le -la -les	-moi -toi -lui -nous -vous -leur	-y	-en

J'ai besoin de ce journal. Donnez-le-moi, s'il vous plaît.

我需要这份报纸。请把它给我。

Je voudrais des timbres. Achète-m'en, s'il te plaît.

我想要些邮票。请给我买一些。

注意：命令句中避免单数代词与y合用的现象如：m'y，t'y，l'y等。

2. Le conditionnel présent (条件式现在时)

1）条件式现在时的构成：

条件式现在时由动词简单将来时的词根加下列词尾构成（与未完成过去时的词尾相同）：

-ais　　　　-ions

-ais -iez

-ait -aient

parler	finir
(je parlerai)	(je finirai)
je parlerais tu parlerais il parlerait nous parlerions vous parleriez ils parleraient	je finirais tu finirais il finirait nous finirions vous finiriez ils finiraient

lire	avoir
(je lirai)	(j'aurai)
je lirais tu lirais il lirait nous lirions vous liriez ils liraient	j'aurais tu aurais il aurait nous aurions vous auriez ils auraient

être	devoir
(je serai)	(je devrai)
je serais tu serais il serait nous serions vous seriez ils seraient	je devrais tu devrais il devrait nous devrions vous devriez ils devraient

pouvoir	falloir	vouloir
(je pourrai)	(il faudra)	(je voudrai)

je pourrais tu pourrais il pourrait nous pourrions vous pourriez ils pourraient	il faudrait	je voudrais tu voudrais il voudrait nous voudrions vous voudriez ils voudraient

2）条件式现在时的用法：

(1) 用于主从复合句的主句中，表示依赖一定的条件才有可能实现的动作或者状态。从句一般以连词“si”引导。从句中动词一般用未完成过去时。

a) 条件式现在时指现在，表示已经不能实现的动作或事情。

Si j'étais encore jeune, je m'entraînerais avec vous.

如果现在我还年轻，我就和你们一起锻炼。

（这句话的意思实际上是：我现在年纪大了，因此不能和你们一起锻炼了。）

Maintenant, si j'avais le temps, j'irais le voir.

如果我现在有时间，我就去看他。

（这句话的意思实际上是：我现在没有时间，因此我不能去看他。）

b) 条件式现在时指未来，表示可能实现也可能不实现的动作或事情。

S'il travaillait bien, il ferait de grands progrès.

如果他认真工作，他可能会取得进步。

Si vous veniez nous voir, nous serions très contents.

如果你们来看我们，我们会很高兴。

注意：

条件式只表示某一条件可能引起的结果，并不表示条件本身，因此条件式不能用在以“si”引导的条件从句中。

在表示条件和可能的主从句中，也可以用直陈式。这时，从句表示的只是条件，假设的成分较小，实现的可能较大，不仅有“如果”的意思，也常含有“每当”的意思。试比较：

A. Si j'ai le temps demain, je viendrai te voir.
(présent) (futur)

B. Si j'avais le temps demain, je viendrais te voir.
(imparfait) (conditionnel présent)

A 句表示一种必然性，只要条件具备，行动必然实现。

B句表示一种偶然性，如果条件具备，行动有可能实现。但是条件很可能不具备，行动也就可能实现不了。

(2) 用于独立句中，表示愿望、请求、建议等，使语气温和些，比较客气、委婉。

A propos, voudriez-vous me dire par quoi je dois commencer ?
对了，请您跟我说说，参观巴黎先参观什么好？
Il vaudrait mieux d'abord visiter la Tour Eiffel.
最好先参观埃菲尔铁塔。
Pourriez-vous m'en parler un peu avant ma visite ?
您能在我参观之前先跟我谈论一些吗？
Voudriez-vous me citer quelques endroits à voir ?
您能举几个值得去参观的地方吗？
J'aimerais mieux rester. 我还是留下来得好。
Je voudrais aussi un cahier. 我也想买一个练习本。
Je voudrais vous parler. 我想和您谈谈话。
Pourriez-vous me prêter votre stylo ? 您能把钢笔借给我吗？
Voudriez-vous venir me voir ce soir ? 您今天晚上能来找我吗？
Vous feriez mieux de suivre son conseil. 您最好还是听他的劝告。

(3) 表示不肯定的事情(判断的或听说的)。

A. —Je serai vite guéri, docteur ?
—Il vous faudrait 3 ou 4 jours de repos.（您可能得休息三四天。）

B. —Quand arrivera-t-il ?
—Il devrait arriver ce soir.（他应该是今天晚上到。）

C. —Qu'est-ce que c'est, là-haut ?
—On dirait un avion.（好像是一架飞机。）

EXERCICES (练习)

1. Remplacez les points par un ou deux pronoms personnels qui conviennent.

1) Voici un message pour M. Dupont, il est urgent : il faut _____ donner tout de suite.

2) —Est-ce qu'on aura une réunion ce soir ?
—Oui, Marie _____ a parlé ce matin ; mais tu n'étais pas là.

3) Vous avez les journaux d'aujourd'hui ? Passez _____ un, s'il vous plaît.

4) —Alice, tu as besoin de ton vélo cet après-midi ?

—Non, si tu _____ as besoin, prends _____.

5) —Est-ce que Jacques et François sont allés à l'hôpital finalement ?

—Oui, ils _____ sont allés.

6) —Tiens ! Tu écris un article ?

—Oui, pour le journal mural (墙报) de notre section. Tu n' _____ as pas écrit un, toi ?

—Non, on ne _____ a pas demandé.

7) —Dis, Thomas, tu as encore besoin de mon stylo ? Est-ce que je peux ______ reprendre ?

—Oh ! Je ne _____ ai pas rendu ? Oui, excuse-moi, vraiment.

8) —Alain, tu as ton dictionnarire d'anglais ?

—Oui, tu _____ as besoin ?

—Oui. Est-ce que tu peux _____ prêter ?

—D'accord. Mais rends _____ avant quatre heures. Il _____ faut ce soir.

—C'est entendu. Merci, mon vieux.

2. Remplacez les mots soulignés par un pronom.

1) —Où est-ce que tu as trouvé ce livre ?

—Julie m'a donné ce livre !

2) —Qu'est-ce que le directeur a dit de ton voyage au Japon ?

—Je n'ai pas parlé au directeur de mon voyage au Japon.

3) —Vous avez pris des photos ?

—Oui, je vais te montrer les photos tout à l'heure.

4) —Vous n'avez pas de livre ?

—Non, je n'ai plus de livre ici, mais je peux vous envoyer un livre lundi !

5) —C'est vraiment une très jolie robe.

—Oui, mais je ne peux pas t'offrir cette jolie robe. Elle est trop chère.

6) —Mes enfants ne mangent jamais de chocolat !

—Oh, tu pourrais donner un peu de chocolat à tes enfants de temps en temps.

7) —Mais ils aiment tellement ça, les frites, les enfants !

—Oui, eh bien, il ne faut pas donner de frites à vos enfants, c'est mauvais pour eux !

8) —Vous avez vu le collier qu'elle porte, Madame Dixneuf ?

—Oui, et vous savez qui a offert le collier à Madame Dixneuf ?

9) —Quoi, tu as encore donné 100 euros à Marie !
—Oui, bon, c'est la dernière fois ! Je ne donnerai plus d'argent à Marie. Promis !

10) —C'est toi qui as pris le lecteur de disque de Julien ?
—Euh... Oui ! Je vais rendre à Julien son lecteur de disque demain !

11) —Et alors, tes collègues ? Qu'est-ce qu'ils ont dit de ton changement de poste ?
—Ah, euh, rien... Je n'ai pas encore parlé de mon changement de poste à mes collègues.

12) —Ah, Jacques, je suis en retard ce matin, vous pourriez accompagner les enfants à l'école ?
—Oui, oui, ne vous inquiétez pas, je vais emmener les enfants à l'école.

3. Mettez le verbe proposé au conditionnel présent.

1) Tu (pouvoir) ______ répondre à cette question, s'il te plaît ?
2) Tu (devoir) ______ écrire plus souvent à tes grands-parents.
3) Ça vous (plaire) ______ d'inviter les Ballet pour fêter les vacances ? On les appelle ?
4) Ce (être) ______ vraiment génial que tu viennes avec nous au Canada l'été prochain !
5) Le président (devoir) ______ arriver à la Côte d'Ivoire dans la matinée.
6) Il (falloir) ______ m'expliquer où vous habitez ; je ne le sais pas.
7) Vous (aimer) ______ partir à Paris l'année prochaine ?
8) Tu (vouloir) ______ bien revoir le test de français avec moi ?
9) Est-ce que vous (pouvoir) ______ faire un peu moins de bruit, s'il vous plaît ?
10) Tu (aimer) ______ bien voyager plus souvent ?
11) Ce (être) ______ certainement intéressant de visiter ce musée, non ?
12) Tu ne (faire) ______ pas un petit tour de bateau avec moi ?
13) Ça me (plaire) ______ beaucoup de vivre dans un pays chaud.

4. Mettez aux modes et aux temps convenables les infinitifs entre parenthèses.

1) Si vous ne (connaître) ______ pas le chemin, je vous y (conduire) ______ .
2) Si je (pouvoir) ______ faire cela moi-même, je ne vous (demander) ______ pas votre aide.
3) Je n'ai pas d'argent sur moi. Si j'en (avoir) ______ , je (acheter) ______ ce livre.
4) Pascal comprend mal. S'il (comprendre) ______ bien, il ne (poser) ______ pas une question pareille.

5) Il comprend bien ça. S'il ne (comprendre) ______ pas, il te le (dire)______.

6) Notre armée est une armée du peuple. S'il n'y (avoir) ______ pas d'armée populaire, le peuple ne (avoir) ______ rien.

7) Si nous ne (lire) ______ pas de journaux, nous ne (savoir) ______ pas ce qui se passe dans le monde.

8) Vous (manquer) ______ le train, si vous (partir) ______ tard.

9) On ne vous (comprendre) ______ pas, si vous (parler) ______ trop vite.

10) Ce (être) ______ pour moi un grand plaisir, si vous (venir) ______ me voir chez moi.

11) Si je (pouvoir) ______ aller à Nanjing, je (visiter) ______ d'abord le pont sur le Yangtsé.

12) Si vous (travailler) ______ plus, vous (faire) ______ des progrès.

13) Si vous ne (se sentir) ______ pas bien, je (aller) ______ chercher le médecin.

14) (Pouvoir) ______ -vous m'indiquer où se trouve la poste ?

5. Traduisez en français.

1) 这封信是玛丽的。你能带去给她吗？

2) 你有最近几天的报纸吗？请给我一份。

3) 你的自行车在吗？请借给我用一下，我要进城去。

4) 我们想看看你的照片。你能给我们看看吗？

5) 这是我们外国朋友的信。请你赶快给他们送去。

CONTRÔLE（测验）

1. Complétez les phrases avec « de » ou « que », si nécessaire.

1) On est allés au cinéma après ______ avoir dîné dans un bon petit restaurant.

2) Après ______ vous avez lu la lettre, je vais vous donner quelques explications.

3) Il faut passer le contrôle de police avant ______ embarquer.

4) Avant ______ parler, réfléchissez bien.

5) Je leur ai expliqué tout ça après ______ en avoir reparlé avec ma famille.

6) Je rappellerai le docteur Soulier après ______ mes vacances.

2. Mettez les mots et les expressions suivants à la place convenable dans les phrases suivantes: *vivre de, s'installer, loisirs, avoir droit à, si...que, alors que, quelque chose de, il semble à qn que, distractions, attirer.*

1) Cette conférence sur la littérature ______ tout l'institut.

2) —Quelles sont vos ______ pendant la semaine ?

—Je joue au volley-ball et au basket-ball, j'écoute de la musique, et je joue parfois de la guitare.

3) Tout enfant ______ aux études.

4) A la rentrée, les étudiants ont toujours ______ d'intéressant à se raconter.

5) Cet ouvrier n'a pas d'autres revenus (*n.m.*收入), il ______ son salaire.

6) Cette jeune fille est ______ bavarde(*adj.*多嘴的) ______ tout le monde a peur d'elle !

7) Henri a envie de connaître tout de suite la ville de Beijing. Il va dans les rues dès son arrivée, avant même de ______ .

8) La Chine est très vaste. ______ il gèle au Heilongjiang, il fait doux au Yunnan.

9) Pendant mes ______ , je fais souvent de la peinture.

10) Emporte ton imperméable (*n.*雨衣) avec toi, ______ il va pleuvoir.

3. Complétez les phrases avec *ça, celui, celle...lequel, laquelle...*

1) J'en achèterais bien une mais je ne sais pas ______ prendre.

2) Ce gâteau, c'est moi qui l'ai fait. Et ______ c'est Laurence qui l'a fait.

3) Oh, tu vas vu ______ ? 199 euros seulement !

4) Non, on ne peut pas accepter ______ ! Ce n'est pas correct !

5) C'est vrai que l'autre est moins chère, mais si vous voulez une bonne télévision, prenez ______ !

6) Le service est différent pour les passagers de deuxième classe et pour ______ de première classe, bien sûr.

7) Tu vas manger tout ______ ? Mais, c'est beaucoup trop !

4. Mettez au temps convenable les verbes entre parenthèses.

Dire la vérité

Sébastien ne parlait pas, les lèvres tremblantes (*adj.*发抖的), son joli visage rouge de confusion (*n.*羞愧).

« —Ce (être) ______ bien difficile à dire ?

—Oui, monsieur, ce (être) ________ un mensonge (*n.*谎言) qui me (rendre) ________ malheureux.

—Alors, (dire) ______ -moi, la vérité, ça vous (faire) ______ du bien. »

Il y (avoir) ______ encore un long silence. Enfin, Sébastien (se décider) ______ .

« —Et bien, monsieur, je vous ai menti (mentir *v.i.* 说谎) autrefois, lorsque je (être) ______ un tout petit garçon qui ne (savoir) ______ rien.

—Mais, mon enfant. Pourquoi (garder) ______ -vous le silence jusqu'à aujourd'hui, et qu'est-ce qui vous (décider) ______ , ce soir, à me (dire) ______ la vérité ?

—Oh ! Monsieur, vous nous (expliquer) ______ l'autre jour que le mensonge (être) ______ une très mauvaise chose, et ça m'y (faire) ______ penser. Sinon, j'aurais oublié ce mensonge, parce que ça fait très longtemps que je le (faire) ______. »

5. Traduisez en français.

1) 如果明天天气好，我们就去郊游。
2) 你能跟我说说你是怎样学习法语的吗？
3) 依我看，最好多听录音。
4) 巴黎是法国的首都，是法国政府的所在地，也是法国政治、工业、商业和文化中心。
5) 许多外国朋友非常渴望了解中国。

6. Lisez le modèle et écrivez une lettre de vacances.

Une lettre de Marianne

Bruxelles, le 15 juin

Ma chère Véronique,

Je suis sous le charme de cette ville !

Les gens sont très chaleureux ; ici, on aime discuter pendant des heures autour d'une bonne gueuze[1] !

Hier, on a loué des vélos avec des amis et on a fait un tour de la ville à la découverte des peintures murales.

Que te dire encore ? Aujourd'hui, il pleut, alors on va visiter les musées royaux des Beaux-Arts et, ce soir, moules-frites !

On nous a conseillé un bon resto dans le centre.

Demain on va chiner[2] place du Jeu de balle, c'est dans le quartier des Marolles. J'espère trouver l'objet rare...et pas cher !

Je te montrerai les photos à mon retour.

Bises

Marianne

1. Une gueuze : un type de bière belge.
2. Chiner : chercher des objets anciens, chez un antiquaire ou dans un marché à la brovante.

Pensez à une ville que vous connaissez et que vous aimez. Ecrivez une lettre à un(e) ami(e), sur le modèle de la lettre de Marianne.

Leçon 11

TEXTES (课文)

1

La bibliothèque

Karl : C’est là, la bibiothèque de l’institut ?

Wang : Oui, c’est là.

Karl : Comme elle est grande ! Combien de volumes possède-t-elle ?

Wang : Elle en possède plusieurs centaines de milliers. Il y a des livres de littérature, d’histoire, de sciences...

Karl : On y trouve aussi des livres en langues étrangères[1]?

Wang : Oui, surtout en anglais et en russe, mais aussi en français, en italien et en espagnol.

Karl : Je veux lire quelques livres de référence[2] pour les mathématiques, est-ce qu’on en trouve ici, à la bibliothèque ?

Wang : Oui, il y en a, mais pas beaucoup.

Karl : Comment faut-il faire pour emprunter ?

Wang : Vous allez tout simplement dans la salle de prêt où il y a des employés. Vous consulterez d’abord les fiches où vous trouverez les titres et les numéros de catalogues des livres que vous voulez. Et vous remplirez un formulaire[3] que vous remettrez à l’un des employés.

Karl : La salle de prêt est au premier étage ?

Wang : Non, c’est au rez-de-chaussée. Au premier étage, ce sont des salles de lecture

où l'on peut étudier ou lire des journaux et des revues.

Karl : Et le deuxième étage, il sert à quoi[4]?

Wang : Ce sont les bureaux des bibliothécaires et les salles de documentation pour les professeurs.

Karl : Ça a l'air commode[5], cette bibliothèque. J'irai y jeter un coup d'œil un de ces jours[6]. Est-ce qu'elle est ouverte tous les jours ?

Wang : Oui, sauf deux après-midis où l'on a des études politiques.

2

Le billet sur la toile...

Nos lecteurs vont certainement être très heureux de lire cette bonne nouvelle : j'ai gagné 150 000 euros ! Vous ne le croyez pas ? Eh bien, lisez : « Votre nom et celui d'une autre personne ont été tirés au sort parmi 25 millions d'adresses électroniques. » Voilà ce que, depuis mardi, me dit le même message que je reçois quotidiennement[7]... « Il faut impérativement que vous répondiez sous les dix jours[8] ; sinon, cette somme sera versée à divers organismes internationaux pour la santé. » Alors, j'hésite... 150 000 euros, oui, pourquoi pas...

Le problème est que je reçois parallèlement l'annonce d'une autre nouvelle : le numéro 2600363113249PM qui est mon numéro — je ne le savais pas, évidemment — vient de me faire gagner 250 000 euros[9]! Quel heureux hasard... Je n'ai rien fait[10], absolument rien. C'est la loterie... « Pour les recevoir, n'oubliez pas de remplir le formulaire, puis de valider votre demande. » Alors, j'hésite...

Oui, j'hésite car, à l'instant même où je finis la rédaction de ce billet, une fenêtre s'ouvre sur l'écran de mon ordinateur : je suis le millionième visiteur du site et je peux gagner 5 000 euros si je clique sur « valider ».

Là, il faut faire vite... Alors... J'hésite... Mais pas longtemps, car, après tout, rien ni personne ne m'empêche de cumuler ces trois gains. Alors, moi je dis : vive la chance et vive Internet[11] !

Les numéraux : l'augmentation et la multiplication (倍数表示法) (2)

doubler 增至两倍(增加一倍)
tripler 增至三倍（增加两倍）
quadrupler 增至四倍（增加三倍）
quintupler 增至五倍（增加四倍）
sextupler 增至六倍（增加五倍）
septupler 增至七倍（增加六倍）
octupler 增至八倍(增加七倍)
nonupler 增至九倍（增加八倍）
décupler 增至十倍（增加九倍）
centupler 增至百倍（增加九十九倍）
Le nombre des étudiants de notre université a doublé.
我们学校的学生人数增加了一倍。

Proverbe : On apprend à tout âge. 活到老,学到老。

VOCABULAIRE (词汇)

à propos	*loc. adv.*	对了,想起来了
la bibliothèque	*n.f.*	图书馆
le volume	*n.m.*	卷,册
posséder	*v.t.*	拥有
une centaine	*n.f.*	一百来个
la littérature	*n.f.*	文学
l'histoire	*n.f.*	历史
la science	*n.f.*	科学
le russe	*n.m.*	俄语
l'italien	*n.m.*	意大利语
l'espagnol	*n.m.*	西班牙语
la référence	*n.f.*	参考
emprunter	*v.t.*	借入
simplement	*adv.*	简单地

le prêt	*n.m.*	借出
la salle de prêt		借书室
consulter	*v.t.*	查看，求教
la fiche	*n.f.*	书目卡片
le titre	*n.m.*	书名
le catalogue	*n.m.*	目录
remplir	*v.t.*	填写（表格等）；装满
le formulaire	*n.m.*	公文程式，表格
le rez-de-chaussée	*n.m.*	楼底层（一楼）
la salle de lecture		阅览室
servir à	*v.t.*	用于，用作
bibliothécaire	*n.*	图书馆馆员，图书管理员
la salle de documentation		资料室
l'air	*n.m.*	外貌，神态
commode	*adj.*	方便的
jeter un coup d'œil		看一眼
politique	*adj.*	政治的
le billet	*n.m.*	票
la toile	*n.f.*	网
lecteur, trice	*n.*	读者
l'euro	*n.m.*	欧元
le sort	*n.m.*	命运
tirer au sort		抽签
l'adresse	*n.f.*	地址
électronique	*adj.*	电子的
le message	*n.m.*	留言，信息
quotidiennement	*adv.*	日常地
impérativement	*adv.*	必须地
répondre (à)	*v.t.*	回复，回答
sinon	*conj.*	否则
la somme	*n.f.*	金额，款项
verser	*v.t.*	倒，倾入
divers	*adj.*	多样的，不同的

l'organisme	*n.m.*	机体,组织,机构
international, e	*adj.*	国际的
la santé	*n.f.*	健康
hésiter	*v.i.*	犹豫,踌躇
parallèlement	*adv.*	平行地,同时
évidemment	*adv.*	当然地,明显地
le hasard	*n.m.*	风险,机遇,巧合
absolument	*adv.*	绝对地,一定
la loterie	*n.f.*	用奖券进行的赌博
valider	*v.t.*	使有效,使生效
l'instant	*n.m.*	瞬间,顷刻
la rédaction	*n.f.*	编辑,草拟
le millionième	*n.m.*	第一百万个
le site	*n.m.*	网址
empêcher	*v.t.*	阻止
cumuler	*v.t.*	兼任,兼领
le gain	*n.m.*	获胜,收益
Internet	*n.m.*	(英)互联网

NOTES (注释)

1. des livres en langues étrangères 一些外文书
   用哪种语言,用介词en 。例如:
   C'est un roman en espagnol. 这是一本西班牙语小说。
2. quelques livres de référence 几本参考书
3. vous remplirez un formulaire 请你填写一张表格
   1) remplir 填写,填补
      remplir une lacune 填补空白
   2) remplir 盛满,装满
      remplir un seau d'eau 盛满一桶水
4. il sert à quoi 它是做什么用的?
   servir à 用于,用作。例如:

Ce bateau sert à passer la rivière. 这条船是用于渡河的。

A quoi ça sert, cet outil ? 这个工具是作什么用的?

5. Ça a l'air commode 看样子很方便。

1) avoir l'air + adj. 好像,看起来

注意:如果主语为人,形容词的性和数可与 air 或主语一致;如果主语为物,形容词的性和数应与主语一致。例如:

Elle a l'air sérieux (sérieuse). 她看起来很严肃。

Ces pommes ont l'air fraîches. 这些苹果好像很新鲜。

2) avoir l'air + inf. 好像,看起来。例如:

Ce problème n'a pas l'air d'être bien difficile. 这个问题看上去不太难。

6. J'irai y jeter un coup d'œil un de ces jours. 我将会在这几天中的一天过来看一看。

1) jeter un coup d'œil (sur qch.) 瞥一眼,看一下……

2) un de ... 其中的一个。例如:

un de mes amis 我朋友中的一个

7. Voilà ce que, depuis mardi, me dit le même message que je reçois quotidiennement 这就是我自从周二开始每天都收到的相同信息的内容。

1) même 放在名词前表示“相同的,同样的”。例如:

C'est la même chose. 这是一码事。

Il était dans la même classe que moi. 他那时和我在同一个班级。

2) 放在名词或代词后表示“自己,本身”。例如:

Il a réussi par lui-même. 他靠他自己获得了成功。

注意:même 用在重读人称代词后,表示自己,这时人称代词和 même 之间用连字号连接。

3) même 表示“甚至,即使”时,是副词,没有性、数变化。例如:

Même en vacances, il a beaucoup travaillé. 即使在假期里他也工作得很多。

8. Il faut impérativement que vous répondiez sous les dix jours 您必须在十天之内回复。

1) répondiez 是动词 répondre 虚拟式现在时第二人称复数的动词变位,在无人称句型 il faut que 中,从句动词要采用虚拟式形式。

2) sous 表示时间,在……时期,在……之内。例如:

Cela se passait sous Louis XIV. 这事发生在路易十四时代。

sous quinzaine 在半个月之内

sous huitaine 在一星期之内

9. vient de me faire gagner 250 000 euros 刚刚使我赢得了 250 000 欧元

faire inf. 句型，意思是使……做某事。

1) 如果跟在 faire 后面的动词不定式没有直接宾语，那么 faire 的直接宾语（后面动词不定式的主语）在采用人称代词时使用直接宾语的人称代词，放置在 faire 的前面。例如：

Je les fais venir. 我让他们来。

Je le fait travailler. 我让他干活。

2) 如果后面的动词不定式有其直接宾语，那么 faire 前面的直接宾语要改用间接宾语的人称代词。例如：

Je leur fait travailler la terre. 我让他们耕作土地。

Je lui fais réparer ma voiture. 我让他修理我的车。

3) 如果后面的动词不定式的主语是名词，则用介词 à 或者 par 引导。例如：

Fait-elle acheter des fruits par/à sa fille ? 她让她的女儿去买水果了吗？

Fais-tu chanter par/à tes enfants ? 你让你的孩子们唱歌了吗？

注意：在复合时态的情况下，过去分词与直接宾语人称代词不配合。

10. Je n'ai rien fait 我什么也没有做。

在复合时态中，rien 需要放在助动词和过去分词之间。例如：

Je n'ai rien dit. 我什么也没说。

11. vive la chance et vive Internet 好运万岁！互联网万岁！

Vive... ! Vivent... ! ……万岁！例如：

Vive la paix mondiale ! 世界和平万岁！

Vivent les vacances ! 假期万岁！

GRAMMAIRE (语法)

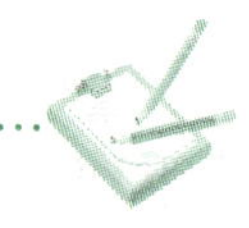

1. Le pronom relatif « où » (关系代词 où)

关系代词 où 也可称之为关系副词，用来代替表示地点或时间的先行词，引导一个起限定或解释作用的关系从句，在从句中可做地点状语，也可做时间状语。

简单句 Vous allez dans une salle.

简单句 Dans cette salle il y a des employés.

复 合 句

主句 关系从句

Vous allez dans la salle où il y a des employés.

先行词 关系代词（也是从句中的地点状语）

关系代词 où 的用法：

1）关系代词 où 在从句中可做地点状语。

A. Vous allez tout simplement dans la salle de prêt où il y a des employés. (où = dans la salle de prêt)

B. Vous consulterez d'abord les fiches où vous trouverez les titres et les numéros de catalogues des livres que vous voulez. (où = dans les fiches)

C. Au premier étage, ce sont des salles de lecture où l'on peut étudier ou lire des journaux et des revues. (où = dans les salles de lecture)

2）关系代词 où 在从句中可做时间状语。

A. sauf deux après-midis où l'on a des études politiques (où = ces deux après-midis-là)

B. à l'instant même où je finis la rédaction de ce billet (où = à l'instant-là)

C. Tu dois aider ta mère les jours où tu ne vas pas à l'école. (où = ces jours-là)

3）关系代词 où 的先行词有时也可以是一个表示地点的副词。这类副词一般是 ici, là, voilà, partout。例如：

Sa copine a retrouvé la clé là où elle l'avait perdue.

她的朋友在她丢钥匙的地方又找到了钥匙。

Il la suit partout où elle va.

她走到哪里他就跟到哪里。

注意：

(1) 应分清关系代词 qui, que, où 在从句中的语法作用：

qui 作主语：J'ai vu cette maison qui vous plaît tellement.

que 做直接宾语：J'ai vu la maison que vous avez visitée.

où 作状语：J'ai vu la maison où vous avez habité.

(2) où 前面可带介词 de, par, jusque 等：d'où（从那里），par où（经过那里），jusqu'où（直到那里）。例如：

C'est la fenêtre par où le cambrioleur est entré.

入室盗贼就是从那扇窗户进来的。

2. Le futur antérieur (先将来时)

1）构成：先将来时由助动词avoir或être的简单将来时加上动词的过去分词构成。

visiter	
j'aurai visité tu auras visité il (elle) aura visité nous aurons visité vous aurez visité ils (elles) auront visité	
aller	**se lever**
je serai allé (e) tu seras allé (e) il sera allé elle sera allée nous serons allés (es) vous serez allé (e) (s) (es) ils seront allés elles seront allées	je me serai levé (e) tu te seras levé (e) il se sera levé elle se sera levée nous nous serons levés (es) vous vous serez levé (e) (s) (es) ils se seront levés elle se seront levées

2）用法：

先将来时表示在另一个将来的动作发生时已经完成的将来的动作。

Demain je vous téléphonerai quand je serai rentré.

我明天回家以后打电话给你。

Je vous écrirai dès que je serai arrivé à Beijing.

我一到北京就写信给你。

Dès que je me serai levé, je viendrai dans votre chambre.

我一起床就来你的寝室。

3）注意：

(1) 用先将来时和简单将来时来表示两个动作的先后关系，强调在一个动作发生之前另一个动作已经完成。如不强调两者的先后关系，这两个动作都可用将来时表示。

Demain à sept heures, j'arriverai à Beijing et je vous écrirai.

明天7点钟我将到达北京，我会写信给你的。

(2) 为了强调两个动作的先后关系，先将来时通常用在以连词quand, dès que,

aussitôt que 等引导的时间状语从句中，但根据意思也可用在主句中。

Quand vous reviendrez, nous aurons fini ce travail.

当您回来的时候，我们已经把这项工作做完了。

(3) 先将来时有时也可用在独立句中，这时一般都带有时间状语。

Il aura fini ce travail avant midi.

他将在中午以前完成这个工作。

Je serai revenu dans deux semaines.

再过两个星期，我就已经回来了。

EXERCICES (练习)

1. Répondez aux questions suivantes.

1) Est-ce qu'il y a une bibliothèque à l'institut ?

2) Comment est cette bibliothèque ?

3) Combien de volumes possède-t-elle ?

4) Y a-t-il des livres de mathématiques et de chimie ?

5) Est-ce qu'on y trouve des livres en langues étrangères ?

6) Où se trouve la salle de prêt ?

7) A quoi sert le premier étage ?

8) A quoi sert le deuxième étage ?

9) Quels sont les jours où la bibliothèque est ouverte ?

2. Refaites les phrases avec « quand », « aussitôt que », « dès que » d'après le modèle.

J'organise ma vie à Paris et je vous écris.

Quand j'aurai organisé ma vie à Paris, je vous écrirai.

Je vous écrirai, dès que j'aurai organisé ma vie à Paris.

1) Je répare son téléviseur et il vient le chercher.

2) J'arrive à l'hôtel et je lui téléphone.

3) Tu visites l'institut et tu nous en parles.

4) Tu rentres et nous prenons le déjeuner.

5) Paul enveloppe le paquet et l'expédie à son ami.

6) Je finis mon repas et je remets à travailler.

7) Vous réparez ma montre et vous me la rendez.

8) Mon père rentre à la maison et je vous téléphone.

9) La mère quitte la chambre et les enfants jouent.

10) Les petites finissent leurs devoirs et elles jouent dans la cour.

3. Refaites les phrases suivantes d'après le modèle.

Je réparerai d'abord ton ordinateur et je continuerai à monter mon ordinateur.

Je continuerai à monter mon ordinateur, quand j'aurai réparé ton ordinateur.

1) Ils visiteront d'abord une usine à Shanghai, et puis ils iront à Beijing.

2) Je finirai d'abord mon exercice et puis j'aiderai ma mère à faire la cuisine.

3) Je finirai d'abord mes devoirs et puis je traduirai ces phrases.

4) Je lirai d'abord tout le texte et puis je le traduirai.

5) Nous visiterons d'abord les musées les plus fameux de Beijing et puis nous vous écrirons en détail.

6) Vous ferez d'abord une fiche et puis on pèsera votre paquet.

7) Vous remplirez d'abord le paquet et nous irons à la poste.

8) Tu envelopperas d'abord le paquet et nous irons à la poste.

9) Il le paiera et puis on lui donnera un récépissé.

10) Nous prendrons d'abord des timbres et puis nous expédierons les lettres.

4. Refaites les phrases selon le modèle.

Il finit ce travail. (midi)

Il aura fini ce travail avant midi.

1) Les étudiants rentrent les foins. (le soir)

2) Il prépare ses bagages. (son départ)

3) Tu achètes du pain. (mon retour)

4) Tu retrouves ton cahier. (le cours)

5) Je vous rends le stylo. (samedi)

6) Mon frère traduit le document. (la nuit)

7) Jean finit de lire ce roman. (midi)

8) Elle prépare le repas. (l'arrivée de sa mère)

9) Nous repassons nos leçons. (l'examen)

10) Le père rentre à la maison. (sept heures et demie)

5. Reliez les propositions par le pronom relatif « où ».

1) Voilà un restaurant, nous avons dîné hier dans ce restaurant.

2) Cette université est grande, je fais mes études dans cette université.

3) Cette classe est assez claire, nous y travaillons.

4) Cette salle de lecture est pour nous, nous y allons souvent lire des journaux.

5) Ce quartier est très animé, beaucoup de grands magasins se trouvent dans ce quartier.

6. Conjuguez les verbes entre parenthèses à toutes les personnes au futur antérieur ou au futur simple.

1) Quand je (traduire) ______ ce texte, je le (passer) ______ au professeur.

2) J'(écrire) ______ à Paul, quand j'(organiser) ______ ma vie à Paris.

3) Dès que je (visiter) ______ le Louvre, je (faire) ______ un tour aux Champs Elysées.

4) Quand je (finir) ______ mes devoirs, je (regarder) ______ la télévision.

5) Quand je (remplir) ______ la fiche, je (donner) ______ mon paquet à l'employée.

7. Mettez les verbes entre parenthèses au temps du futur qui convient.

1) Les paysans (rentrer) ______ à la maison, quand ils (finir) ______ ce travail.

2) Vous (sentir) ______ les odeurs des fleurs, aussitôt que vous (entrer) ______ dans le jardin.

3) Le père (s'endormir) ______ , aussitôt qu'il (se coucher) ______ .

4) Tu (avoir) ______ un jour de congé, quand tu (finir) ______ ton travail.

5) Nous (partir) ______ en vacances, quand nous (recevoir) ______ nos billets de train.

6) Nous (préparer) ______ le repas, dès que vous (rentrer) ______ à la maison.

7) Nous (prendre) ______ le dîner, quand elle (revenir) ______ de la poste.

8) Tu ne (oublier) ______ pas de m'envoyer des cartes postales, quand tu (visiter) _____ les musées de Beijing.

9) Je lui (rendre) ______ ce livre, quand je (finir) ______ de le lire.

10) M. Dubois (se coucher) ______ , aussitôt qu'il (prendre) ______ le bain.

8. Complétez les phrases avec : « comme », « autant de », « la même », « le même ».

1) Paul et Louis ont ______ voiture.
2) J'ai acheté une maison en banlieue ______ Frédéric.
3) Tu ne devrais pas prendre ______ pull que ton père.
4) A son anniversaire, il a eu ______ argent que son frère.

9. Remplacez les points par une préposition convenable et supprimez, s'il y a lieu, les articles.

1) Un garçon s'approche ______ moi, me donne une lettre et s'en va.
2) Sophie essaie plusieurs fois ______ soulever la table, mais elle n'arrive pas ______ le faire : la table est trop lourde.
3) L'année dernière, Patricia a passé 6 mois à l'école normale ______ se perfectionner ______ l'enseignement.
4) Cosette avait peur ______ aller toute seule chercher de l'eau, car il faisait déjà nuit.
5) Le soir après le dîner, le père s'assied dans son fauteuil et se met ______ lire.
6) Wang Ming n'est pas ______ Shanghai, il ne sait pas où se trouve le Parc du Peuple.
7) Si vous avez besoin ______ quelque chose, vous pouvez vous adresser ______ la femme de chambre.
8) Le père ne permet ______ son enfant ______ regarder la télévision que le samedi soir.
9) Ce soir, je ne peux pas aller au cinéma, car j'ai beaucoup ______ devoirs ______ faire.
10) Est-ce que tu t'es déjà servi ______ ton nouveau dictionnaire ?
11) Je n'ai pas le temps ______ écrire.
12) Ils resteront ______ Shanghai ______ la fin ______ octobre.
13) Ils partiront ______ Beijing ______ quinze jours.
14) Il a passé toute la journée ______ travailler aux champs.
15) Va vite ______ ta place, tu es déjà ______ retard.

10. Reliez les propositions suivantes par les pronoms relatifs « qui » ou « que » ou « où ».

1) Il y a un jeune homme sous cet arbre-là, c'est le frère de notre professeur.
2) Je dois aller tout de suite à la gare pour accueillir mon père ; il va arriver à Beijing dans une heure et demie.

3) Cette pièce de théâtre a attiré tout Beijing ; tu l'as vue ?
4) Le nouveau cinéma se trouve près du zoo, vous y êtes allés ?
5) Je suis né et j'ai grandi dans un petit village de montagne. Je vous y conduirai cet été.
6) Hier soir nous avons vu un film français, ce film nous a beaucoup intéressés.
7) Je n'oublierai pas l'été dernier. Philippe m'a appris à nager l'été dernier.
8) Le fleuve est toujours propre ; nous nageons dans ce fleuve.
9) Je revois le village ; j'ai passé mon enfance dans ce village.
10) Parlez-nous de ce jour ; vous avez fait un tour à Paris ce jour-là.

11. Mettez les verbes entre parenthèses au temps qui convient, remplacez les points par « qui », « que », « où ».

1) Voilà la nouvelle cité universitaire ______ on (construire) ______ ces dernières années.
2) Cet étudiant est sorti de l'Institut des Langues étrangères de Xi'an ______ (se trouver) ______ dans la province du Shanxi.
3) Nous avons visité une grande université ______ cette région (créer) ______ il y a trois ans.
4) Voilà une librairie ______ les étudiants (pouvoir) ______ acheter les manuels.
5) Le professeur est content des progrès ______ les élèves (faire) ______ cette année.
6) Cette usine a un jardin d'enfants (幼儿园), ________ les ouvriers (pouvoir) ________ faire garder leurs enfants pendant les heures de travail.
7) Les acteurs ______ (jouer) ______ dans cette pièce de théâtre sont les plus célèbres du pays.
8) Devant cette maison, il y a un jardin ______ les enfants (pouvoir) ______ jouer.
9) Jacqueline a emprunté à la bibliothèque un roman ______ je (trouver) ______ très intéressant.
10) Le film ______ on (aller) ______ projeter aujourd'hui vaut la peine d'être vu.

12. Traduisez en français.

1) 我们学院的图书馆有几十万册书。
2) 我常常查拉鲁斯辞典。
3) 考试的时候，学生们不能查任何字典。
4) 保尔住在一楼，他的朋友住在三楼。
5) 他们想阅读有关数学的参考书。

6) 这个图书馆每天都开放。

7) 请告诉我,教师阅览室在什么地方。

CONTRÔLE (测验)

1. Complétez les phrases suivantes par un pronom démonstratif.

1) ______ qui court le plus vite porte le maillot jaune.

2) Cette année, la récolte est meilleure que ______ de l'année dernière.

3) Les fenêtres de notre chambre donnent sur le sud, ______ de leur chambre donnent sur le nord.

4) ______ qui ne vont pas à la réunion regarderont la vidéo demain.

5) Ma veste est rouge, ______ de Françoise est verte.

6) Oh ! Que de machines ! Mais celles-ci sont plus modernes que ______.

7) Est-ce que ce livre est ______ que vous voulez ?

8) Elle a de beaux yeux ; mais je préfère ______ de sa sœur.

9) Les textes les plus faciles sont ______ que nous avons appris au début de l'année.

10) Voici mon maillot ; voilà ______ de Pierre.

2. Complétez les phrases suivantes par un pronom relatif convenable.

1) C'est une région ______ me plaît beaucoup.

2) Je vous raconterai le voyage ______ j'ai fait cet été.

3) Ce sont des hommes ______ nous rencontrons souvent.

4) J'achète chaque jour un journal ______ je lis des nouvelles intéressantes.

5) Je vous rendrai le livre ______ vous m'avez prêté il y a un mois.

6) Le village ______ il a travaillé pendant trois ans a beaucoup changé.

7) C'est lui ______ est venu hier dans notre classe.

8) L'usine ______ nous avons visitée hier produit des montres.

9) La semaine dernière, nous avons visité une usine ______ est très moderne.

10) Les salles de lecture ______ beaucoup d'étudiants travaillent chaque jour sont bien éclairées.

3. Remplacez les mots soulignés par des pronoms: *celui, celle...lequel, laquelle...*

1) —Tu as des livres d'Amélie, toi, non ? Je cherche un de ses livres.
   —Ah, bon, <u>quel livre</u> ?
2) —Mais, tu connais mon amie de Tokyo, non ?
   —Euh, <u>quelle amie</u> ? <u>Ton amie</u> qui est venue l'été dernier ?
3) —Tu sais, tu n'as pas besoin d'un ordinateur super puissant.
   —Oui, tu as raison, je vais prendre <u>l'ordinateur</u> à 1 200 euros.
4) —Je pourrais voir la veste noire que vous avez dans la vitrine ?
   —Oui, bien sûr, <u>quelle veste noire</u> exactement ?
   —<u>Cette veste-là</u>, avec les rayures.
5) —Non, désolé, je n'ai pas l'adresse électronique de Stéphane.
   —Et est-ce que tu aurais <u>l'adresse électronique</u> de Cécile ?
6) —Tu te souviens de ce petit restaurant ?
   —Oui, bien sûr, c'est <u>le petit restaurant</u> où on était allés pour fêter ton diplôme.

4. Reliez les deux phrases avec un pronom relatif convenable.

1) Cet étudiant travaille bien. Il est le plus rapide de notre classe.
2) Cette fille chante très bien. Elle est notre chef de classe.
3) J'ai acheté un livre. Je le donnerai à ma sœur.
4) Nous avons vu Mme Dupont. Elle travaille avec les étudiants chinois.
5) Cet institut est très grand. Mon frère y fait ses études.
6) Ce quartier est très animé. Il y a beaucoup de magasins là-bas.
7) Je suis arrivé le 15 avril. Ce jour-là, il pleuvait.
8) Cette enfant porte souvent des robes rouges. Elle plaît à tout le monde.
9) On cultive du riz et du blé dans cette région. Nous y avons travaillé le semestre dernier.
10) Le semestre dernier, nous avons appris vingt leçons. Elles sont toutes très longues.

5. Complétez avec « depuis » ou « ilya ».

1) On a reçu ta carte du Mexique ______ deux jours. Merci !
2) Je n'ai pas dîné au restaurant ______ très longtemps.
3) ______ quelques années, j'ai vu un concert de David Bowie à Paris.
4) J'ai acheté cette voiture ______ six mois et ______ que je l'ai, j'ai toujours des ennuis mécaniques !

5) Elle a beaucoup maigri ______ son mariage et elle se sent mieux.

6) Nous n'avions pas revu Benoît ______ nos études à l'université.

7) ______ deux mois, j'ai visité le Mexique et ce pays m'a impressionnée.

8) Massimo est de nouveau en Italie ______ trois semaines.

9) Juliette est partie ______ le 5 avril.

10) J'ai trop de travail, je n'ai pas lu un seul roman ______ au moins un mois !

6. Choisissez le pronom qui convient pour compléter ces phrases.

1) On ne retourne pas dans ce café, on (y/en/lui) ______ vient !

2) N'apporte pas de vin ce soir, Paul et Marie (les/en/leur) ______ ont acheté deux bouteilles.

3) Et l'argent pour ce voyage, vous (l'/y/en) ______ avez pensé ?

4) Il y a trop de chômeurs en France. On (les/y/en) ______ compte plus de deux millions !

5) Capri, c'est fini pour moi, je ne (y/en/la) ______ retournerai plus jamais.

7. Mettez les verbes entre parenthèses au temps et au mode convenables.

En juin 2003, Malek (arriver) ______ à Paris. Ce (être) ______ la première fois qu'il (quitter) ______ son pays. Il (avoir) ______ vingt-deux ans. Il (vouloir) ______ trouver du travail en France où son frère Omar (habiter) ______ depuis deux ans déjà. Quand il (sortir) ______ de la gare, il ne (avoir) ______ que quelques euros en poche, mais cela n'avait pas d'importance, car il (devoir) ______ retrouver son frère en banlieue et celui-ci lui avait promis de le loger.

Malek (parler) ______ bien français et (ne pas avoir) ______ donc de difficultés à trouver son chemin et la maison de son frère.

Son frère (habiter) ______ avec sa famille dans un quartier où la plupart des habitants (être) ______ des travailleurs étrangers. Quand Malek (sonner) ______ à la porte, toute la famille (se précipiter) ______ pour lui souhaiter la bienvenue.

8. Lisez le dialogue et associez les pronoms en gras à leur équivalent.

Carine : Hé, tu as vu **ça** ?

Valérie : Quoi ?

Carine : Les chaussures, là !

Valérie : **Lesquelles** ? **Celles-là** ? A 80 € ?

Carine : Non, les blanches, là, à 149 €.

Valérie : Ah, les blanches ! Hum... **Celles** à 75 €, elles sont pas mal !

Carine : Quoi ? Les grises, là ! Ah, non ! Je n'aime pas du tout !

Valérie : C'est les mêmes que celles de Nathalie, non ?

Valérie : Oui, mais elles sont moches !

Valérie : Pas plus moches que celles que tu portes aujourd'hui !

Carine : Oui, bon... Viens, je vais **les** essayer.

Valérie : Lesquelles tu veux essayer ? Les grises ?

Carine : Mais non, les blanches !

Valérie : Pour quoi faire ?

Carine : Bah, rien, juste pour les essayer ! Pour voir, quoi !

ça	les chaussures
lesquelles	ces chaussures
celles-là	ces chaussures-là
celles	quelles chaussures
les	cette chose

9. Traduisez en franiçais.

1) 你需要我昨天买的那本词典吗?

2) 苏菲·玛索(Sophie Marceau)是我最喜欢的女演员。

3) 图书馆里有许多关于第二次世界大战(la Seconde Guerre Mondiale)的书。

4) 我哥哥喜欢干零活,昨天他把我们家的大衣柜翻新了。

5) 我们学院的电教中心(le centre audio-visuel)设备很好。

6) 我住的房间朝北,冬天很冷。

Leçon 12

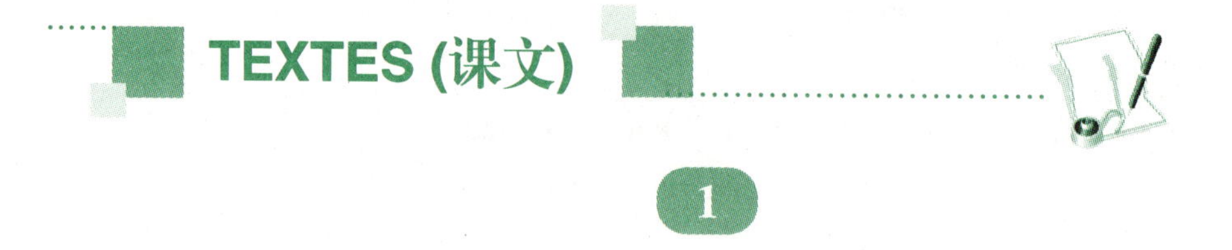

Les week-ends à la campagne

En France, le fameux départ en week-ends donne lieu à quelques désagréments, notamment celui des embouteillages.

Les Dubois ne craignent pas de prendre la route chaque fin de semaine. Ils ont une toute petite maison dans le Loir-et-Cher[1]. Ils aiment beaucoup cette région. Il y a déjà plusieurs années, ils ont découvert une maison de campagne, et ils ont décidé de saisir l' occasion tout de suite. Mais il a fallu faire de nombreuses réparations, apporter de nombreux changements, parce que la maison était très vieille et un peu délabrée. Pendant presque une année ils ont passé tous leurs week-ends à clouer, cimenter, peindre, et à décorer leur maison. Mais leurs efforts n' ont pas été vains. Ils possèdent maintenant une maison de campagne. Les Dubois ne sont pas riches cependant, et ils doivent travailler dur pour rembourser le prêt de la banque. Madame Dubois travaille à Paris dans un grand magasin La Samaritaine[2] et c' est très fatigant. Monsieur Dubois est comptable dans une petite usine. A ses moments perdus, il peint. Mais il a toujours d' autres travaux à faire avant de pouvoir satisfaire sa passion. Il faut travailler dans le jardin potager, surveiller les quelques arbres fruitiers. Pendant que les enfants sont heureux de pouvoir courir dans les champs et de crier à leur aise, Madame Dubois s' occupe des fleurs du jardin et faire des provisions. Chaque fois elle rapporte à Paris les légumes, les fruits, les fleurs de son jardin.

Elle se rend à bicyclette dans les fermes voisines et ainsi des œufs tout frais, le lapin ou la volaille que la famille va manger pendant la semaine.

2

La fuite vers la banlieue

Bien que des millions de touristes fassent un séjour à Paris chaque année, cette ville devient inhabitable pour beaucoup de ses citoyens. La fuite vers la banlieue devient de plus en plus importants. La région parisienne compte plus de 10 millions d'habitants dont plus de deux millions habitent le centre ville.

Pour que ces 8 millions de Français puissent s'instaler dans la banlieue, on a dû construire tout autour de Paris de nouvelles villes-dortoirs, des centaines de grands ensembles, des autoroutes et des centres commerciaux.

Ce phénomène s'explique facilement : pour commencer, la population de la capitale a augmenté tellement que la circulation est devenue affreuse, il n'y a plus d'endroit pour stationner, et le bruit des voitures est assourdissent. La pollution s'accroit aussi rapidement que la population.

Les vieux logements de la ville sont tombés en ruines, et quand finalement on les a détruits, c'est pour construire des centres commerciaux, des bureaux d'affaires, ou des immeubles de grand standing qui sont beaucoup trop chers pour la majorité des habitants. Ceux-ci sont donc obligés de déménager dans les banlieues, où ils cherchent un logement moins cher qu'à Paris. Bien que 80% des Français veuillent acheter une maison individuelle, il n'en est pas question pour la plupart d'entre eux, surtout pour ceux qui habitent les villes, car les terrains sont certainement chers. Si on cherche une petite maison individuelle, entourée d'un jardin, et pas trop chère, il faut aller chercher loin de la ville, en pleine campagne.

Proverbe: A cœur vaillant, rien d'impossible. 世上无难事，只怕有心人。

VOCABULAIRE (词汇)

donner lieu à		招致，引起
un prêt	*n.m.*	贷款
un désagrément	*n.m.*	不愉快的事
la Samaritaine	*n.f.*	萨马里丹商店
notamment	*adv*	尤其
fatigant, e	*adj.*	令人疲劳的
craindre(变位同prendre)	*v.t*	害怕
comptable	*n.*	会计
le Loir-et-Cher		卢瓦尔·歇尔省
perdu, e	*adj.*	失去的，浪费的
découvrir (变位同ouvrir)	*v.t.*	发现
à ses moments perdus		在他空闲时
saisir (变位同finir)	*v.t.*	抓住
la passion	*n.f.*	激情；爱好；嗜好
une réparation	*n.f.*	修理
potager, ère	*adj.*	蔬菜的
une changement	*n.m.*	变化
un jardin potager		菜园
surveiller	*v.t.*	监视，看管
délabré, e	*adj.*	破烂的，破败的
fruitier, tière	*adj.*	结果子
cimenter	*v.t.*	抹水泥，浇水泥
crier	*v.t.*	叫喊
un effort	*n.m.*	努力
un œuf [œf], des œufs[ø]	*n.m.*	鸡蛋
vain, e	*adj.*	徒劳的
charmant, e	*adj.*	可爱的
frais, fraîche	*adj.*	新鲜的
cependant	*adv.*	然而
un lapin	*n.m.*	家兔

une fuite	*n.f.*	逃走,躲避
assourdissant, e	*adj.*	震耳欲聋的
bien que (subj.)	*loc. conj.*	虽然,尽管
affreux, se	*adj.*	可怕的
s'accroître	*v.pr.*	增长
inhabitable	*adj.*	不能居住的
une ruine	*n.f.*	倒塌
un citoyen, une citoyenne	*n.*	市民
détruire	*v.t.*	摧毁
dont	*pron. rel.*	相当于 de qui, de quoi, 这里 dont= de ces 10 millions
un standing[stãdiŋ]	*n.m.*	(英)豪华,舒适
un immeuble de grand standing		非常舒适的房屋
pour que	*loc. conj.*	为了
une majorité (de)		大多数
un grand ensemble		建筑群
individuel, le	*adj.*	个别的,个人的

NOTES (注释)

1. Le Loir-et-Cher 卢瓦尔·歇尔省

   卢瓦尔-歇尔省在巴黎西南,卢瓦尔河(la Loire)与歇尔河(le Cher)流经境内,因以得名。卢瓦尔河谷的城堡群主要从这里开始,如 Chambord, Blois, Chaumont 等,均负盛名。

2. la Samaritaine萨马里丹商店

   巴黎的大型百货商店(les grands magasins)以 la Samaritaine 首屈一指,占地面积最大,北临里沃利街(rue de Rivoli),南与塞纳河上的新桥(le pont Neuf)相对。与之相仿者还有"春天"(le Printemps)、"拉斐特"(les Galeries Lafayette)、"廉价商店"(le Bon Marché)、"市府商场"(BHV:le Bazar de l'Hôtel de ville)等等,大都历史悠久,规模巨大,陈设富丽,商品齐全,每天接待大量顾客。在此类商店中工作一般比较辛苦,是可以想见的。

FAÇONS DE PARLER (表达方式)

Problèmes des grandes villes:

— la surpopulation
— le logement
— la circulation
— les embouteillages
— le stationnement
— le bruit
— la pollution
— le manque d'espaces verts

GRAMMAIRE (语法)

1. 句法分析(l'analyse logique)

就简单句进行语法分析(l'analyse grammaticale)时，要确定句中每个词的词性(词类)，词形(性、数、人称)和句法作用(主、谓、表、宾、补、状……)

复合句除了进行语法分析外，还要分析所包含的每个分句。这种分析叫做句法分析，亦称逻辑分析，步骤如下：

1）将复合句分为不同的分句，

2）明确每个分句的性质，

3）明确每个分句的句法作用。

例如：

Quand j'étais au lycée, j'allais tous les ans passer mes vacances chez mon oncle.

本句包含两个分句：

—j'allais tous les ans passer mes vacances chez mon oncle（主句）

—Quand j'étais au lycée（以quand引导的从句，作j'allais passer的时间状语。）

L'homme qui entre en classe est notre professeur.

上句包含两个分句：

— L'homme est notre professeur（主句）

— qui entre en classe（以关系代词qui引导的关系从句，作先行词 homme的补语。）

2. 时间状语(小结)(les compléments circonstanciels de temps)(bilan)

1) 名词用作时间状语时，通常要用介词引导，主要介词有à, en, pendant, depuis, dans, avant, après de 等。短语il y a 也可以引导时间状语。

La classe commence à huit heures.

Il fait sa toilette en un quart d'heure.

J'irai à Shanghai pendant les vacances.

Depuis sept mois, il n'a pas plu.

Ma famille habite ici depuis 1980.

Nous partirons en vacances dans trois mois.

On se promène après le dîner.

Il n'a pas fermé les yeux de toute la nuit.

Nous sommes entrés à l'institut il y a un an.

2) 有些以名词构成的时间状语也可以不用介词引导。这些名词一般带有限定词，如冠词、数词、指示形容词、泛指形容词等。下列名词作状语时，常不用介词引导：l'année, l'an, le printemps, l'été, l'automne, l'hiver, le mois, la semaine, lundi, la journée, le jour, l'heure, la minute, le matin, l'après-midi, le soir, la nuit.

On fait du sport l'après-midi.

Un jour nous sommes allés à la Grande Muraille.

J'ai travaillé deux mois dans cette usine.

Nous sommes allés au Palais d'Eté ce jour-là.

Nous nous reposons chaque dimanche (tous les dimanches, le dimanche).

Qu'est-ce que tu as fait samedi (dernier) ?

表示迟早、先后的时间状语有时可以采用下列方式：

Pierre est arrivé à la gare à deux heures. Le train est parti vingt minutes plus tard. (二十分钟后，反面为 plus tôt)

La réunion a commencé le 2 septembre. Wang est arrivé un jour avant. (一天以前)

Je suis allé à la grande Muraille trois jours après les examens. (考试后三天)

EXERCICES (练习)

1. Exercices divers.

1) préfixe（前缀）: in-, im-

—Ce n'est pas possible.

—Vous avez raison. C'est tout à fait impossible.

(1) Ce n'est pas juste.

(2) Ce n'est pas prévu.

(3) Ce n'est pas confortable.

(4) Ce n'est pas attendu.

(5) Ce n'est pas certain.

(6) Ce n'est pas croyable (可信的).

2) suffixe（后缀）: -able

On ne peut pas trouver ce livre.

Ce livre est introuvable.

(1) On ne peut pas oublier cette histoire.

(2) On ne peut pas expliquer cet événement (事件).

(3) On ne peut pas manger ce plat.

(4) On ne peut pas éviter (避免) ce problème.

(5) On ne peut pas accepter cette invitation.

3) suffixe : -tion

Il répare les machines.

Il s'occupe de la réparation des machines.

(1) Tu installes la télévision.

(2) On améliore les conditions de travail.

(3) Vous préparez ces appareils.

(4) Elle organise une soirée.

(5) Ils construisent de nouveaux bâtiments.

4) suffixe : -ment

Notre discussion a été sérieuse.

Nous avons sérieusement discuté.

(1) L'organisation de cette soirée n'a pas été facile.

(2) L'arrivée de Jacques est probable (可能的).

(3) La réparation de cette machine a été rapide.

(4) L'instalation de cette machine a été difficile.

2. Analyse.

1) Distinguez « des » article indéfini de « des » article contracté.

(1) On leur pose des questions sur leur passé.

(2) Les cahiers des étudiants sont sur le bureau.

(3) Le médecin m'a donné des conseils.

(4) Pourquoi les amis des camarades Wang et Li ne sont- ils pas venus ?

2) Distinguez « le » « la »« les » articles de « le »« la »« les » pronoms.

(1) Il est très malade, ne le quittez pas.

(2) Voici les livres que vous m'avez demandés. Les voulez-vous ?

(3) Il les prie de s'asseoir.

(4) Je ne connais pas Monique, mais je crois que vous la connaissez.

(5) La maison des Dubois était un peu délabrée. Pendant plusieurs années, ils ont passé tous leurs week-ends à la remettre à neuf.

3) Distinguez « en » pronom de « en » préposition.

(1) En septembre ils font les vendanges.

(2) Ne me donne pas ce dictionnaire français, je n'en ai pas besoin.

(3) Ces galettes sont bonnes, prenez-en.

(4) Nous sommes en première année.

(5) Elle est partie faire ses études en Allemagne.

(6) Cette veste est en coton.

(7) Mes amis sont allés à Shanghai en avion.

(8) Voulez-vous de la soupe ? — Non, je n'en veux pas.

4) Distinguez «que» conjonction de subordination de « que » pronom relatif et de «que» pronom interrogatif.

(1) Que ferez-vous demain ?

(2) Il a dit que sa mère était malade.

(3) L'usine que nous avons visitée est moderne.

(4) Le médecin m'a donné des médicaments que je prendrai ce soir.

(5) Que prenez-vous au petit déjeuner ?

(6) Il semble que tout le monde quitte Paris.

5) Donnez la forme et le temps des verbes en italique.

(1) Ces livres *sont lus* par tout le monde.

(2) Ces romans *sont devenus* célèbres dans le monde entier.

(3) Il *était arrivé* avant l'heure.

(4) Elle *était aimée* de tous ses amis.

(5) Ces travaux *seront finis* dans un mois.

(6) Quand mes amis *seront arrivés* à Paris, ils *m'écriront*.

6) Faites l'analyse logique des phrases suivantes.

(1) Quand vous irez à Paris, vous assisterez à cet exode tous les week-ends, de mars jusqu'à novembre.

(2) Il a fallu faire de nombreuses réparations, parce que la maison était très vieille et un peu délabrée.

(3) Les Dubois ne sont pas riches cependant, et ils doivent travailler dur pour rembourser le prêt de la banque.

(4) Je crois que j'ai pris froid et que je suis enrhumée.

(5) Si elle avait le temps, elle irait faire un tour en ville.

(6) Les vieux qui restent dans le village sont tristes.

(7) Les Michel ont besoin des pièces que nous occupons maintenant.

(8) Comme je ne connais pas cette ville, je ne sais pas où se trouvent les quartiers commerçants.

7) Discussion sur le week-ends.

(1) Pourquoi les Parisiens partent-ils en week-ends ?

(2) Que font-ils en week-ends ?

(3) Est-ce que vous faites les mêmes choses que les Parisiens chaque fin de semaine ? Pourquoi ?

3. Mettez le texte suivant au passé.

Je vais à Paris pour y passer deux jours. J'ai rendez-vous avec un camarade qui doit m'attendre à 11 heures, devant l'entrée du musée du Louvre (卢浮宫博物馆). Je descends du train à la gare de Lyon et j'ai laissé ma valise à la consigne. Il n'est que 10 heures. Comme je suis en avance et qu'il fait très beau, je vais à pied jusqu'à la place de la Bastille, où je prends l'autobus qui m'a conduit au Palais-Royal (王宫公园站). Je traverse la rue de Rivoli (里沃利街) où de nombreuses voitures roulent, et je me dirige (走向) vers le musée. Mon camarade est là ; je l'aperçois, il est assis sur un banc de pierre (石凳). Il ne me voit pas venir, car il regarde au loin les Champs-Elysées (香榭里舍大街) et l'Arc de Triomphe.

4. Mettez les verbes entre parenthèses au temps et au mode qui conviennent.

Le départ de Philippe

Le veille du départ de Philippe, Catherine a regardé son frère préparer son sac : il y (mettre) ses affaires de toilette, deux chemises qui (se laver) facilement et surtout qui (sécher *v.i.* 晾干) vite, un pantalon et un tricot de laine. Catherine (désirer) qu'il (prendre) d'autres choses, mais son frère lui (dire) :

Philippe : Je (vouloir) aller loin, il (falloir) que je (avoir) un sac léger. Je (ne pas emporter) de costume (*n.m.* 成套西服) et je mettrai sur moi mon pantalon et une veste de sport. Ah ! Il (ne pas falloir) que je (oublier) mon couteau, non plus.

Catherine : Mais tu ne (avoir) rien à te mettre si des amis te (inviter) chez eux ! Il (falloir) que tu (emporter) un costume.

Philippe : Tant pis ! ça ne (faire) rien , tout le monde verra que je suis en voyage, je (ne pas avoir) besoin d'être élégant (雅致的,讲究的,优美的).

5. Mettez les verbes au temps et au mode qui conviennent.

1) Il est allé à Paris et il (travailler) pendant deux mois chez Renault.
2) Vous (réparer) ma voiture en combien de temps ? Je la veux pour partir en vacances samedi prochain.
3) Nous (habiter) ici depuis quatre ans.
4) Il arrive demain. Il (rester) pendant combien de temps ?
5) J'ai eu un accident, je (rester) à l'hôpital pendant plusieurs semaines.
6) Nous (arriver) à Londres dans une heure.
7) Je suis pressé : je (finir) ce travail en deux jours.
8) Les Dupont (aller) au Canada il y a trois mois.
9) Isabelle (rentrer) à Paris depuis deux jours seulement.
10) Ces jeunes (ne plus aller) à l'école après 1985.

6. Remplacez les blancs par *dans, avant, après, plus tôt, plus tard, à, en, par.*

1) —Alors, vous avez vu Françoise hier______ 8 heures ; comment va-t-elle ?

—Elle n'est pas venue. Une heure_______notre rendez-vous, elle m'a téléphoné qu'elle ne pourait pas venir.

2) Ce matin, ______8 heures, Jean est rentré de son voyage. Une heure________, la propriétaire (房主) est venue lui demander de payer sa chambre.

3) —Vous partez_______voyage ?

—Oui, je vais______Italie.

—Vous y resterez longtemps ?

—Non, je reviendrai______ dix jours.

4) —Vous êtes venu______Marseille______le train ?

—Non, j'ai pris l'avion. C'est tellement plus rapide. Je suis parti d'Orly______ 5 heures et deux heures______, j'étais______ Marseille.

5) Le train part________ 10 heures et ils sont arrivés_________la gare une heure et demie ________ . Ils sont ________ avance.

6) Elle est très lente. Elle s'habille tous les matins ________ une demi heure.

7. Remplacez les blancs par un article ou supprimez-les.

1) ________Terre est ronde. Elle tourne autour de________Soleil. ________Lune tourne autour de_______Terre.

_______ Terre tourne autour de ________ Soleil en 365 jours et quelques heures. _______Lune tourne autour de_______Terre en 28 jours.

_______ Soleil éclaire_______ Terre. Il éclaire aussi________ Lune.________ Lune éclaire_______Terre pendant ________ nuit. Elle brille dans_______ciel avec________ étoiles.

2) Mon père est_______ouvrier dans_______usine, il est________chef d'atelier(车间). Ma mère est_______ ouvrier aussi, dans_______ atelier de mon père. Ils travaillent toute_______journée à_______milieu de grosses machines. Dans_______atelier on lit sur_______murs: Danger! Attention à_______machines! _______ métier (*n.m.* 职业) de mes parents est dangereux; il arrive quelquefois_______ accidents à _______travailleurs.

8. Remplacez les propositions en italique par le nom correspondent: nom, idée, adresse, âge, menu, vie.

Exemple: —Vous savez *où il habite*?

—Oui, je connais son adresse.

1) Vous savez *comment il s' appelle*?

2) Vous savez *ce qu' il pense*?

3) Vous savez *quel âge il a*?

4) Vous savez *ce qu' il y a à manger*?

5) Vous savez *comment il vit*?

9. Traduisez en français.

菜园	破烂房子
果树	新鲜鸡蛋
招致,引起	储存食物
进行野营	避开这些问题
满足嗜好	改善生活条件
有一座别墅(第二住宅)	偿还银行贷款

10. Thème.

1) 他们怕听到坏消息。

2) 哥伦布(Christophe Colomb)发现了美洲。

3) 莫兰夫妇为了还清他们所有的债务,不得不勤奋工作。

4) 因为(那时)我不舒服,贝尔纳就用车把我送回家了。

5) 建造这个工厂招来了污染。

6) 每周末,法国城里人离开他们的城市。他们渴望去农村休息。十分之一的家庭在所喜爱的地区有一座别墅。

CONTRÔLE (测验)

1 Remplacez les blancs par une preposition ou une locution prépositive.

1) __________ l' année, je l' ai vu plusieurs fois.

2) La Chine a une superficie__________9 560 000 km^2.

3) Cette région s'étend_________160 km² et elle compte 140 mille habitants.

4) Le Canada est situé_________Amérique_________Nord.

5) On n'a jamais cessé_________lutter_________la nature.

6) L'enfant se jette_________les bras_________son père qui vient_________rentrer.

7) _________1983, on plante chaque année des arbres_________cette colline.

8) _________les grandes vacances, Mme Dupont rentrera_________ses parents_________ ses deux enfants.

9) _________face de la maison, il y a un petit jardin qui plaît beaucoup_________les enfants.

10) Mon oncle habite_________un grand bâtiment,_________une poste.

2. Mettez les phrases suivantes à la voix passive.

1) De nombreux cours d'eaux parcourent la Chine.

2) On a fini ce travail hier soir.

3) Eux-mêmes, ils avaient remis à neuf la maison avant la fin du mois d'avril.

4) Le professeur corrigera les fautes que les élèves feront dans leurs devoirs.

5) Tout le monde respectait (*v.t.* 尊敬) ce vieux médecin.

6) Qui a ouvert cette porte?

7) On remettra les devoirs au professeur dans trois jours.

8) Cette institutrice, ses élèves l'aiment bien.

9) Ce sont surtout les jeunes qui lisent ces romans.

10) Nos amis les ont accueillies.

3. Mettez les phrases suivantes à la voix active.

1) Des danses et des chansons ont été présentées par les étudiants étrangers.

2) La France est limitée au sud par les Pyrénées et la Méditerranée.

3) La France est arrosé par cinq fleuves.

4) La vigne (葡萄) est cultivée dans plusieurs régions en France.

5) La date de l'excursion sera annoncée par le chef de classe.

6) Ce texte va être expliqué par un professeur français.

7) Les enfants paresseux ont été punis (惩罚) par leur père.

8) Ces tableaux seront exposés dans la grande salle.

9) Dès que ces devoirs seront finis, ils seront corrigés par le professeur.

10) Beaucoup de vin célèbres sont produits dans la région de Bordeaux.

4. Mettez les verbes entre parenthèses aux temps et aux formes convenables.

1) Hier, cette classe (nettoyer *v.t.* 打扫)_________ bien, car on (avoir)_________ une conférence aujourd'hui.

2) Lorsqu'elle (arriver)_________ demain à Pékin, elle (accueillir)_________ par beaucoup d'amis.

3) La Grande Muraille (construire)_________ par des milliers et des milliers de travailleurs chinois.

4) Nous (descendre)_________ du métro, quand il (arriver)_________ à la dernière station dans 2 minutes.

5) Autrefois, les travailleurs chinois (vivre)_________ dans la misère (贫困). Mais depuis la Libération, tout (changer)_________. En peu d'années, les villes et les villages qui (détruire *v.t.* 破坏)_________ par la guerre (reconstruire)_________. La vie du peuple (s'améliorer)_________ beaucoup. A Pékin, les dix grands monuments célèbres (achever *v.t.* 完成)_________ en 1955; dans les années 70, on (ouvrir)_________ la première ligne (线) de métro qui (équiper)_________ des machines fabriquées par les ouvriers chinois; ces dernières années, beaucoup de paysans (acheter)_________ des tracteurs et des camions qui (utiliser)_________ pour le travail des champs et pour le transport. Maintenant, au centre ville vous pouvez (trouver)_________ beaucoup de marchés libres où (venir)_________ des paysans de la banlieue. Nous pensons que dans quelques années notre vie (devenir)_________ encore meilleure qu'aujourd'hui.

5. Remplacez les blancs par un pronom interrogatif composé.

1) Voilà deux revues, _________ préférez-vous?

2) _________ de vos élèves sont du Sud?

3) De toutes ces voitures, _________ sont françaises?

4) Vous pouvez choisir une photo; _________ vous plaît le plus?

5) _________ de ces deux livres est meilleur?

6. Traduisez les phrases suivantes en français.

1) 中国幅员960万平方公里。

2) 这个农场为三家饭店提供新鲜蔬菜。

3) 经历了很多苦难以后,他终于回到了家乡。

4) 在联合国,英、法、汉、俄、西班牙和阿拉伯语被作为工作语言使用。

Leçon 13

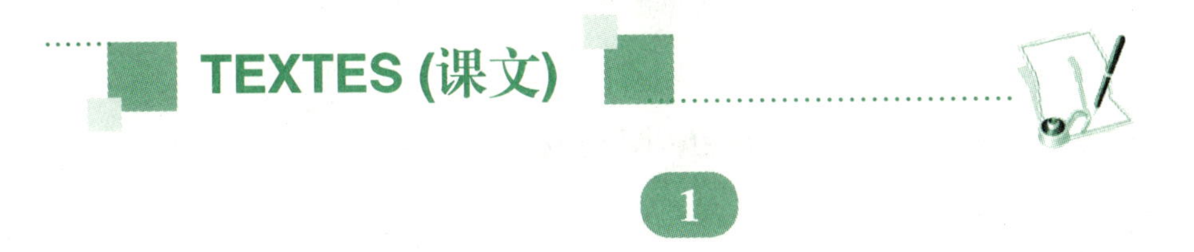

La Société nationale des chemins de fer français

De tous les moyens de transports publics, la S.N.C.F. est le seul à desservir la totalité du territoire français.[1] La S.N.C.F. a le réseau ferré le plus long d'Europe et emploie les techniques les plus modernes. La vitesse moyenne des trains est près de 160 kilomètres à l'heure sur les grandes lignes. Les départs et les arrivées sont fréquents, surtout entre Paris et les villes principales de province. Le service est excellent et les trains ponctuels.[2] Et le T.G.V. (Train à grande vitesse, 270 km/h), mis en service dès le début des années 80, assure le transfert de 24 à 26 millions de voyageurs par an sur les grandes lignes comme Paris-Lyon. Paris-Marseille, etc. Mais contrairement aux trains normaux, la réservation des places est obligatoire pour le T.G.V.

Dans la plupart des trains les voitures de 1ère et 2e classe sont divisées en compartiments de six ou huit places respectivement. Les voyageurs qui n'aiment pas rester éveillés toute la nuit peuvent prendre des couchettes dans les wagons-lits. Pour ceux qui ne veulent pas emporter avec eux un repas froid, il y a le wagon-restaurant qui sert une cuisine fort acceptable.

A Paris, il y a six gares: la gare du Nord, la gare de l'Est, la gare de Lyon, la gare d'Austerlitz, la gare Montparnasse et la gare Saint-Lazare. Ces gares ont été construites à l'époque où chaque ligne appartenait à une compagnie de chemins de fer privée. L'accroissement du trafic a causé la centralisation de ces lignes et actuellement chaque gare dessert un certain secteur géographique du pays[3].

Le train reste le moyen de transport favori de beaucoup de Français qui préfèrent prendre les rapides Paris-Lille, Paris-Strasbourg, Paris-Lyon, Paris-Bordeaux, Paris-Nice ou d'autres plutôt que de prendre l'avion ou l'autocar ou de conduire leur automobile.

Le service de la S.N.C.F. est assez satisfaisant. L'ennui, c'est que toutes les grandes lignes vont à Paris. Par conséquent, un voyageur à Grenoble qui veut se rendre à Strasbourg doit passer par Paris au lieu d'aller directement à sa destination.

2

La vie de Michel

Quand Michel rentre chez lui, sa journée terminée, il n'en peut plus. On a beau être jeune: huit heures de dur travail dans le bruit, ce bruit épouvantable et qui ne cesse pas un instant, puis le métro bruyant lui aussi et qui n'en finit pas de s'arrêter et de repartir[4], 26 stations et un changement, il y a de quoi être fatigué[5]. C'est que Michel travaille à Saint-Denis, mais il habite Ivry-sur-Seine et, deux fois par jour, il doit traverser Paris pour se rendre à l'usine et en revenir. Il n'est pas le seul: beaucoup de Parisiens n'ont pas encore pu, et quelquefois pas voulu se rapprocher du lieu de leur travail, et perdent ainsi jusqu'à trois heures par jour dans les métros et les trains de banlieue[6].

C'est pourquoi le soir, quand il arrive à «Mairie d'Ivry», le terminus, la tête de ligne, Michel pousse un soupir de soulagement. Il sait bien, cependant, que ce n'est pas fini. Comme il vit seul, il faut encore, s'il veut dîner, qu'il se précipite dans les magasins d'alimentation de son quartier avant leur fermeture.[7]

Et là encore, il doit attendre, car ils sont nombreux ceux qui, comme lui, n'ont que ce moment-là pour faire leurs courses. Et il fait la queue. Et il perd encore un peu de ce "temps libre" si précieux et si rare.

Ouf, cette fois, ça y est! le voici occupé à préparer son repas dans la petite chambre qu'il a louée au sixième étage d'un vieil immeuble. Pourtant, la dernière bouchée avalée, il redescend l'escalier quatre à quatre et, hop, il saute dans un autobus. Il ne rentrera que vers onze heures et demie pour repartir le lendemain matin de très bonne heure. Et c'est comme ça trois fois par semaine depuis bientôt trois ans.

Pendant longtemps, les voisins se sont demandé où Michel pouvait bien aller.[8] On a d'abord cru qu'il allait retrouver des amis, certains même disaient «une amie». Et on n'a pas manqué de faire des commentaires indignés sur «cette jeunesse d'aujourd'hui qui ne pense qu'à s'amuser».

Jusqu'au jour où, par hassard, on s'est aperçu que Michel suivait des cours du soir et avait déjà passé brillamment plusieurs examens importants.

Proverbe: Quand on parle du loup, on en voit la queue. 说曹操,曹操到。

VOCABULAIRE (词汇)

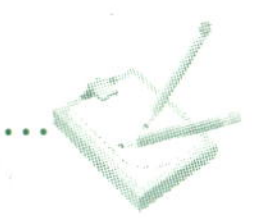

la Société nationale des chemins de fer français= la S.N.C.F		法国国营铁路公司
fréquent, e	*adj.*	频繁的
ponctuel, le	*adj.*	准时的
respectivement	*adv.*	分别地
éveillé, e	*adj.*	醒着的
desservir	*v.t.*	(交通工具)通达,连接
une couchette	*n.f.*	铺位
un wagon-lit	*n.m.*	卧铺车厢
la totalité	*n.f.*	全部
servir un repas, une cuisine		提供一餐饭;提供菜肴
un réseau ferré		铁路网
une grande ligne		主要铁路线,干线
acceptable	*adj.*	能够接受的,不坏的
fort	*adv.*	非常地,很
plutôt que...		宁愿,宁可;与其……倒不如
une compagnie	*n.f.*	公司
un accroissement	*n.m.*	增加,增长
une automobile	*n.f.*	汽车
le trafic	*n.m.*	运输,运输量,交通

satisfaisant, e	*adj.*	令人满意的
causer	*v.t.*	引起,造成
un ennui	*n.m.*	麻烦;烦恼
la centralisation	*n.f.*	集中,集权
l'ennui c'est que...		麻烦就在于……
un secteur	*n.m.*	地方,区域,地段
favori, te	*adj.*	受宠爱的,受青睐的
une destination	*n.f.*	目的地,终点
par conseqeuént	*loc. adv.*	因此,所以
un rapide	*n.f.*	特别快车
de quoi		必须的东西,足够的东西
n'en pouvoir plus		筋疲力尽
Saint-Denis		圣-德尼(巴黎北部)
avoir beau + inf.	*loc. verb.*	徒然,枉然(做某事)
repartir	*v.i.*	重新出发
Ivry-sur-Seine		伊夫里-上塞纳(巴黎南部)
un changement	*n.m.*	换车
se rapprocher de...		接近某物;靠近某物
quatre à quatre	*loc. adv.*	几级一跨下楼梯
un terminus	*n.m.*	终点站
ouf!	*intej.*	喔呀(表示疼痛轻松的感觉)
la tête de ligne		某一条线路的起点
hop!	*intej.*	嗨(用来配合某一有力或快捷的动作)
pousser un soupir		叹一口气
le soulagement	*n.m.*	减轻,缓解,宽慰
retrouver	*v.t.*	重新找到,再见到
se précipiter	*v.pr.*	猛然冲下,加快,匆忙
se demander	*v.pr.*	寻思,思忖
la fermeture	*n.f.*	关门,关闭
faire la queue		排队
un commentaire	*n.m.*	评论
précieux, se	*adj.*	宝贵的,珍贵的

indigné, e	*adj.*	愤怒的
la jeunesse	*n.f.*	年轻一代
une bouchée	*n.f.*	一口之量;一口
s'amuser	*v.pr.*	玩乐,消遣
avaler	*v.t.*	吞食;吞咽
par hasard		偶然的
redescendre	*v.t.*	重新下去,再下楼
s'apercevoir	*v.pr.*	发现,望见
brillament	*adv.*	辉煌地,卓越地
épouvantable	*adj.*	可怕的,恐怖的
ne pas manquer de faive qch.		不会忘记做某事,必然会做某事
en finir		结束

NOTES (注释)

1. De tous les moyens de transports publics, la S.N.C.F. est le seul à desservir la totalité du territoire français. 在所有的公共交通运输工具中,法国国营铁路公司是唯一通达整个法国本土的。这里的介词de表示范围。可以把它理解为"parmi"。例如:de nous tous, il est le seul à parler français et anglais.
2. Le service est excellent et les trains ponctuels. 铁路服务十分周到,列车也都正点。这一并列句中后一句没有谓语。从语法上讲,如果并列句的谓语相同,那么在不影响语意的前提下可以省略后边的谓语。
3. ... actuellement chaque gare dessert un certain secteur géographique de pays. 目前,每个车站均有各自服务的地区。

   巴黎市区的六个火车站分管下列各地区的火车线路。

   1) 北站:北部和东北部地区;

   2) 东站:东部和东北部地区;

   3) 圣拉萨站:西部和东北部地区;

   4) 蒙巴纳斯站:西部和西南部地区;

   5) 奥斯特里茨车站:南部、西南部和中部地区;

   6) 里昂站:南部和东南部地区。

4. puis le métro bruyant lui aussi et qui n'en finit pas de s'arrêter et de repartir然后就是那同样吵人的地铁，总是没完没了地停停走走……

   en finir 意为"结束"。例如：

   Il faut en finir. 该结束了。

   Que d'explications! Il n'en finit plus! 这么多解释！他怎么没完没了！

   但 en finir de+ infinitive 是一种通俗说法，意思也是"停止，结束"。但是以物为主语时，只用否定式。如：

   un discourse qui n'en finit plus 没完没了的演说

5. il y a de quoi être fatigué可有的是累要受呢！

   de quoi 意为"必须或足够的东西"，在句中相当于直接宾语，但后面可以接不定式。换言之，它亦是不定式的宾语。例如：

   Il y a de quoi être surprise 颇有出人意表之处。

   Voilà de quoi écrire. 这儿有书写所需的东西。

   Il n'a pas de quoi manger. 他没有吃的。

6. les trains de banlieue郊区列车

   巴黎地区共分成五个城区。这五个地区是以巴黎市中心为基准，一圈一圈往外延伸的。法国人称之为 zone，住在第二、第三个 zone 的人去巴黎还不远。但住在第四或第五个 zone 的人就很远了。如果他们上班在巴黎，那么他们就必须要乘汽车或郊区列车，再换地铁或公共汽车，来巴黎上班。有人在路上得花上四五个小时。

7. Comme il vit seul, il faut encore, s'il veut dîner, qu'il se précipite dans les magasins d'alimentation de son quartier avant leur fermeture.因为他独自生活，所以如果他想正经地吃一顿晚餐，那他就得在本区的食品店关门之前赶去采购。

   此句之中 qui'il se précipite 是虚拟式现在时。它的使用是无人称句型 il faut que 所要求的。虚拟式在法语中表达祈使、愿望、要求等。

8. Pendant longtemps, les voisins se sont demandé où Michel pouvait bien aller. 很长一段时间，邻居们都在琢磨米歇尔到底能去哪儿了。

   bien 原义为"好，不错"，但也可用来强调肯定语气或用于语气的转折，表示让步。请看下例：

   Il part bien demain? 他真的明天就走？

   C'est bien lui! 就是他！

   Cela finirait bien un jour! 这总有一天要结束的！

   Attendons, nous verrons bien! 咱们等着瞧吧！

GRAMMAIRE (语法)

不定式 (L'infinitif)

1. 动词不定式现在时和过去时(le présent et le passé de l'indicatif)

不定式有现在时和过去时两种时态。这两种时态并不表示动作发生的确切时间，而只表示和有关动词的相对时间概念。不定式现在时表示同时进行的动作，过去时则表示已经完成的动作。

1) Les enfants apprennent (ont appris, apprendront) à nager.

2) Il part (partira) après avoir déjeuné.

3) Nous ne savons pas si nous pourrons faire un pique-nique dimanche prochain.

在 espérer, compter, promettre 等动词后，不定式往往表示以后发生的动作。例如:

Est-ce que tu comptes partir demain? 你打算明天走吗?

J'espère avoir fini mes devoirs avant midi. 我希望中午以前能做完作业。

2. 不定式用作动词(l'infinitif employé comme verbe)

不定式常在单句中用作谓语动词，例如:

1) 在疑问句中表示犹豫的思考:

Que faire? 怎么办?

Où trouver une fermette pas trop chère et pas trop loin de la ville?
到哪儿去找一座既不太贵、离城又不太远的小农庄呢?

2) 在感叹句或疑问句中表示惊奇、愤慨、遗憾、愿望等。

Lui, avoir fait ça? 他竟然做这种事吗?

Comment! Ne pas aller à l'école demain! 怎么? 明天不上学!

Ah! Dormir seulement deux heures! 啊! 只要睡两个小时就好了!

3) 表示命令、劝告、禁止、号召等:

Ralentir! 慢行!

Ne pas se pencher au-dehors! 不可探身窗外!

Apprendre, apprendre, toujours appendre! 学习，学习，再学习!

4) 代替从句:

Je cherche quelqu'un avec qui voyager. 我找一个人一起去旅行。

Il veut trouver une fermette où passer ses week-ends. 他想找一座小农庄，在那儿过周末。

Je ne sais que faire. 我不知道该怎么办。

Jen e sais où aller. 我不知道上哪儿去。

3. 在下列句型中，以à引导不定式，作形容词补语，含有被动意义。

Voici une dictée pas trop difficile à faire. 这是一个并不难做的听写。

C'est facile à dire, mais difficile à faire. 这事儿说起来容易，做起来难。

注意：只有少数形容词能够用于这种句型，不定式必须是直接及物动词。这类句子也可以改为无人称句，以中性代词il作形式主语，以引导不定式作实质主语。

Il n'est pas trop difficile de faire cette dictée.

Il est difficile de changer la situation.

Il est facile de le dire, mais difficile de le faire.

或可使用形容词补语从句，例如：

Je suis content de changer la situation.

4. Le pluriel de noms composés (复合名词的复数)

1）一般说来，复合名词中作为主体的名词与形容词有数的变化：

un wagon-restaurant, des wagons-restaurants 餐车

un libre-service, des libres-services 自助服务

un grand-père, des grands-pères 祖父，外祖父

2）起补语作用的名词不变，副词、介词等也不变：

un timbre-poste, des timbres-poste 邮票

une pomme de terre, des pommes de terre 土豆

un haut-parleur (haut 作副词), des haut-parleurs 高音喇叭，扬声器

3）动词加名词构成的复合名词一般不变：

un porte-plume, des porte-plume（蘸水笔）笔杆

un porte-avions, des porte-avions 航空母舰

但如果名词可能有复数时，则往往有变化：

un cure-dent, des cure-dents 牙签

une garde-robe, des garde-robes 衣柜

5.过去将来时(Le futur dans le passé)

1) 过去将来时的形式和条件式现在时相同，用来表示从过去的角度看将要发生的动作。过去将来时多用在补语从句中，主句的时态用过去时。请看例句：

(1) La direction leur avait dit qu'ils ne **pourraient** revenir à l'usine qu'avec des cheveaux courts.

(2) Ils se rendaient compte que leur voyage **serait** difficile et dangereux.

(3) Je pensais que je n'**aurais** aucune difficulté pour passer cet examen.

2) 使用过去将来时,要注意时间状语的相应变化。如:

(1) Il me dit qu'il viendra **demain.**

Il m'a dit qu'il viendrait le **lendemain.**

(2) Elle nous promet qu'elle viendra chez nous dans une semaine.

Elle nous a promis qu'elle viendrait chez nous une semaine après.

(ou : après la semaine suivante)

(3) Je lui dis que je partirai après-demain.

Je lui ai dit que je partirais deux jours après.

PHONETIQUE (语音)

La liaison facultative (自由联诵)

有些联诵比较自由,可联可不联,主要如:

1. 复数名词和后面的形容词,有时为了强调数的区别,可以联诵:

des langues / étrangères

2. 以 et 连接成对名词,et 前可以联诵:

hommes / et femmes

3. 副词和后面的被修饰成分:

pas / encore　　　　assez / intéressant

trop / éloignée　　　　Il a beaucoup / écrit

4. 连词 mais 和后随成分:

mais / un jour

5. 某些介词和后置成分:

chez / Ariane　　　　après / une journée

pendant / un an　　　　devant / une villa

6. 动词或助动词与后随成分:

Nous sommes / étudiants

Ils sont / à l'entrée.

Je suis / arrivée en avance.

一般说来，在演说、朗读等较讲究发音的场合，联诵较多。但在普通会话中，联诵较少。且有逐渐减少的趋势，凡自由联诵处均为不联。

Exercices : attention aux liaisons.

1. Nous sommes heureux de vous voir ici.
2. Mais on pensait que c'est un ouvrier pas mal.
3. Nous entrons dans un bureau.
4. Sa mort fait réfléchir beaucoup de gens sur les qualités qu'il faut savoir pour trouver du travail.
5. Il a loué une pièce au sixième étage d'un vieil immeuble.
6. Il redesscend l'escalier quatre à quatre et, hop, il saute dans un autobus.

EXERCICES (练习)

1. faire + infinitif

—Marcel doit travailler tous les matins.

—Alors, on le fera travailler tous les matins.

1) Françoise doit partir par le train du soir.

2) Il doit arriver avant 9 heures.

3) Louis doit rentrer avant minuit.

4) Hervé doit attendre jusqu'à mon retour.

5) Bernard et Jacques doivent sortir ensemble.

6) Dominique et Catherine doivent réfléchir avant de decider.

2. préposition + infinitif

1) pour + infinitif

—Comme Paul veut choisir un métier, il cherche des renseignements.

—Paul cherche des renseignements pour choisir une métier.

(1) Comme je veux les voir, je vais chez eux.

(2) Comme il veut se reposer, il reste chez lui.

(3) Comme nous voulons nager, nous allons à la piscine.

(4) Comme il veut restaurer sa bergerie, il achète des outils.

(5) Comme elle veut faire des études universitaires, elle a passé des examens.

2) sans + infinitif

Nage, mais ne te fatigue pas.

Il lui dit de nager sans se fatiguer.

(1) Fais de la course, mais ne te fatigue pas.

(2) Viens, mais ne te dépêche pas.

(3) Mange, mais ne te presse pas.

(4) Promène-toi, mais ne va pas trop loin.

(5) Réponds, mais ne réfléchis pas trop longtemps.

3. ne pas + infinitif

1) —Ne bois pas ! Je te le demande.

—Je te demande de ne pas boire.

(1) Ne faites plus de bruit! Je vous le demande.

(2) Ne fumez pas! Je vous le conseille.

(3) Ne courez pas! Je vous le dis.

(4) Ne me dérange pas! Je te le demande.

(5) Ne dors pas tant! Je te le conseille.

2) —Si vous ne réfléchissez pas, vous allez vous tromper.

—Réfléchissez pour ne pas vous tromper.

(1) Si vous ne comptez pas lentement, vous allez vous tromper.

(2) Si vous ne vous arrêtez pas, vous allez vous fatiguer inutilement.

(3) Si tu ne pars pas tout de suite, tu vas manquer le train.

(4) Si vous ne fermez pas la fenêtre, vous allez avoir froid.

4. adj. + à + infinitif

—Cette solution est-elle facile à trouver ?

—Oui, cette solution est vraiment facile à trouver.

1) Son article est-il un peu difficile à comprendre?

2) Ce genre de chapeau n'est-il pas très facile à porter?

3) Cette ville est-elle intéressante à visiter?

4) Ce roman est amusant à lire?

5) Cette chanson est-elle agréable à entendre?

5. Infinitif présent

1) —Vous continuerez vos études ?

—J'espère (ou : Je compte) continuer mes études.

(1) Vous entrerez à l'université?

(2) Tu apprendras à jouer du violon (小提琴)?

(3) Vous voyagerez en groupe?

(4) Il quittera Marseille dans quelques jours.

(5) Tu préviendras tes amis?

(6) Vous nous enverrez les photos?

2) —Il passera son examen dans quinze jours.

—Il doit passer son examen dans quinze jours.

(1) Nous reviendrons dans trois semaines.

(2) Ils partiront à la campagne dans huit jours.

(3) Vous nous enverrez un paquet dans trois mois.

(4) Tu recommenceras ton travail dans une semaine.

6. infinitif passé

1) après + infinitif passé

—Quand il aura fini ses exercices, il viendra dans mon bureau.

—Après avoir fini ses exercices, il viendra dans mon bureau.

(1) Quand il aura terminé ses études, il deviendra médecin.

(2) Quand nous aurons joué au volleyball, nous ferons une promenade.

(3) Quand vous aurez fait la course, vous irez faire un peu de basketball.

(4) Quand il sera arrivé à Paris, il cherchera du travail.

(5) Quand tu seras monté au troisième étage, tu trouveras ce que tu cherches.

2) sans + infinitif passé

—Jean n'a pas fait la queue avant d'entrer au cinéma.

—Jean est entré au cinéma sans avoir fait la queue.

(1) Ces voyageurs n'ont pas acheté de billet avant de prendre le train.

(2) Sophie n'a pas réfléchi longuement avant de se décider.

(3) Le président du syndicat n'a pas consulté les ouvriers avant de décider la grève (罢

工).

(4) Jean n'a pas passé son examen avant de partir en vacances.

(5) Nous n'avons pas joué au ping-pong avant de faire une promenade.

7. Refaites les phrases suivantes en employant l'infinitif passé.

1) Elle est arrivée en Chine, elle s'est mise aussitôt à apprendre le chinois.

2) Une fois par semaine, quand ils ont fini leur travail, les ouvriers se réunissent pour discuter de leur sort.

3) C'est après qu'il s'était assuré que tout le monde était là que Jean descendit à son tour.

4) J'ai lu ce livre et après, j'ai essayé d'en faire un résumé(摘要).

5) Les sportifs se sont entraînés dans la piscine, après, ils ont fait un cent mètres.

6) Allons remercier le moniteur, puis nous rentrerons à la maison.

8. Exercices de structure.

Le futur dans le passé :

1) Il restera jusqu'à vendredi.

On m'a dit qu'il resterait jusqu'à vendredi.

(1) Il y aura beaucoup de visiteurs.

(2) Vous pourrez partir demain.

(3) Nous nous arrêterons à paris.

(4) Les travaux seront bientôt terminés.

(5) Ils continueront leurs études.

(6) Nous verrons tous les nouveaux modèles(新型号).

2) Il pourra partir demain, je pense.

Je pensais qu'il pourrait partir le lendemain.

(1) vous travaillerez dans cette usine , il répète.

(2) Les filles chanteront, elle nous téléphone.

(3) Les voisins viendront, la concierge me crie.

(4) Elle sotira avec eux, ils disent.

(5) Marie ne reviendra plus, Cécile nous écrit.

9. Exercices sur des mots et expressions.

1) n'en pouvoir plus

Michel travaille tous les jours du matin au soir. Il est trop fatigué.

Michel n'en peut plus.

(1) Les Dupont voyagent depuis trois semaine. Ils sont trop fatigués.

(2) Marie fait le ménage depuis bientôt trois mois. Elle est trop fatiguée.

(3) Les jeunes filles courent depuis une heure. Elles sont très fatiguées.

(4) Nous révisions nos leçons pendant une semaine. Nous étions trop fatigués.

2) avoir beau + infinitif

Cette dictée est trop difficile, nous ne la faisons plus.

Nous avons beau faire cette dictée.

(1) Ils sont jeunes, mais ils ne travaillent pas.

(2) Elle est très intelligente, mais elle est malade.

(3) Ces dessins sont trop laids (丑陋的), nous ne les faisons plus.

(4) Ce jeune homme est mort, mais personne n'y réfléchit.

(5) Ne courons plus, le train est déjà parti.

3) se rapprocher de...

—Est-ce que le poste de télévision est trop loin de vous ?

—Oui, est-ce que nous pouvons nous rapprocher du poste de télé ?

(1) Est-ce que le lieu de travail est trop loin pour Michel ?

(2) Est-ce que je suis trop loin de vous ?

(3) Est-ce que le feu est trop loin des enfants?

(4) Est-ce que le magnétophone est trop loin des camarades qui sont dernières ?

(5) Est-ce que le tableau noir est trop loin pour toi ?

4) de quoi

—Voulez-vous écrire ?

—Oui, donnez-moi de quoi écrire, s'il vous plaît.

(1) Vous avez faim ?

(2) Vous avez soif ?

(3) Voulez-vous lire ?

(4) Voulez-vous manger ?

(5) Voulez-vous boire ?

5) se précipiter...

Paul veut prendre le taxi. Le taxi va partir !

Alors...

Paul se précipite dans le taxi !

(1) Michel veut prendre un audobus. Mais l'autobus va partir ! Alors...

(2) Nous voulons faire des courses dans un magasin. Mais il va fermer. Alors...

(3) Nous allons prendre le métro. Mais il va partir. Alors...

(4) Ils voulaient manger qch. dans un resteurant. Mais le resteurant allait fermer(将要关门). Alors...

6) ne pas manquer de faire qch.

—Est-ce qu'ils oublieront de nous apporter cela ?

—Non, ils ne manqueront pas de nous l'apporter.

(1) Est-ce qu'ils oublieront de nous dire cela ?

(2) Est-ce qu'elle oubliera de leur rendre cela ?

(3) Est-ce que Michel oubliera de faire les courses ?

(4) Est-ce que le professeur oubliera de corriger les devoirs ?

(5) Est-ce que vous oublierez d'aller à l'hôpital ?

7) s'apercevoir que...

—Trouves-tu que Michel est un peu malade ?

—Oui, je m'aperçois qu'il est un peu malade.

(1) As-tu trouvé que ce film était un peu banal(平庸的) ?

(2) Ont-ils trouvé que ce texte était en fait très difficile ?

(3) Trouviez-vous que les garçons étaient bien travailleurs dans cette classe ?

(4) Est ce que ses camarades ont trouvé qu'Albert allait se donner la mort ?

10. Mettez les verbes entre parenthèses au temps et au mode qui conviennent.

Paris (être) ________ une bien belle ville! Mais ce (ne pas être) ________ seulement le Paris des touristes, ce (être) ________ aussi une ville où (vivre) ________ et (travailler) ________ 3 millions de personnes. Comme les appartements (être) ________de plus en plus chers dans le centre de Paris, beaucoup de gens (habiter) ________ en banlieue. Les banlieusards (avoir) ________ entre une heure et quatre heures de transport chaque jour pour se rendre dans le centre de Paris et ils (avoir) ________ à faire beaucoup de problèmes: les embouteillages, les accidents. Quelquefois, ils (ne pas retrouver) ________ leur voiture, là où ils la (garer) ________ , ce (être) ________ la police qui la (faire) ________ enlever.

Pour fuir l'agitation de la capitale, le bruit et la pollution, le Parisien ne (trouver) ________ qu'un remède : partir, partir pour retrouver sa maison de campagne. Là il (retrouver) ________la nature et les joies simples de vie en plein air.

11. Quel est le sens du verbe «prendre» dans les expressions suivantes?

prendre un aller-retour

prendre son déjeuner

prendre un repas

prendre la température de qn

prendre des médicaments

prendre une photo

prendre un bain

prendre un taxi

12. Thème.

——李华,你坐过火车吗?

——坐过,你别忘了,我们家可住在上海。我每年放假回家时都得坐火车。

——你认为我们的铁路怎么样?

——我们的火车现代化还不够。主要是车上的服务还不十分令人满意。在一些干线上,列车又是十分拥挤。乘火车长途旅行是十分累人的。

——当然。我们国家目前还不是十分富裕。铁路设施也不是很现代化。

CONTRÔLE (测验)

1. Conjugaison.

Au future simple:

je (acheter) tu (devoir)

il (pleuvoir) nous (envoyer)

Au conditionnel présent:

je (aller) tu (avoir)

il (être) elle (recevoir)

nous (venir) vous (pouvoir)

2. Faites les phrases d'après les éléments donnés.

1) avec Paul / Marie / hier / au magasin / aller

2) dire / lui / ils / aller / après-demain / que / Paul / à la Grande Muraille

3) de plus en plus / il / de sport / ces jours-ci / faire

4) croire / que / je / il / une baguette / acheter / pour / Monique

5) on / d'autres / aller / si / on avait / pouvoir / le temps / magasins / dans

3. Complétez les blancs suivants par un mot convenable.

1) En France, avant d'entrer dans un supermarché, il faut d'abord garer sa voiture dans un ___________.

2) Tu dois acheter le pain dans une ___________ .

3) Une chemise, c'est pour les ___________, tandis qu' (而) un chemisier, c'est pour les ___________ .

4) Un hypermarché est plus ___________ qu'un supermarché.

5) A la boucherie, on vend ___________.

6) Cette veste est ni grande ni petite, elle me ___________ très bien.

4. Mettez les verbes entre parenthèses au mode et au temps voulus.

1) Si nous (ne pas avoir) ___________de cours maintenant, nous (aller)___________tout de suite voir notre professeur français.

2) Si on ne pas (passer)___________de film ce matin, Jacques (pouvoir)___________ venir ici.

3) Que (désirer)___________ -vous, Madame ?

4) Je (vouloir)___________une chemise blanche.

5) Si je (ne pas avoir) ___________ mes devoirs à faire maintenant, je vous (accompagner)___________au centre ville.

6) S'il (ne pas être)___________ malade ce soir, il nous (chanter)___________des chansons françaises.

5. Complétez les phrases suivantes.

1) S'il faisait beau demain, / faire un pique-nique.
2) Si M. Dupont avait assez d'argent/ voyager en Chine.
3) S'il y avait trop de monde dans la salle de lecture / y retourner plus tard.
4) S'il était dans la classe / pouvoir réviser.
5) Si vous étiez plus jeune / comprendre mieux.
6) Si j'avais l'occasion de rencontrer Pierre / lui raconter mon voyage.

6. Mettez les verbes entre parenthèses au mode et au temps qui conviennent.

Ce matin, Simone se reposait et regardait par la fenêtre : il (faire)__________déjà grand jour. Le soleil (briller)__________ . Le long de la route, des enfants (aller) __________à l'école. Ils (chanter)__________. Ils (courir). Pendant la nuit, le vent du nord (venir) __________et (enlever)__________les feuilles d'arbres tombées par terre. Il (neiger)__________, puis (geler)__________ . Le lendemain matin, tout le village (être)__________couvert（盖满）de givre (*n.m.*霜).

7. Traduisez en français.

1) ——先生，我想买1公斤苹果。
——好的。在这儿，1欧元。
2）大商店与小商贩之间有竞争。
3）我想这件衬衣你穿着一定合适。
4）如果后天妈妈有空的话，我们也许可以一起去大型超级市场。
5）我家旁边有一个市场，在那儿可以买到各种新鲜蔬菜。
6）这条裤子不贵，我要一条。

Leçon 14

TEXTES (课文)

1

Une surprise réussie

La secrétaire: Tiens, Marine, il y a un fax pour toi.

Marine: Ah ! Merci !

A l'attention de Madame Marine Dupont[1]

Marine,

Je rentrerai tard ce soir. Le directeur veut me parler. Je ne sais pas pourquoi. Je lui ai demandé si on pouvait se voir demain, ce qu'il y avait de si important. Il n'a pas voulu me répondre. Je te raconterai tout ça. Je suis désolé, je t'embrasse.

Pierre

Marine : Tiens ! Il a oublié mon anniversaire.

Quelques heures après, chez Marine et Pierre.

En chœur : (Ils chantent.) Joyeux anniversaire, Marine !

Marine : Pour une surprise, c'est une surprise ! Merci, mon chéri, c'est merveilleux.

2

Anniversaire et tradition

La tradition de fêter l'anniversaire n'est pas très ancienne. Au XIXe siècle, dans la plupart des familles, on ne célébrait pas l'anniversaire mais la fête du saint. Au début du XXe siècle, les anniversaires sont devenues des fêtes familiales. Les amis n'y participent pas.

Aujourd'hui, pour fêter son anniversaire, on invite souvent des personnes à qui on veut montrer son amitié. En général, pour nous remercier de notre invitation, elles nous font un petit cadeau qui ne nous plaît pas toujours, mais l'essentiel est de passer une bonne soirée ensemble.[2] Pour la fête d'anniversaire, il n'y a pas de repas typique, seuls le gâteau et les bougies sont indispensables.

On ne fête pas seulement l'anniversaire de sa naissance, on fête aussi les anniversaires plus ou moins importants de sa vie privée ou professionnelle. Par exemple, pour les cent ans de son magasin, un patron organise un grand buffet auquel il convie tous ses clients.[3] Plus modestement, un employé qui a travaillé pendant dix ans dans la même entreprise fête ses dix ans de maison : il organise un pot auquel il invite ses collègues. Tous les motifs sont bons : un an de conduite sans accident ou vingt-cinq ans de mariage !

Enfin, quand on a envie de voir ses amis, on fait une « petite bouffe » à laquelle on les invite pour être ensemble, tout simplement.

Proverbe: Quand on veut tuer son chien, on dit qu'il a la rage. 欲加之罪，何患无辞。

VOCABULAIRE (词汇)

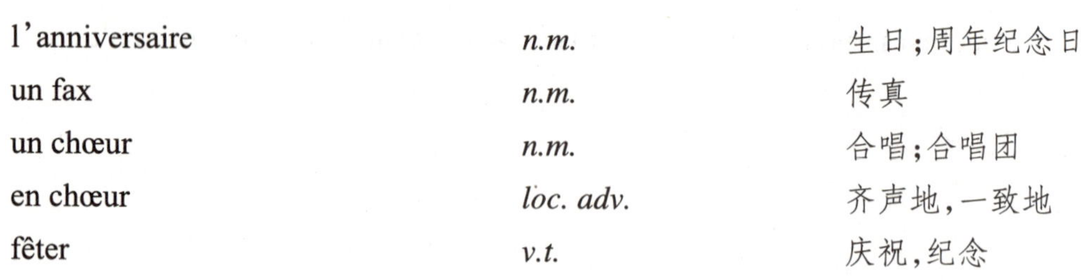

l'anniversaire	*n.m.*	生日；周年纪念日
un fax	*n.m.*	传真
un chœur	*n.m.*	合唱；合唱团
en chœur	*loc. adv.*	齐声地，一致地
fêter	*v.t.*	庆祝，纪念
célébrer	*v.t.*	庆祝

saint, sainte	*n.*	圣人,圣像
familial, familiale	*adj.*	家庭的,家族的
participer à		参加,参与
une amitié	*n.f.*	友谊,友情
remercier	*v.t.*	感谢,谢谢
plaire	*v.t.ind.*	使喜爱,使高兴
l'essentiel	*n.m.*	主要的事,最重要的部分
typique	*adj.*	典型的,有代表性的
un gâteau	*n.m.*	蛋糕
une bougie	*n.f.*	蜡烛
une naissance	*n.f.*	诞生,出生;起始,开端
plus ou moins	*loc. adv.*	或多或少
privé, e	*adj.*	个人的,私人的
professionnel, le	*adj.*	职业的,专业的
un patron	*n.m.*	老板,雇主
un buffet	*n.m.*	碗橱;冷餐会
convier	*v.t.*	邀请
modestement	*adv.*	简朴地;谦虚地;适度地
un pot	*n.m.*	〈口〉小型酒会
collègue	*n.*	同事
un motif	*n.m.*	动机;理由,原因
la conduite	*n.f.*	驾驶,驾驭
une bouffe	*n.f.*	〈口〉吃的,饭菜;一顿饭

NOTES (注释)

1. A l'attention de Madame Marine Dupont 玛丽娜·杜邦夫人收。
   à l'attention de qn 书信公文用语,"某某人收",此外也可表示"针对……,以……为对象"的含义。
2. En général, pour nous remercier de notre invitation, elles nous font un petit cadeau qui ne nous plaît pas toujours, mais l'essentiel est de passer une bonne soirée ensemble.通常,为了感谢我们的邀请,朋友们送给我们一个小礼物,礼物并不是总会令我们满意,但重

要的是共同度过一个美好的夜晚。

remercier qn de qch. / pour qch. 因某事感谢某人

Je vous remercie de votre gentillesse.

Elle me remercie pour cette soirée.

L'essentiel est de faire qch. 重要的是做某事。

L'essentiel est de réussir aux examens.

3. Par exemple, pour les cent ans de son magasin, un patron organise un grand buffet auquel il convie tous ses clients. 例如，为了庆祝商场成立一百周年，老板组织一个大型的冷餐会，邀请所有的客人参加。

convier qn à qch. 邀请某人……

Vous êtes amicalement convié à notre mariage.

GRAMMAIRE (语法)

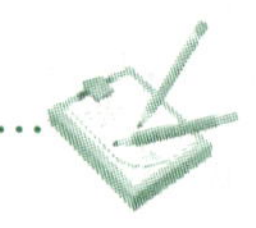

1. 复合关系代词 lequel (le pronom relatif composé « lequel »)

复合关系代词 lequel 有词形变化，其性、数要和先行词一致，前面有à或 de时变成缩合形式。

Singulier		Pluriel	
Masculin	**Féminin**	**Masculin**	**Féminin**
lequel	laquelle	lesquel	lesquelles
Avec *à* et *de*			
auquel	à laquelle	auxquels	auxquelles
duquel	de laquelle	desquels	desquelles

注意：缩合形式 auquel, auxquels, auxquelles, duquel, desquels, desquelles 写成一个词，非缩合形式 à laquelle, de laquelle 分成两个词。

复合关系代词因为词形比较累赘，使用不太广泛，一般多用来代替指物的名词。具体用法如下：

1) 关系代词前如果有介词，一般用复合关系代词来代替指物的名词。

Le dictionnaire avec lequel j'ai traduit ce texte est très bien fait.

Elle est rentrée d'un voyage dans le Sud, pendant lequel elle a vu beaucoup de choses intéressantes.

注意：

（1）指人时多用qui。例如：

Le camarade avec qui je travaille est un nouveau.

（2）介词如果是 parmi，不论指人或指物都要用复合关系代词。例如：

Nous avons une quarantaine de professeurs de français parmi lesquels quatre sont étrangers.

2）关系代词如果紧接以介词引导的名词，并作该名词的补语时，一般带 de 的复合关系代词。例如：

Vous trouverez non loin de la maison un grand arbre à l'ombre duquel vous pourrez vous reposer.

Les étudiants ont eu une réunion au cours de laquelle ils ont discuté de ce problème.

注意：

先行词如果是指人的名词，也可以用de qui。例如：

Il était accompagné de ses amis avec l'aide de qui il a accompli ce travail.

(ou : Il était accompagné de ses amis avec l'aide desquels il a accompli ce travail.)

3）书面语中，复合关系代词有时代替qui 作主语，以避免词义含混。例如：

J'ai rencontré le frère de Marie, lequel (= le frère) va partir pour la campagne.

Hier, j'ai vu la tante de Robert, laquelle (= la tante) venait visiter notre institut.

2. 中性代词 le (le pronom neutre « le »)

1）中性代词le 没有词形变化。它的用法是作直接宾语，代替一个动词，一个词组或一个句子所表达的意思，或所说的一件事情，当作直接宾语用。

Tu as bien travaillé, je le sais.

Nous irons jouer au ping-pong, si tu le veux.

Nous travaillerons jusqu'à minuit, s'il le faut.

La situation est plus complexe que tu l'imagines.

2）中性代词le 也可以作表语而代替形容词，分词或不带冠词的名词（起形容词的作用）

Les élèves de cette classe-ci sont attentifs, ceux de cette classe-là le sont également.

Son père était boulanger, il l'est aussi.

3. 副代词 y (le pronom adverbial « y ») (2)

y = à cela 只能指物，不能指人，在句中做间接宾语。

1) — As-tu participé au travail manuel hier après-midi ?

— J'y ai participé.

2) — Vous n'avez pas répondu à cette question ?

— Si, j'y ai répondu.

3) — Vous ne pensez pas du tout à la santé des gens !

— Et toi, tu y penses tellement ?

注意：

(1) — Penses-tu à ton père ?

— Oui, je pense beaucoup à lui.

(2) Penses-y ! 想想此事吧！

N'y pense pas. 别想此事了。

EXERCICES (练习)

1. Pronom relatif composé: lequel, laquelle, lesquels, lesquelles.

1) C'est un problème important. On y prête une grande attention.

C'est un problème important auquel on prête une grande attention.

(1) C'est une question intéressante. Elle y a beaucoup réfléchi.

(2) Jacques a un nouveau projet. Il y pense souvent.

(3) Hier, on a eu une réunion. Notre directeur y a assisté.

(4) C'est une solution satisfaisante. Nos amis s'y intéressent beaucoup.

(5) Je vais vous dire les difficultés. Il faut y faire attention.

2) <u>Jacques travaille sur ce chantier.</u>

Voilà le chantier sur lequel Jacques travaille.

(1) Nous allons labourer la terre avec ce tracteur.

(2) On fabrique ces appareils pour cette entreprise.

(3) Vous avez trouvé ce roman parmi ces livres.

(4) Le chat s'est caché sous ce lit.

2. Répondez aux questions sur le texte 1.

1) Qui envoie un fax à Marine ?

2) Que Pierre annonce-t-il dans le fax ?

3) Quelle est la relation entre Marine et Pierre ?

4) Est-ce que Pierre dit la vérité à sa femme ?

5) Est-ce que Pierre a oublié l'anniversaire de Marine ?

6) Quelle est la surprise réussie?

3. Répondez aux questions sur le texte 2.

1) Est-ce qu'on a toujours invité des amis pour son anniversaire ?

2) Quels sont les anniversaires qu'on fête ?

3) Qu'est-ce qu'on fait pour fêter l'anniversaire de sa naissance ?

4) Qu'est-ce qu'on fait quand on a envie de voir ses amis ?

4. Complétez les phrases avec un pronom relatif qui convient.

1) Vous parlez de la conférence _______ j'ai assisté ?

2) Il va nous dire les difficultés _______ il faut faire attention.

3) Voilà la seule solution _______ ils n'ont pas pensé ?

4) Connaissez-vous les problèmes _______ vos amis s'intéressent actuellement ?

5) Il nous a expliqué la question _______ nous devons réfléchir.

6) Le télégramme que j'ai reçu et _______ j'ai répondu était extrêmement important.

7) Je voudrais vous parler d'un des voyages au cours _______ j'ai pris de nombreuses photos.

8) J'aimerais vous présenter à l'une de mes collègues avec _______ je travaille 8 heures par jour .

5. Remplacez les mots en italique par un pronom relatif en transformant la phrase si nécessaire.

1) Il nous présente ses amis ; il a passé ses vacances avec *eux*.

2) Il regarde le mur ; sur *le mur*, il y a une carte du monde.

3) Ils s'asseyent à une table ; le couvert est mis sur *cette table*.

4) Voici mon sac ; mon nom est écrit sur *ce sac*.

5) Il ouvre la valise ; dans *cette valise* il a rangé ses affaires.

6) Il prend son billet ; il ne peut pas partir sans *ce billet*.

7) Voici une enveloppe ; vous mettrez un timbre sur *cette enveloppe*.

8) Elle ne trouve qu'un maigre salaire ; sur *ce salaire* vit toute sa famille.

6. Remplacez les blancs par le pronom relatif.

1) Est-ce qu'il vous a présenté l'écrivain avec _______ il a voyagé.
2) Charles a vu un bateau sur _______ il y avait des hélicoptères (直升飞机).
3) Derrière sa maison, il y a un jardin dans _______ il y a beaucoup de fleures.
4) Voici des fautes courantes _______ il faut faire attention.
5) Dites-moi les difficultés _______ vous avez pensé.
6) Voici un dictionnaire très bien fait, sans _______ il m'est impossible de travailler.
7) Je vais vous montrer le bâtiment en face _______ nous habitons.
8) Voyez-vous le grand bâtiment sur _______ il y a un drapeau suisse ?
9) Il m'a dit le nom de la compagnie pour _______ il travaille.
10) Elle va bientôt retrouver ses amies parmi _______ elle se sent toujours gaie (快活的).

7. Mettez les verbes entre parenthèses aux temps du passé convenables.

Nous (habiter) _______ la tour centrale. Je (être) _______ très fière d'être au vingt-deuxième étage. Aucun de mes petits camarades ne (habiter) _______ si haut.

Dans la tour, on ne (avoir) _______ pas de fenêtres. C'est inutile et cela (faire) _______ des courants d'air (过堂风), (dire) _______ papa.

On (avoir) _______ souvent des fuites (漏水) qui (venir) _______ des étages du dessus, ça (couler *v.i.* 流) sur les murs de la cuisine et du couloir : de l'eau de vaisselle (餐具), du café, du vin, ça (dépendre) _______ de ce que les gens (renverser) _______. Ça (faire) _______ de jolis dessins (图画) sur les murs. Je les (aimer) _______ beaucoup.

Ce que je (aimer) _______ encore dans la tour, c'est qu'on (entendre) _______ tous les bruits des autres. Surtout la nuit.

Il (avoir) _______ souvent des pannes d'ascenseur (电梯). J'en (profiter) _______ pour rester en bas avec les autres enfants.

Je (s'amuser) _______ bien pendant que je (être) _______ petite dans le grand ensemble.

Mais papa (changer) _______ de travail. On (se retirer) _______ à la campagne dans une vieille maison en vieilles pierres toutes sales et qui ne (avoir) _______ qu'un étage.

8. Traduisez en français.

1) 这封信是写给校长的。
2) 我问他我们是否可以明天去图书馆,有什么事那么重要。

3）孩子们齐声歌唱。

4）这场比赛下午举行，这位运动员不参加。

5）他的礼物总是让孩子高兴。

CONTRÔLE (测验)

1. Répondez aux questions suivantes avec des pronoms personnels complément d'objet ou des pronoms adverbiaux.

1) Votre professeur vous a-t-il déjà parlé de notre prochaine réunion ?

2) As-tu expliqué ton projet de vacances à tes parents dans ta lettre ?

3) Pierre t'a-t-il rendu ton vélo ?

4) As-tu acheté à ta petite fille la robe que nous avons vue dans le grand magasin ?

5) Vous êtes-vous intéressés à la conférence de M. Miraille ?

6) Vous lavez-vous les mains avant le repas ?

7) Est-ce que Wang et Liu s'occupent de la distribution du courrier dans votre classe ?

8) Pouvez-vous nous prêter votre appareil de photo ce dimanche ?

2. Transformez les phrases suivantes en impératif et employez des pronoms personnels complément d'objet et des pronoms adverbiaux.

1) Tu profites de cette occasion pour avoir une vue d'ensemble sur la situation actuelle de France.

2) Tu me montres ton nouveau vélo ce soir.

3) Vous me remettrez vos cahiers demain.

4) Nous lui passons cette lettre tout de suite.

5) Vous vous occupez de ce travail à la place de Jean.

6) Vous me passerez ces journaux.

7) Tu me parleras de tes études.

8) Nous lui rendrons sa montre cet après-midi.

9) Vous vous en allez.

10) Tu ne lui prêtes pas mes romans chez lui.

3. Mettez les verbes au temps convenable et les prépositions correctes.

Les Dupont sont allés__________ la première fois (écouter)____________ un concert de grande musique. Ils (arriver)___________en retard et (s'asseoir)_____________ sans faire___________ bruit. Le public (écouter) ___________ ___________ attention. Alors très bas, Madame Dupont (demander) ___________ ___________ sa voisine :

—Pardon, Madame. Que (jouer)__________-t-on___________ce moment ?

—*La Neuvième Symphonie* (*n.f.* 交响乐) de Beethoven (贝多芬).

Madame Dupont (se tourner) ___________ ___________ son mari qui avait entendu et lui (dire) ___________.

« Tu te rends compte, Gérard, on (manquer) ___________ les huit premières ! »

Leçon 15

TEXTES (课文)

1

Baby-sitter[1]

Sylvie est canadienne. Elle a répondu à une petite annonce pour être baby-sitter. Elle rencontre Mme Richard pour discuter des horaires et du salaire.

Sylvie : S'il vous plaît, vous pouvez me dire quels sont les jours et les heures de travail ? Il faut que je le sache à cause de mes cours. Je vais m'inscrire jeudi.

Mme Richard: C'est simple. Les jours d'école, lundi, mardi, jeudi et vendredi, il faut que vous alliez chercher Béa à quatre heures et demie. Ensuite, vous la ferez goûter...

Sylvie : A la maison ?

Mme Richard : A la maison ou au square s'il fait beau. Après, j'aimerais que vous lui donniez un petit coup de main pour ses devoirs et ses leçons.

Sylvie (étonnée) : On lui donne des devoirs ? C'est normal qu'elle ait des devoirs à huit ans ?

Mme Richard : Oh, ce n'est pas grand-chose ! Il faut juste recevoir avec elle ce qu'elle a fait à l'école et lui expliquer ce qu'elle n'a pas compris.

Sylvie : Vous voulez que je la fasse dîner, après ?

Mme Richard : Oui, s'il vous plaît. Faites-la dîner à sept heures. Après, un bain, les dents et au lit ! Je suis là vers huit heures. C'est moi qui lui lirai une histoire en rentrant.

Sylvie : Et le mercredi ?

Mme Richard : Non, le mercredi, je ne travaille pas, je m'occupe d'elle. Elle a école un samedi sur deux mais le samedi, ça va, je suis là. Mais, si ça ne vous ennuie pas... euh...

Sylvie : Oui ?

Mme Richard: Un soir par semaine, ce serait possible que vous restiez avec elle ? Le mercredi ou le jeudi, par exemple ? J'aimerais sortir, dîner dehors, aller au théâtre...

Sylvie : Oui, bien sûr. Pas de problème.

Mme Richard : Parfait ! Alors, pour le prix... 10 euros de l'heure, ça vous va ?

Sylvie : Oh oui, c'est très bien. Merci.

2

Un boulanger pas comme les autres

Bonjour, ravie de vous retrouver tous et toutes. Nous sommes ensemble jusqu'à midi comme tous les jours. Aujourd'hui, nous recevons des invités qui ont choisi de vivre de façon originale.

Pour commencer, nous sommes heureux d'accueillir Bruno Viard qui arrive d'un petit village de Provence, où nous l'avons rencontré la semaine dernière.

La journaliste : Bruno, vous avez cinquante ans, je crois.

Bruno : Oui, c'est ça.

La journaliste : Très tôt, vous avez appris le métier de boulanger grâce à votre père.

Bruno : En fait, je l'ai appris malgré lui. Je voulais être boulanger, mais mon père m'a poussé à faire des études.[2]

La journaliste : Alors, vous avez appris comment ?

Bruno : Oh! Je me souviens... j'avais...trois ou quatre ans. Je passais des heures dans la boulangerie et j'observais tous les gestes de mon père.

La journaliste : Et plus tard, vous avez fait des études.

Bruno : Oui, j'ai quitté la maison à douze ans pour entrer dans un collège à Nice où j'étais interne. Mais je rentrais dans ma famille aux vacances : je me levais à trois heures du matin pour faire le pain avec mon père. J'adorais ça.

La journaliste : Ensuite, on vous retrouve à Cannes où vous avez été comptable pendant quinze ans.

Bruno : Oui, quinze années où j'ai rêvé tous les jours de devenir boulanger...

La journaliste : Et après ?

Bruno : Eh bien, un jour, j'ai lu par hasard une annonce dans le journal. Une boulangerie était à vendre dans un petit village de Provence, une région dont je rêvais.

La journaliste : Vous avez donc répondu à cette annonce...

Bruno : Oui, j'ai téléphoné le jour même. Je venais de divorcer et j'avais envie d'aller ailleurs.

La journaliste : Et vous avez créé ce lieu formidable.

Bruno : Au début, ça n'a pas été facile. Et puis la boulangerie s'est développée. J'ai eu envie de faire quelque chose de nouveau. J'ai aménagé le vieux moulin du village et j'ai créé le musée des Métiers du pain.

VOCABULAIRE (词汇)

un baby-sitter	*n.m.*	看管小孩的人
canadien, ne	*adj.* et *n.*	加拿大的;加拿大人
un square	*n.m.*	广场中心的小公园;中间有小公园的广场
donner un coup de main	*loc. verb.*	帮助
ennuyer	*v.t.*	使厌倦;使烦恼
un boulanger, une boulangère	*n.*	面包师傅;面包店店主
ravi, e	*adj.*	高兴地,愉快的
recevoir	*v.t.*	接待;接到
original, e	*adj.*	原始的;独创的,创新的
accueillir	*v.t.*	接待,招待
la Provence		普罗旺斯地区

malgré	*prép.*	不管,不顾
grâce à	*loc. prép.*	多亏……
pousser	*v.t.*	推动;督促,催促
se souvenir de	*loc. verb.*	想起,记得
la boulangerie	*n.f.*	面包业
un geste	*n.m.*	动作,姿势;行动,行为
interne	*n.*	(中学的)寄宿生
comptable	*n.*	会计,会计员
par hasard	*loc. prép.*	碰巧
divorcer	*v.i.*	离婚
se développer	*v.pr.*	发展
aménager	*v.t.*	整理,布置
un moulin	*n.m.*	磨;磨坊
un musée	*n.m.*	陈列馆;博物馆

Proverbe: Loin des yeux, loin du cœur. 人远情疏。(人走茶凉)

NOTES (注释)

1. Baby-sitter 来自英语,指(孩子的父母不在家时)被临时雇佣看管一个或几个孩子的人。
2. Je voulais être boulanger, mais mon père m'a poussé à faire des études. 我原来一直想当面包店师傅,但我的父亲督促我学习。

   Pousser qn à faire qch. 促使某人做某事

   Le professeur a poussé un élève à bien faire ses devoirs.

GRAMMAIRE (语法)

I. Le pronom relatif *dont* (关系代词 dont)

dont 是关系代词,代替"de + 先行词",可以指人和物,在从句中起下列作用:

1. 作为间接宾语(也可称做从句动词的补语),例如:

Veuillez me passer les livres **dont** j'ai besoin.

(avoir besoin **de ces livres**)

C'est un sujet douloureux **dont** on parle depuis des années et des années.

(parler **d'un sujet**)

Voilà les enfants **dont** elle s'est occupée.

(s'occuper **des enfants**)

2. 作为名词的补语,例如:

Elle nous conseille de voir ce film **dont** l'histoire est très émouvante.

(l'histoire **de ce film**)(被补充名词为从句主语)

Voici le professeur **dont** les élèves ont si bien réussi.

(les élèves **du professeur**)(被补充名词为从句主语)

Voici le professeur **dont** je connais les élèves

(les élèves **du professeur**) (被补充名词为从句直接宾语)

Voici le professeur **dont** je suis l'élève.

(l'élève **du professeur**)(被补充名词为从句表语)

3. 作为形容词的补语,例如:

C'est une voiture **dont** je suis content.

(content **de cette voiture**)

L'enfant me montre ses travaux pratiques **dont** il paraît très fier.

(fier **de ses travaux pratiques**)

4. 作为当主语或直接宾语的数词的补语,表示整体的一部分,例如:

1) J'ai là des livres **dont** je peux vous prêter quelques-uns .

(quelques-uns **des livres**)

Nous avons visité des musées, dont trois avaient été construits avant les années 50.

(trois **de ces musées**)

Voilà des hôtes étrangers **dont** une dizaine viennent d'Afrique.

(une dizaine **de ces hôtes**)

2) 当在句中dont表示 parmi lesquels的意义时,动词être往往被省略:

Dans notre bibliothèque, on compte actuellement 350 000 livres, **dont** 200 000 en langues étrangères.

(200 000 **de ces livres**)

Voici dix journalistes, dont trois femmes.

(trois de ces journalistes)

3) dont 引导的分句可以省略动词,这种用法是常见的。例如:

Une dizaine d'étudiants travaillent à la bibliothèque, dont le chef de la classe.

有十几个学生在图书馆学习,其中有班长。

5. 应避免从属于以介词引导的从句。例如:

不应作: l'homme dont je compte sur l'aide

而应作:l'homme sur l'aide de qui je compte 我指望他帮忙的那个人

注意:换言之,当关系代词dont 所补充的名词本身是间接宾语的话,那么如果指人或动物时,dont 要用 duquel 或 de qui 这一套复合关系代词替换掉;如果指物,那么 dont 要用 duquel 这一套复合关系代词替换掉。例如:

1) 不能说: Le garçon dont je m'intéresse à l'avenir...

而应说: Le garçon à l'avenir de qui je m'intéresse...

2) 不能说: La ville dont je me promène dans les rues ...

而应说: La ville dans les rues de laquelle je me promène ...

6. dont 与 sortir, descendre 连用,用来表达 naître 或être issu(e) de... (出身于……)意义时,它起状语的作用。例如:

La famille paysanne dont il sortait... 他出身的那个农民家庭……

II. Le subjonctif présent (虚拟式现在时)

1. Sa formation

法语谓语的虚拟式现在时的构成分为两部分:

1) 第一、二、三人称单数和第三人称复数由直陈式现在时第三人称复数去掉-ent, 加上-e, -es, -e, -ent 构成。

2) 第一、二人称复数则由直陈式现在时第一人称复数去掉-ons,加上-ions,-iez 构成。

parler	finir	entendre
que je parle	que je finisse	que j'entende
que tu parles	que tu finisses	que tu entendes
qu'il parle	qu'il finisse	qu'il entende
qu'elle parle	qu'elle finisse	qu'elle entende
que nous parlions	que nous finissions	que nous entendions
que vous parliez	que vous finissiez	que vous entendiez
qu'ils parlent	qu'ils finissent	qu'ils entendent
qu'elles parlent	qu'elles finissent	qu'elles entendent

2. Cas particuliers

下列动词的虚拟式现在时形式是不规则的：

avoir		être	
que j’ai	que nous ayons	que je sois	que nous soyons
que tu aies	que vous ayez	que tu sois	que vous soyez
qu’il ait	qu’ils aient	qu’il soit	qu’ils soient
qu’elle ait	qu’elles aient	qu’elle soit	qu’elles soient
falloir		pleuvoir	
qu’il faille		qu’il pleuve	

aller	faire	savoir
que j’aille	que je fasse	que je sache
que tu ailles	que tu fasses	que tu saches
qu’il aille	qu’il fasse	qu’il sache
qu’elle aille	qu’elle fasse	qu’elle sache
que nous allions	que nous fassions	que nous sachions
que vous alliez	que vous fassiez	que vous sachiez
qu’ils aillent	qu’ils fassent	qu’ils sachent
qu’elles aillent	qu’elles fassent	qu’elles sachent
pouvoir	**valoir**	**vouloir**
que je puisse	que je vaille	que je veuille
que tu puisses	que tu vailles	que tu veuilles
qu’il puisse	qu’il vaille	qu’il veuille
qu’elle puisse	qu’elle vaille	qu’elle veuille
que nous puissions	que nous valions	que nous voulions
que vous puissiez	que vous valiez	que vous vouliez
qu’ils puissent	que’ils vaillent	que’ils veuillent
qu’elles puissent	qu’elles vaillent	qu’ielles veuillent

3. Ses emplois

虚拟式是假设的语式。通常用来表达主观上存在，而客观实际上未必存在的事情。但相当一部分虚拟式被用来表达主观愿望，而事情尚未实现。这时，虚拟语态的使用，往往用来强调主观上的态度，如感情、判断、祈使等等。这是虚拟式与直陈式两者之间最根本的区别。

就时间概念而言,虚拟式现在时可用来表达现在(完成/未完成),或是将来(完成/未完成)的动作。

1) 用在独立句中:

(1) 用来表示命令、禁止、愿望或假设等,但只用于第三人称。

Qu'il vienne !

Oh ! Dieu ! Qu'il guérisse vite !

Qu'ils ne fument pas dans la salle !

Qu'il m'écrive, et je lui répondrai.

(2)用来表示惊讶或愤慨。

Quoi ? Que je fasse cela ? C'est impossible !

Comment ? Que nous partions ?! C'est fou !

2) 用于补语从句中:

虚拟式经常用于以连词que引导的补语从句中。请看下列几种情况:

(1) 主句谓语表示请求、命令、愿望、爱好、禁止等概念时,从句动词使用虚拟式。这些动词有:

aimer	demander
aimer mieux	prier
avoir envie	ordonner
préférer	exiger
désirer	commander
souhaiter	interdire
vouloir	refuser

Tu ne voudrais pas que je connaisse le prochain Goncourt ?

Je souhaite que ce livre m'apprenne quelque chose.

L'agent de police interdit qu'on stationne devant l'entrée de l'hôpital.

注意:espérer用于肯定叙述句时,补语从句的动词用直陈式:Nous espérons qu'il viendra demain.

(2) 主句谓语表示高兴、悲伤、悲哀、惊讶、愤慨、害怕等情感概念时,从句动词要使用虚拟式。这些动词有:

être fier	se réjouir
être triste	craindre
être content	regretter

être heureux
être désolé
être étonné
être fâché
avoir peur
s'étonner
être fureux

Elle est heureuse que tu viennes.

Je me réjouis vraiment que vous soyez en pleine forme.

Nous sommes bien tristes que Catherine tombe malade à ce moment-là.

注意：主句的谓语表示"害怕"或"担心"时，名词性从句的谓语前往往要加上赘词"ne"。但主句如果是肯定疑问句或否定句，从句谓语前不加"ne"。例如：

Je crains qu'il ne pleuve.

Je ne crains pas qu'il pleuve.

Craignez-vous qu'il se fâche ?

(3) 主句谓语表示怀疑、否认、失望等情感概念时，从句中的动词也要使用虚拟式。这些动词有：

douter, nier, démentir, désespérer, ignorer... 例如 :

Je doute qu'il puisse venir ici à temps.

Nous ignorons que le professeur soit absent ce matin.

实际上，第3类情况和第2类情况很相似，二者的从句动词用虚拟式都是因为主句谓语使用了表示情感的动词。

(4) 主句谓语表示判断时（如对某事是否赞同，认为是好是坏，应该不应该等情况下），从句动词亦使用虚拟语式。

在这类例子中，又可分为两种情况：一种是主句为动词短语，一种是主句为无人称动词，以后者数量为多。例如:

trouver bon
trouver injuste
trouver juste
trouver mauvais
valoir
il faut
il importe
il vaut mieux
il est bon
il est facile
il est juste
il est naturel
il est nécessaire
il est temps
il est urgent
il est utile
il est indispensable

il est important
c'est beaucoup
il est possible
il se peut
c'est assez
il est impossible

Il trouve bon qu'on fasse place à l'imagination.

Il faut absolument que vous veniez.

Il vaut mieux que tout le monde le sache.

Je pense qu'il est temps que tu parles à l'aéroport.

Il est naturel que les compositeurs n'aient pas envie de recommencer Beethoven.

注意：一些无人称词组，例如 il est clair que, il est certain que 等，是用来陈述事实的，因此能算作判断，后接从句动词应当使用直陈式。

（5）最后有一类情况较难判断，就是当主句动词是否定形式或是疑问形式时，从句动词往往有可能使用虚拟语态。

A. Je crois qu'il vient. — Je ne crois pas qu'il vienne. (时间是现在)

Je crois qu'il viendra. — Je ne crois pas qu'il vienne (ou : qu'il viendra)（时间是将来）

Je crois qu'il viendrait, si... — Je ne crois pas qu'il vienne (ou : qu'il viendrait), si... (假设)

B. Crois-tu qu'il vient ? ou : Crois-tu qu'il vienne ? (时间是现在)

Crois-tu qu'il viendra ? ou : Crois-tu qu'il vienne ? (时间是将来)

Crois-tu qu'il viendrait, si... ou : Crois-tu qu'il vienne , si... (假设)

不难看出：在时间为现在的情况下，主句为否定形式时，从句往往采用虚拟式。而在其他情况下，虚拟式的采用与否就完全凭说话者自己的喜好了。但应说明一点，使用虚拟式能使句子显得比较委婉。

3）从句中虚拟式的使用有时是某些连词或连词短语所要求的。这类连词有：

pour que
pourvu que
avant que
afin que
malgré que
sans que
où que
à condition que
jusqu'à ce que
quel que (注意性、数变化)
quoique
soit que
plutôt que
qui que

Il arrive avant que le train ne parte.

Elle y participe malgré qu'elle soit malade.

Soit qu'il pleuve, soit qu'il neige, je partirai.

Nous sortirons à condition que le temps le permette (pourvu que le temps le permette).

Qui que vous soyez, n'oubliez pas nos disciplines !

EXERCICES (练习)

1. Répondez aux questions suivantes d'après le texte 1.

1) Est-ce que Sylvie est étudiante ?
2) Quelle est sa nationalité ?
3) Qui est Béa ?
4) Est-ce que Béa a des frères et sœurs ?
5) Combien de jours Mme Richard travaille-t-elle par semaine ?
6) Combien d'heures est-ce que Sylvie va travailler par semaine comme baby-sitter ?
7) Quel est le prix par heure ?
8) Est-ce que Mme Richard élève sa fille seule ?

2. Répondez aux questions suivantes d'après le texte 2.

1) Racontez ce que Bruno faisait à l'âge de quatre ans.
2) Et à l'âge de douze ans ?
3) Aux vacances scolaires, que faisait-il ?
4) Après son divorce, où est-il allé ?
5) Quand sa boulangerie s'est développée, qu'est-ce qu'il a fait ?
6) Ce matin, que fait-il ?

3. Conjuguez au subjonctif les verbes suivants.

avoir	être	savoir	penser	sauter
dire	pouvoir	dormir	venir	finir

4. Exercices de structures.

A partir de l'exemple, construisez des phrases avec les idées ou les éléments donnés :

1) venir

Viens ! Qu'elle vienne !

Venez ! Qu'elles viennent !

(1) partir (2) sortir (3) se réveiller

(4) sauter (5) s'en aller (6) se reposer

2) écrire / répondre

Ecris-moi et je te répondrai.

Qu'il m'écrive et je lui répondrai.

(1) attendre / rejoindre

(2) inviter / venir

(3) le demander /recevoir

(4) dire / faire

(5) poser la question / expliquer

(6) le prêter / le rendre

3) souhaiter : m'apprendre quelque chose / me distraire

Je souhaite qu'on m'apprenne quelque chose, non qu'on me distraie.

(1) vouloir : faire place à l'imagination / l'étouffer (使窒息)

(2) demander : observer le silence / faire des bruits

(3) désirer : donner une tâche pacifique aux satellites / les utiliser à des fins militaires (军事目的)

(4) avoir envie : préparer un repas européen / faire la cuisine chinoise

(5) souhaiter : sortir faire quelque chose /rester ici sans rien faire

(6) Aimer mieux : me pouser toutes les questions / rester muet

4) Tu peux bien réussir l'examen, elle en est bien contente.

Elle est bien contente que tu puisses bien réussir l'examen.

(1) Tu veux bien venir, nous en sommes très heureux.

(2) Tu ne sais pas conduire, ils en sont étonnés.

(3) Nous participons au meeting, ils en sont fachés.

(4) Il va à un concert, sa mère en est surprise.

(5) Pierre va en Chine, son amie s'en réjouit.

(6) Nicolas guérit vite, ses collègues s'en étonnent.

5) Cela est écrit en jargon.

J'ai bien peur que cela ne soit écrit en jargon et que je n'y comprenne rien.

(1) Ils sont mécontents.

(2) Ils ont les oreilles déchirées par cette musique.

(3) Il reste seul à la maison.

(4) Ces enfants ont des idées précoces.

(5) Cette fille demande la liberté.

6) Les compositeurs ne veulent pas recommencer les symphonies classiques : c'est naturel.

Il est naturel que les compositeurs ne veuillent pas recommencer les symphonies classiques.

(1) On ne veut plus lire les romans d'amour ; c'est dommage.

(2) On va au cinéma voir les Westerns américains ; c'est juste.

(3) La maison de l'art est de donner aux gens un repos de l'esprit ; c'est bon.

(4) Il faut des disciplines(纪律) dans la classe ; c'est indispensable.

(5) Vous allez en France sans apprendre le français ? c'est impossible !

(6) Nous apprenons la grammaire pour bien connaître le français ; c'est ce qu'il faut !

7) pouvoir créer, faire place à l'imagination

Ce qui compte, c'est qu'on puisse créer, qu'on fasse à l'imagination.

(1) vivre libre, s'exprimer librement

(2) se tenir au courant, être informé

(3) savoir respecter les autres, tout le monde le fait

(4) connaître la difficulté, ne pas en avoir peur

(5) pouvoir réfléchir, résoudre les problèmes par nous-même

(6) vouloir le refaire, le refaire bien

5. Répondez aux questions suivantes selon les idées données.

1) Pourquoi est-ce que vous lui téléphonnez ?

venir me prendre

Je lui téléphone pour qu'il vienne me prendre.

(1) aller voir sa mère à l'hôpital

(2) partir pour la province du Shandong

(3) aller réserver les billets de T.G.V. de ce soir

(4) m'expliquer tout cela

(5) savoir ce qui se passe chez nous

(6) nous dire ce qu'il a fait hier soir

2) Qui va écrire cet article ? toi ou moi? Toi.

Il vaut mieux que tu l'écrives toi-même.

(1) Qui va répondre à ces questions ? elle ou lui ?

(2) Qui va au concert de musique contemporaine ? vous ou moi ?

(3) Qui va préparer la voiture ? lui ou moi ?

(4) Qui vient me prendre ce soir pour aller au cinéma ? eux ou elles ?

(5) Qui s'occupe de cette affaire ? toi ou moi ?

(6) Qui va sortir ces lourdes caisses ? lui ou toi ?

3) Est-ce que vous désirez organiser une soirée ?

Oui, nous désirons qu'une soirée soit organisée.

(1) Marie désire réorganiser (重新组织) son plan d'étude, n'est-ce pas ?

(2) Est-ce que vous désirez refaire vos devoirs ?

(3) Il paraît que Monique désire améliorer un peu sa vie ?

(4) Est-ce que vous désirez terminer ces travaux ?

(5) Est-ce que les compositeurs de la musique contemporaine désirent modifier cette partie ?

(6) Vous désirez reconstruire cette maison ?

4) Est-ce que tu crois que les étudiants de 1ère année peuvent organiser une soirée de français ?

Oui , il est possible qu'ils organisent une soirée de français.

(1) Est-ce que vous croyez que Li Ming va partir pour la France ?

(2) Crois-tu que les camarades de notre classe sont tous malades ?

(3) Est-ce que vous croyez que les jeunes filles peuvent faire ce lourd travail toutes seules ?

(4) Crois-tu que les chauffeurs vont faire grève aujourd'hui ?

(5) Est-ce que vous croyez que monsieur le président de la République va venir participer à cette réunion ?

6. Exercices sur le relatif « dont ».

1) — Il a parlé de cette question ? Elle est très intéressante, n'est-ce pas ?

— Oui, la question dont il a passé est très intéressante.

(1) Tu as besoin de ces renseignements ? Ils sont importants, n'est-ce pas ?

(2) On discutera de ce projet ? Il sera difficile à réaliser, n'est-ce pas ?

(3) Ils se servent de ces machines ? Elles sont fabriquées en Chine, n'est-ce pas ?

(4) Elles s'occupent de ces livres ? Ils sont utiles, n'est-ce pas ?

(5) M. Dupont a envie de cette encyclopédie ? Elle coûte chère, n'est-ce pas ?

2) Dans notre pays, il y a eu beaucoup de changements ; on en est très fier.

Dans notre pays, il y a eu beaucoup de changements dont on est très fier.

(1) Michel a passé à Rome ses vacances ; il en est enchanté.

(2) Pendant les vacances , nous avons fait un voyage ; nous en étions très contents.

(3) Les Roux ont fait une bonne constatation ; ils en étaient très satisfaits.

(4) Ils ont fait un projet d'autoroute ; ils en sont bien fiers.

(5) Les petits commerçants ont dû quitter ; ils en étaient bien fiers !

3) Je relis ce roman ; la fin est si émouvante.

Je relis ce roman dont la fin est si émouvante.

(1) Je reprends ce livre ; la grammaire est extrêmement difficile.

(2) Il nous a fait voir cet appartement ; la cuisine est très grande.

(3) Nous avons rencontré votre amie ; son mari passe tout le temps à regarder la télé.

(4) J'ai vu hier à la télé un de vos anciens collègues ; j'ai oublié son nom.

(5) C'est la Tour Eiffel ; vous avez déjà vu pas mal de photos de ce monument.

CONTRÔLE (测验)

1. Remplacez les blanc par un pronom relatif convenable.

1) Je suis en train de lire un roman ______ je trouve très intéressant.

2) Nous sommes arrivés dans la rue ______ Lucien avait garé la voiture.

3) Il y a au premier étage de ce bâtiment une salle ______ me paraît immense (巨大的).

4) C'est une région ______ l'on cultive beaucoup de tabac.

5) Je n'ai pas encore très bien compris ce ______ vous avez dit.

6) Il faudrait lui dire au moins ce ______ nous avons besoin.

7) Après Paul est entrée Marie ______ je n'ai pas reconnue tout de suite !

8) Dimanche est le jour ______ l'école est fermée.

9) Il a perdu le sac ______ son père lui avait donné l'année dernière.

10) Quel est le nom du garçon ______ parle avec toi ?

2. Indiquez la fonction de « dont » et son antécédent.

1) On leur avait donné les livres dont ils avaient besoin.

2) Son frère connaît bien l'Espagne dont il a visité toutes les provinces.

3) La maladie dont je souffrais a disparu.

4) C'est un nouveau camarade dont j'ai oublié le nom.

5) Cette bibliothèque est pleine de livres dont quelques-uns sont en français.

3. Mettez les verbes entre parenthèses aux temps convenables.

Pierre Curie (naître) ________ à Paris en 1859 dans la famille d'un médecin. Son père (être) ________ un homme savant.

Pierre Curie ne (faire) ________ jamais ses études à l'école ; sa mère, son père et son frère lui (donner) ________ des leçons à la maison. Il (aimer) ________ beaucoup la nature : il (faire) ________ souvent des promenades aux environs de Paris. Il (admirer) ______ la beauté des bois , des champs, des rivières, il (étudier) ________ la vie des animaux et des plantes (植物), ainsi il (commencer) ________ à aimer les sciences. A 16 ans, il (entrer) ________ à l' Université. Plus tard, il (devenir) ________ un célèbre savant. Il (travailler) ________ comme professeur à l'Ecole de Physique à Paris.

Pierre Curie et sa femme Marie (recevoir) ________ le prix Nobel（诺贝尔奖）pour leur grande découverte : ils (trouver) ________ un nouvel élément chimique radioactif (放射性元素).

Le grand savant français, Pierre Curie (mourir) ________ en 1906.

Dans des villes de France beaucoup de rues (porter) ________ le nom de Curie.

4. Remplacez le blanc par l'article qui convient ou par une préposition.

1) Je voudrais aller au magasin pour acheter________légumes,________fruits,________ café,________sucre et ________viande.

2) La Chine est ________pays en voie de développement.

3) Paul est________bon élève, il est________meilleur élève de________première année.

4) Garçon , je voudrais________café et ________pain.

5) Shanghai est vraiment________ville industrielle, c'est________ville________plus grande de Chine.

6) Connaissez-vous________homme qui est assis près de ________fenêtre ? C'est ______ professeur________français.

7) Je vous présente Monsieur Dupond,________directeur de notre département.

8) Ma mère ne travaille pas, elle fait toujours________ménage à la maison.

5. Remplacez les blancs par la préposition qui convient.

1) Est-ce que ce texte est difficile________comprendre ?

2) Que ferez-vous________deux ans ? Je serai peut-être________Etats-Unis.

3) Je n'ai pas vu mes parents________2 ans. Je pense toujours________eux.

4) Tu vas revenir________combien de temps ?

5) On peut arriver________Beijing________Canton________avion________2h 45.

6) Il est condamné________mort________assassinat (谋杀).

7) Je demande________rester à l'institut, je n'ai pas envie________bouger.

8) Tout le monde est venu________l'heure, mais tu es ________retard________20 minutes, tu dois te lever________bonne heure.

9) Est-ce que ce travail est convenable________votre copain ?
Enfin, on a assez________faire________ce travail.

6. Remplacez le blanc par le pronom relatif approprié.

1) L'histoire________vous me racontez est très intéressante.

2) Il a un fils________ il est fier.

3) Les fautes________vous avez faites ne sont pas graves.

4) Ils ne savent pas________vous voulez.

5) Je voudrais bien acheter________ j'ai besoin.

6) Il y a quatre personnes entre________il faut partager une somme d'argent.

7) Le pays________ je viens est un pays asiatique.

8) Voici le livre________ j'ai l'intention de lire.

9) Voici le projet________ il a fait et ________ il est content.

10) Voici mon copain avec la sœur________ je voyagerai pendant les vacances.

11) Je vous présente mon ami Pierre________tu connais le fils.

12) Il ne comprend pas________vous vous êtes inquiété.

13) Pensez à________ je vous ai dit.

14) Il a plu toute la journée hier, ________ a empêché le match d'avoir lieu.

15) Je fais mes études au moment________ il s'amuse.

16) La tour en face de ________ je me trouve est impressionnante.

17) ________ je vois, c'est que vous n'avez pas compris cette leçon.

18) Il a vu tout________tu parles.

19) Voilà j'homme________ je vous ai parlé.

7. Transformez les deux phrases en une seule en employant un pronom relatif.

1) Vous lui avez prêté dix dollars. Il en avait besoin.

2) Vous aimez ces gens. Nous allons chez eux cet après-midi.

3) Voici mon professeur, Pierre se marie avec sa fille.

4) Qu'est-ce que tu fais le dimanche ? Je voudrais le savoir.

5) La ville de Suzhou est une belle ville, je viens de cette ville.

8. Traduisez en français.

1) 我需要知道工作时间。

2) 可不可能每周有一个晚上你和玛丽待在一起?

3) 我10岁离开家去尼斯上初中,在那里我是寄宿生。

4) 这15年我一直梦想成为一名教师。

5) 这座城市我过去一直渴望着。

Leçon 16

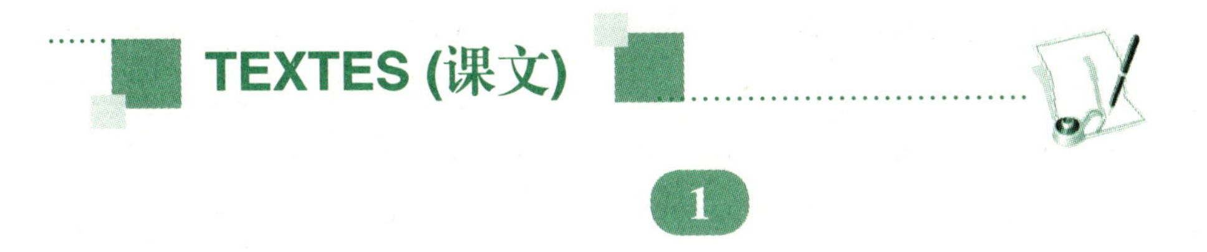

TEXTES (课文)

1

Pourquoi MANGER MIEUX ?

Bien manger, c'est se faire plaisir en préservant sa santé...

Manger est un des grands plaisirs de la vie: plaisir de savourer un bon repas, de faire une pause dans le travail, de se retrouver à table en famille ou entre amis, de ne plus avoir faim et d'être rassasié[1], et même le plaisir de ne pas se soucier de ce qu'on mange ! C'est aussi la satisfaction de préparer pour les autres, de créer une recette, de partager ses « coups de mains », de découvrir des saveurs, d'apprécier la richesse et la diversité des alliances de goûts, de finesse des plats par opposition au trop gras trop salé trop sucré qui alourdit les papilles... Si ce plaisir de manger procure un certain bien-être, il est également vrai que nous construisons notre santé avec notre alimentation. Toutes les études scientifiques le confirment : l'alimentation est un élément essentiel pour protéger sa santé !

Sur le plan alimentaire, quelques habitudes simples à mettre en pratique pour l'alimentation de tous les jours permettent de bien se nourrir en développant le plaisir de manger. Bien sûr des entorses, de temps en temps, à ces habitudes par exemple lors de déplacements, de fêtes, d'imprévus, de placards vides le dimanche soir, quand les magasins sont fermés, ne sont alors pas bien ennuyeuses.

Mangerbouger. fr, le site de la nutrition santé et plaisir

2

Les plaisirs du camping

Tous les ans, six millions de Français ferment leur porte à clef[2] et quittent leur ville pour aller faire du camping. Pourquoi quittent-ils le confort de chez eux pour aller vivre inconfortablement[3] sous une tente? Voici les réflexions d'un de ces campeurs français.

Qu'est-ce que nous cherchons, nous, les campeurs? La première réponse à laquelle[4] j'ai pensé, pendant que je roulais vers la campagne dans ma Citroën[5], est la réponse psychologique. Considérez la vie dans une grande ville. Elle est triste, malsaine et artificielle. Nous vivons les uns sur les autres, et en même temps nous sommes isolés, car personne n'a le temps de s'occuper de nous. Et puis, nous sommes entourés d'ennemis[6] psychologiques; à l'intérieur, c'est le téléphone qui a le droit d'interrompre nos pensées et de nous parler quand il veut. A l'extérieur, c'est la circulation qui nous menace et le bruit inévitable. Alors, quoi de[7] plus naturel que de chercher, à l'époque des vacances, le contraire de tout cela: la solitude, le silence, la liberté, l'air frais de la campagne.

Voilà à quoi[8] je rêvais, en roulant vers le terrain de camping situé en pleine nature. Mais quelle réalité ai-je trouvée en y arrivant?

La solitude? Dans mon terrain de camping il y avait, théoriquement, assez de place pour cinq cents personnes. A mon arrivée, plus de deux mille personnes y étaient déjà installées! Impossible de trouver les quelques mètres carrés[9] qu'il fallait pour installer ma tente! J'ai dû attendre le départ, en fin d'après-midi[10], d'une famille allemande, pour pouvoir enfin m'installer. Le lendemain, en me levant tôt, j'ai pu regarder le lever du soleil—entouré de plusieurs centaines d'autres campeurs. Après, nous nous sommes brossé les dents tous ensemble, ce qui a un peu détruit l'aspect romantique de cette opération.

Le silence? Ne m'en parlez pas! Dans une tente, on entend tout, absolument tout: les radios à transistors, les cris d'enfants, les plaisanteries des pères, les ordres des mères, les casseroles, les voitures. Je me suis vite aperçu que la ville après tout est bien plus calme, car on peut au moins fermer sa porte et ses fenêtres.

L'année prochaine, si j'ai de l'argent, j'irai dans un hôtel au bord de la mer ou à la montagne. Et si je n'ai pas d'argent, je resterai chez moi.

Proverbe : Chose promise, chose due. 言而有信。

VOCABULAIRE (词汇)

préserver	*v.t*	保护,保存
savourer	*v.t.*	品位,品尝
retrouver	*v.t*	重新获得,找回
se retrouver	*v.pr.*	重逢,相见,再会
rassasier	*v.t.*	使吃饱,充饥,使果腹
être rassasié		满足,使心满意足
se soucier (de)	*v.pr.*	为……不安,为……操心,着急
la recette	*n.f.*	配方
alourdir	*v.t.*	加重,使沉重
l'alimentation	*n.f.*	食物
protéger	*v.t.*	保护,防护
nourrir	*v.t.*	供养,抚养
l'entorse	*n.m.*	扭伤,歪曲;损害,破坏
la clef (clé)	*n.f.*	钥匙
entourer	*v.t.*	环绕,围绕
la tente	*n.f.*	姑妈,姨妈,伯母
l'ennemi, e	*n.*	敌人
la réflexion	*n.f.*	思考;反射;想法
l'intérieur	*n.m.*	内部;室内,家里
campeur, se	*n.*	野营的人
le droit	*n.m.*	右面;法规,法律
psychologique	*adj.*	心理学的,心理的
interrompre	*v.t.*	使中断,使停止
considérer	*v.t.*	细看;考虑;重视
la pensé	*n.f.*	思考,思想,思维,想法
malsain, e	*adj.*	不健康的,有病的
l'extérieur	*n.m.*	外部,外面
artificiel, le	*adj.*	人工的,人造的;人为的
le bruit	*n.m.*	噪声,嘈杂声
isolé, e	*adj.*	孤独的,偏僻的

inévitable	*adj.*	不可避免的,不能回避的
naturel, le	*adj.*	天然的,自然的
après	*adv.*	在……之后,在……后面
l'époque	*n.f.*	时代,时期
se brosser les dents		刷牙
le contraire	*n.m.*	相反的事物,对立面,反义词
détruire	*v.t.*	破坏,摧毁;消灭
la solitude	*n.f.*	孤独,寂寞
l'aspect [aspɛ]	*n.m.*	外貌,外观;观点
le silence	*n.*	沉默;寂静
romantique	*adj.*	富有浪漫色彩的
frais, fraîche	*adj.*	凉爽的;新鲜的
l'opération	*n.f.*	作用,活动
rêver	*v.t.ind.*	梦见,梦到;想象
absolument	*adv.*	完全地,绝对地
le terrain	*n.m.*	场地,地
la radio	*n.f.*	电台,收音机
la nature	*n.f.*	大自然
le transistor	*n.m.*	半导体收音机
la réalité	*n.f.*	现实,现实性
l'ordre	*n.m.*	次序,顺序;种类,范畴
théoriquement	*adv.*	在理论上
la casserole	*n.f.*	有柄平底锅
le mètre	*n.m.*	米
après tout	*loc. adv.*	总之,毕竟
la centaine	*n.f.*	百位数,百个,百来个

NOTES (注释)

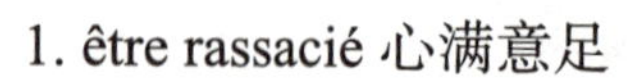

1. être rassacié 心满意足
2. ferment leur porte à clef 锁门
3. in- 前缀,在 b, m, p 前为 im- ,表示“不,非,无”的意思,例如:inconnu, impatient。

4. laquelle为复合关系代词，在句中作penser的间接宾语，代替la réponse。
5. Citroën雪铁龙，作阴性名词，指雪铁龙牌汽车。又如une Renault一辆雷诺牌汽车。
6. 在被动态中，表示伴随、状态等意义的动词，施动者补语往往由介词de引导。
7. 疑问代词quoi可接介词de，再接形容词，不用动词。例如：

   Quoi de neuf ?

   Quoi de plus triste que cette histoir ? (=qu'y a-t-il de plus triste ?)
8. 关系代词quoi 在voilà，voici，c'est后面时，一般可以省去ce，例如：

   C'est à quoi je n'ai pas pensé.
9. les quelques mètres carrés: quelques用在定冠词、主有形容词或指示形容词后，表示“极少的几个”，例如：

   Ce n'est pas avec ces quelques employés que le travail pourra être fait.
10. en fin de: dans la dernière partie de, 如 en fin de journée/ de semaine/ de saison。

TABLEAUX DE CONJUGAISON (动词变位)

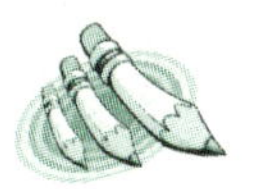

interrompre

j'interromps	nous interrompons
tu interromps	vous interrompez
il interrompt	ils terrompent
Participe passé: interrompu	
Futur simple j'interromprai	Passé simple il interrompit

détruire

je détruis	nous détruisons
tu détruis	vous détruisez
il détruit	ils détruisent
Participe passé: détruit	
Futur simple je détruirai	Passé simple il détruisit

GRAMMAIRE (语法)

Le gérondif (副动词)

副动词是动词的副词形式,用作主句动词的状语。它发生的时间和主句动词相一致。

1) Sa formation:

副动词的构成是介词en加上动词的现在分词。

而现在分词的构成是由动词的直陈式现在时第一人称复数去掉词尾-ons,加上词尾-ant。

动词	直陈式现在时第一人称复数	现在分词	副动词
travailler finir dire	travaillons finissons disons	travaillant finissant disant	en travaillant en finissant en disant

注意特殊情况:

être　　étant

avoir　　ayant

savoir　　sachant

2) Ses particularités:

(1) 副动词无性、数变化。

(2) 副动词为主动态,其施动者为主句动词的主语。

Il est tombé en courant. (en courant的主语就是tombé的主语)

(3) 副动词动作发生的时间与主句动词相一致,即可表示现在、过去或将来。

Il est tombé en courant. (过去)

Il tombe en courant. (现在)

Il tombera en courant. (将来)

(4) 副动词与变位动词一样,也可有宾语、状语等等。

Elle s'agenouilla en portant un plateau. (宾语)

En courant vite, il est tombé par terre. (状语)

(5) 在一些已成为谚语、成语或固定表达方式的句子中,副动词的主语往往和主句动词的主语不同。

L'appétit vient en mangeant. 越有越想有。

Ce chemin est plus court en passant par la forêt. 如果穿过森林这条路近得多。

以上各句的副动词主语和主语动词的主语不同,相当于泛指代词on。

3)Ses emplois:

副动词具有状语从句的功能,在不同的情况下,它可以表达:

(1) 时间 (同时性):

En arrivant, je l'avais déjà remarqué.

那时一到达那儿,我就已经注意到了这一点。

La patronne la lui donne en souriant. 女主人微笑着把它交给他。

(2) 原因:

Il est tombé en courant vite. 他跑得快,跌倒了。

En fumant trop de cigarettes, il est tombé malade. 他吸烟过多,病倒了。

(3) 条件或假设:

En faisant de nouveaux efforts, vous réussirez.

如果您能做出新的努力,就一定会成功。(假设)

C'est en forgeant qu'on devient forgeron. 打铁才能成铁匠。(熟能生巧) (条件)

(4) 方式、方法:

Ils viennent ici en courant. 他们是跑着来这里的。(方式)

La rumeur bizarre augmenta en s'approchant.

这奇怪的嘈杂声越来越近,也越来越大。(方式)

(5) 副动词前可以加上副词tout,只限于表示时间的同时性,或让步、对立,以使主句动词和副动词更紧密地连结起来。

Elle lit des journaux tout en mangeant. 她一边读着报还一边吃着饭。

Il écrit tout en regardant ailleurs. 他一边写还一边看着别处。

I. Faites des exercices d'après le modèle.

1) On nage et on apprend à nager.

—Comment apprend-on à nager ?

—On apprend à nager en nageant.

(1) Tu vas lire ce livre et tu apprendras à écrire.

(2) Faites de nouveaux efforts et vous ferez des progrès encore plus grands.

(3) Travaillez et vivez avec les paysans et vous familiariserez avec eux.

2) Ne lis pas quand tu manges.

Ne lis pas en mangeant.

(1) Paul lit son journal quand il prend son café.

(2) Il a rencontré son ami Wang quand il traversait la rue.

(3) Cet artiste chante quand il danse.

(4) Quand elle est entrée, elle m'a dit : « Soyez la bienvenue ! »

(5) Pendant qu'il faisait ses devoirs, il n'a pas vu le camarade Li entrer.

3) Si vous parliez français plus souvent entre vous, vous feriez plus de progrès.

En parlant français plus souvent entre vous, vous ferez plus de progrès.

(1) Si nous discutons tous ensemble cet article nous pourrons mieux le comprendre.

(2) Si on passe par là, on arrivera plus vite à notre village.

(3) S'il reste chez lui tous les dimanches, il pourra bien se reposer.

(4) Si tu lis ce livre, tu connaîtras mieux la France.

(5) Si tu discutes avec lui, tu sauras pourquoi il ne vient pas.

4) Il travaille et il pense à sa sœur.

Il travaille tout en pensant à sa sœur.

(1) Elle lit le journal et elle tricote.

(2) Il mange et il regarde la télévision.

(3) Ils attendent leurs amis et ils déjeunent.

(4) Tu finiras ta lettre et tu écouteras de la musique.

(5) Il chante et il fait sa toilette.

5) — Comment as-tu pris froid ? En allant au travail ou en prenant un bain ?

— C'est en allant au travail que j'ai pris froid.

(1) Comment arrivera-t-il plus vite à l'école ? En prenant l'autobus ou un taxi ?

(2) Comment pourrons-nous donner rendez-vous à Jacques ? En lui téléphonant ou en lui écrivant ?

(3) Comment a-t-il appris cette nouvelle ? En écoutant la radio ou en regardant la télé ?

(4) Comment a-t-il trouvé la réponse à cette question ? En cherchant tout seul ou en demandant au professeur ?

(5) Comment avez- vous trouvé ce travail ? En lisant le journal ou par un ami ?

2. Exercices sur le texte 2.

1) Rapprochez les deux parties de chaque expression.

(1) installer a. de campeurs
(2) terrain b. de faire qch.
(3) en fin de c. mois
(4) avoir le droit d. une tente
(5) fermer la porte e. de camping
(6) une centaine h. à clef

2) Remplacez les blancs par des mots et expressions du texte 2.

(1) La banque ne _______ pas à me répondre.
(2) La pluie donne un _______ triste à cet immeuble.
(3) Cette jeune fille romantique vous plaît-elle ? —Mais non, c'est le _______
(4) Je dois _______ aller à ce rendez-vous.
(5) Le pavillon est une petite construction _______.
(6) Dans son studio, il n'y a pas assez de _______ pour le piano.
(7) Est-ce que les Français détestent la ville et n'aiment que la _______ ?
(8) Elle répond au téléphone sans _______ son travail.
(9) Il se _______ en buvant.
(10) Il me semble que vous _______ quand vous parlez de paix mondiale.
(11) Vous ne répondez pas à ma question ; à _______ rêvez-vous ?

3. Répondez aux questions suivantes en utilisant le gérontif.

1) Quand Michel pense-t-il à tous ceux qui ont faim ? (profiter de l'appareil ménager)
2) Quand avez-vous dit bonjour à Mme Laval? (entrer dans la classe)
3) Quand son père a-t-il découvert une vieille montre d'acier ?(ouvrir son paquet)
4) Comment avez-vous appris cette nouvelle ? (lire le journal d'aujourd'hui)
5) Comment l'enfant est-il tombé dans l'eau ? (s'amuser au bord de la rivière)

4. Refaites les phrases suivantes avec le gérontif.

1) Lorsqu'on séjourne dans un pays plusieurs années, on en apprend facilement la langue.
2) Elle a rencontré Michel comme elle sortait de la gare.
3) S'il travaillait jour et nuit pendant une semaine, Paul pourrait terminer sa thèse.
4) L'enfant est tombé alors qu'il courait.

5) On s'instruit beaucoup par les voyages.

5. Transformez les phrases comme dans l'exemple.

Exemple : Je me suis coupé le doigt quand j'ouvrais la boîte.

→ Je me suis coupé le doigt en ouvrant la boîte.

1) Vous comprendrez mieux quand vous le verrez.

2) Il a dit ça. Il plaisantait.

3) Tu apprendrais plus vite si tu prenais des cours.

4) Elle est arrivée. Elle pleurait.

5) Vous ne pouvez pas téléphoner quand vous conduisez.

6) J'ai appris à cuisiner. Je regardais ma mère.

7) Vous nous aideriez beaucoup si vous nous donniez cinq euros.

练习答案

Leçon 1

EXERCICES

2. Mettez les verbes entre parenthèses au temps convenable.
   1) lisait 2) faisait 3) me levais 4) était ; allait
   5) allaient 6) j'écoutais 7) c'était ; avait
5. Mettez les verbes entre parenthèses au temps et au mode qui conviennent.
   suis allé, suis arrivé, lisait, sommes sortis, avons pris, sommes entrés, avait, chantaient, dansaient, nous sommes promenés, faisait, avait, sommes rentrés, a passé
6. Traduisez en français.
   1) Ils se sont mariés depuis cinq ans.
   2) Nous avons échangé nos numéros de portable.
   3) Madame Curie a obtenu le Prix Nobel.
   4) Elle est morte dans un accident.

CONTRÔLE

1. Répondez aux questions avec «en, y», ou un pronom complément d'objet direct.
   1) Non, je suis en train de les faire.
   2) Oui, tout le monde y est allé.
   3) Oui, elle y a assisté.
   4) Oui, je vais la voir.
   5) Oui, nous y sommes allées.
   6) Nous en avons eu cinq.
   7) Oui, je vais les y recevoir.
   8) Oui, ils en ont acheté beaucoup.
   9) Oui, je veux les lui donner.
   10) Oui, ils y sont montés.
2. Mettez les verbes entre parenthèses au temps convenable.
   n'est pas, suis déjà allée, aime, faire, suis allée, sommes parties, sommes arrivées, a trouvé, sommes montées, avons pris, avons bu, nous y sommes reposées, a beaucoup plu, sommes rentrées, sommes, voulons

3. Employez les mots suivants: *raconter, être en train de, excuser, parler, dire, se précipiter, se sentir, préparer, se reposer, plaire*.
   1) Excusez, me sens, me reposer 2) parler 3) plaît 4) raconte
   5) dire 6) est en train, préparer 7) se précipitent

Leçon 2

EXERCICES

3. Remplacez les blancs par une préposition ou un article contracté et supprimez, s'il y a lieu, l'article.
   1) à ; de 2) en bas ; avec 3) de ; à 4) de
   5) en ville ; pour 6) dans 7) des bagages 8) de ; au lit
   9) d'aller ; en 10) à ; chez
4. Mettez au futur simple les verbes entre parenthèses.
   1) te lèveras 2) verras, verrai 3) arrivera, irons
   4) finirai 5) viendront, passerons 6) réviseras
   7) n'aurons pas, ferons 8) aurez 9) seras
   10) se lèveront, pourrez
5. Mettez les verbes entre parenthèses au temps qui convient.
   pleuvait, est sortie, n'avait pas, attendait, est arrivée, s'est mise, a pris, avait, a donné, a téléphoné, est venu, a dit, était, a fait, est allée, a commencé, est revenue
6. Traduisez les expressions suivantes en chinois et utilisez-les dans des phrases.
   prendre froid 着凉
   prendre des médicaments 吃药
   prendre de la soupe 喝汤
   prendre du vin 喝酒
   prendre le repas 吃饭
   prendre sa tension 量血压
   prendre une douche 洗淋浴
   prendre un billet 买票
   prendre le train 坐火车
   prendre l'avion 坐飞机
   prendre l'autobus 乘坐公交车
   prendre des photos 拍照
   prendre sa température 量体温
   prendre le soleil 晒太阳
9. Traduisez en chinois.
   1) 我将有许多事要做。 2) 去国外旅行将很惬意。
   3) 她们什么时候出发去法国? 4) 她们将很高兴在乡下度过几天。
   5) 我打算7月去加拿大旅行。
10. Traduisez en français.
   1) Nous pourrons changer nos portables dans trois ans.
   2) L'été dernier, j'ai été à Beijing.

3) Il ira en Angleterre pour prendre son congé la semaine prochaine.

4) Il faut vivre avec son temps.

5) Ces étudiants français seront très contents de passer quelques années en Chine.

CONTRÔLE

1. Conjugaison.

au présent
- j'emmène
- tu écris
- il met

au futur simple
- nous accueillirons
- vous vous sentirez
- elles serviront

au passé composé
- nous nous sommes sentis
- elle est restée

à l'imparfait
- vous accueilliez
- ils mettaient

2. Répondez aux questions suivantes en utilisant les pronoms qui conviennent.

1) Oui, elle les y a accompagnés.
2) Oui, je l'ai déjà apprise.
3) Ils en ont appris cinq.
4) Ils y ont très bien répondu.
5) Non, il ne l'a pas expliquée cette semaine.
6) Oui, nous les avons déjà faits.
7) Nous les avons passées en Italie.
8) Oui, il les a visités.
9) Oui, elle l'a retrouvée.
10) Oui, il l'y a emmenée.

3. Remplacez les blancs par un pronom personnel qui convient et accordez, s'il y a lieu, le participe passé.

1) la, n'y 2) en 3) J'y 4) l'ont visitée 5) leur
6) l'écouter 7) les ai faits 8) nous, nous a invités

4. Mettez les verbes entre parenthèses au temps qui convient.

sont venus, sont allés, ont admiré, sont, ont vu, sont allés, ont acheté, a organisé, a emmenés, a donné

5. Traduisez en français.

1) Tous les jours, Marie s'occupe des élèves; tous les soirs, elle s'occupe du fils de sa sœur aînée.

2) Eva s'intéresse beaucoup à ce parfum, elle l'achètera la semaine prochaine.

3) Bernard veut passer les vacances à Venise, mais sa femme n'est pas d'accord.

4) S'il fait beau demain, maman nous amènera au parc.

5) Les élèves apprendront les maths, les langues et les sciences à l'école, ils y apprendront aussi à vivre ensemble.

Leçon 3

EXERCICES

2. Exercices sur les propositions complétives.

1) Il lui dit qu'il est de Harbin.

Il lui dit qu'il travaillait dans une école secondaire avant de venir ici.

Il lui dit qu'il n'est jamais allé à Shanghai.

Il lui dit qu'il va faire du sport.

Il lui dit qu'il vient de rentrer.

Il lui dit qu'il ira voir ses parents pendant les vacances.

2) 1) J'espère qu'ils nous écriront bientôt.

2) Elle dit au médecin qu'elle a pris froid dans l'avion.

3) Vous savez qu'il est parti ?

4) J'espère que vous m'accompagnerez à l'hôpital.

5) Vous savez qu'elle a fini de préparer ses bagages?

6) Je pense qu'ils ont fait ce travail.

7) J'espère que vous n'avez pas pris froid.

8) Je crois que vous avez couru trop vite.

3. Remplacez les blancs par un article ou la préposition de et supprimez, s'il y a lieu, les points.

1) l'　　2) un, /　　3) /, des, un, de　　4) un des, l', les

5) le, des, d'　　6) au, du　　7) de

4. Mettez une préposition convenable entre parenthèses.

1) à　　2) dans　　3) de　　4) de　　5) pour

6) pour　　7) depuis

5. Traduisez en français.

1) Je ne me sens pas bien depuis deux jours, j'ai de la fièvre, je n'ai pas d'appétit.

2) Je vais vous prendre la température et vous ausculter.

3) Vous toussez, parce que vous fumez trop.

4) Voilà des pilules, trois fois par jour, deux pilules avant chaque repas.

5) J'ai téléphoné à mon professeur hier, il n'a pas téléphoné à son professeur.

CONTRÔLE

1. Mettez un article indéfini aux mots suivants et traduisez-les en chinois.

un　　un　　une

une　　une　　un

une　　une　　un

un　　une　　un

3. Mettez les verbes entre parenthèses à l'imparfait.

1) faisaient　　2) logions, étions

3) faisait　　4) faisait, brillait, était, avait, chantaient, était

4. Mettez les verbes entre parenthèses au temps convenable.

faisait, neigeait, attendions, rentre, étions, a frappé, a couru, est entré, n'était pas, avait, a dit, suis, a eu, l'a amené, vais, Avez, n'a rien dit, n'a même pas pleuré, a pris, est sortie.

5. Répondez aux questions suivantes avec un pronom complément d'objet.

1) Oui, je l'ai vue hier.　　2) Oui, il les a rencontrés dimanche dernier.

3) Oui, je l'ai bien comprise.　　4) Non, elle ne lui a pas téléphoné.

5) Non, je n'y suis pas allé l'an dernier.

6. Traduisez en chinois le paragraphe suivant.

Mais la mécanisation apporte d'autres problèmes : par exemple, mon oncle a dû emprunter de l'argent à la banque. Et il n'arrête pas de se demander comment rembourser toutes ses dettes.

但是机械化带来了其他的问题：例如，我的叔叔不得不向银行借钱。并且他不断地思考怎么还上所有的欠款。

Leçon 4

EXERCICES

5. Exercices divers.

1) Mettez au féminin les noms suivants.

une actrice　　une directrice

une lectrice(读者)　　une institutrice(小学教员)

une spectatrice　　une inspectrice(视察员)

2) Mettez au passé composé le verbe passer dans les phrases suivantes.

1) est passé　　2) ont passé

3) Avez-vous passé　　4) s'est passé

5) sont passées

3) Remplacez le discours direct par le discours indirect.

1) Le docteur demande à Pierre :

ce qu'il a.

s'il tousse.

s'il avait de la fièvre.

quelle température il avait.

où il a mal ?

s'il a souvent mal à la tête.
s'il fume.
si quelqu'un peut porter l'ordonnace à la pharmacie.
comment il veut rentrer chez lui.

2) Yang demande à Wang :
quel film on projette aujourd'hui.
si c'est un film en couleurs.
qui sont les acteurs principaux.
comment est la mise en scène.
ce qui se passe dans ce film.
à quelle heure commence ce film.

6. Transformez le discours direct en discours indirect.

1) Madame Berger dit que son fils a disparu.
2) Monsieur Legrand lui demande comment est son fils.
3) Elle répond qu'il a trois ans, qu'il a des cheveux blonds et des yeux marron, et qu'il porte un petit slip bleu et rouge.
4) Madame Berger demande si l'on va retrouver son fils.
5) Wang Fang demande à Monsieur Gauthier ce qu'il veut visiter.
6) Il lui répond qu'il a déjà vu une usine textile à Shanghai et qu'on lui a montré un hôpital à Nanjing.
7) Il lui demande s'il est libre dimanche toute la journée.
8) Song Mei demande à Guo Hong ce qu'on fête à Noël.
9) Song demande à Guo ce qui se passe à Noël.
10) Dis-moi comment ta soirée s'est passée.
11) Jacques demande à Nathalie pourquoi la fête du Printemps est une fête importante pour les Chinois.
12) Le docteur dit au malade qu'il a la gorge très rouge et qu'il a dû prendre froid.
13) Monsieur Gauthier dit à Monique que cela fait trois mois qu'il cherchait du travail et qu'il en a enfin trouvé hier.
14) Elles nous écrivent que Nathalie les a accompagnées à la Tour Eiffel.
15) Paul dit à ses amis qu'ils iront à la Grande Muraille s'il fait beau demain.
16) J'espère que vous nous servirez de guide pendant notre voyage.

7. Traduisez en français.

1) Il me demande combien d'étudiants il y a dans notre classe.
2) Dites-moi qui est votre directeur.
3) Je lui demande où est la bibliothèque.
4) Je lui demande si elle peut participer à la soirée d'aujourd'hui.
5) Sais-tu quel film on projette ce soir ?

6) Sais-tu à quelle heure commence la conférence ?
7) Dis-moi ce qui s'est passé.
8) Sais-tu comment il va ?
9) Je ne sais pas pourquoi il n'y a pas de film cet après-midi.
10) Il dit qu'il veut voir le film de ce soir.
11) Dis-moi avec qui il a écrit ce roman.
12) Je ne sais pas ce qu'il a écrit dans la lettre.

8. Mettez les verbes entre parenthèses au temps qui convient.
n'est pas allée, est, tousse, n'était pas, a travaillé, est arrivée, est allée, avait, a, est, a, a téléphoné, n'est pas, rentrera

9. Remplacez les blancs par les mots suivants: *rester, avoir besoin de, commencer, trouver, se mettre, entendre parler*.
1) n'ai plus, entendu parler
2) a besoin de
3) vous mettre
4) trouve
5) reste
6) commence

10. Thème.
1) Je vais au cinéma pour rire, pour pleurer, pour partager mes sentiments avec des inconnus.
2) Nathalie tousse souvent, elle a besoin d'aller chez le docteur.
3) Fanny trouve ce film intéressant.
4) Il ne faut pas se moquer des autres.
5) Hier, nous sommes allés voir un film français *Deux amis*, nous avons eu besoin de faire la queue. Une heure après, quand « *la Fin* » est apparue sur l'écran, nous avons tous quitté le cinéma.

CONTRÔLE

1. Conjuguez les verbes suivants.

Au futur simple :
j'aurai
tu iras
il pourra
elles verront
nous saurons

A l'imparfait :
nous faisions
tu commençais
il pleuvait
je mangeais
vous étudiiez

Au passé composé :
il a eu
je suis allé
elles sont venues
nous nous sommes assis
vous avez été

3. Mettez les verbes entre parenthèses au temps qui convient.
   n'es pas allé, es, ne me sens pas, n'es pas allé, viens, a dit, m'a dit, c'était, c'est/c'était, c'est, m'a donné, Garde, ira, seras, t'expliquerai
4. Remplacez les blancs par des pronoms convenables et faites l'accord, s'il est nécessaire.
   lui, lui, la, vous, moi, vous, moi, me, l'ai pas tuée, l'avez pas tuée, l'avez-vous guérie, l'avez ni tuée ni guérie, vous

Leçon 5

EXERCICES

4. Exercices divers.
   1) Traduisez en chinois les phrases suivantes.
      1) 这个国家的人口比中国少17倍。
      2) 中国的面积是法国的17倍。
      3) 我的房间比他的小1倍。
      4) 今年小麦的产量是去年的3倍。
      5) 学生数量是1979年的5倍。
   2) Donnez les adjectifs correspondant aux noms suivants.

belge	chinois, e
français, e	espagnol, e
italien, ne	anglais, e
suisse	allemand, e

   3) Mettez au pluriel les noms et les adjectifs suivants.

les journaux	les drapeaux	les jeux
les canaux	les tableaux	les cheveux
locaux	occidentaux	fédéraux
mondiaux	principaux	ruraux

5. Mettez les adjectifs entre paranthèses au comparatif ou au superlatif, en veillant à l'accord.

1) plus grand, la plus grande	2) moins hautes
3) le plus long	4) aussi chaud
5) plus chère, meilleure	6) les plus animées
7) plus âgés	8) le plus jeune, la plus vieille
9) la meilleure	10) les plus froides
11) le plus difficile	12) plus anciennes
13) meilleure	14) plus intéressant

6. Remplacez les blancs par un article convenable et supprimez, s'il y a lieu, les points.

   les, La, le, le, la, La, d', un, l', le, le, l', les, le, le, les, du, les, la, la, Au, la, la, la, la, le, des, la

7. Complétez les phrases suivantes avec *plus, aussi, moins*.

   1) plus 2) plus 3) moins 4) plus 5) plus
   6) plus 7) plus 8) plus

8. Mettez à la forme convenable du passé composé les verbes entreparenthèses.

   1) a plu 2) a construit 3) a été construite 4) ai rencontré
   5) Avez-vous reçu 6) n'a pas pu 7) n'avons pas eu 8) ai fait

10. Traduisez en français.

   1) Xiao Li est aussi grand que Xiao Wang.
   2) C'est le parc le plus grand de la ville.
   3) Mon appartement donne sur l'avenue.
   4) Il veut déménager dans un autre quartier.
   5) Contrairement aux villes américaines, les villes françaises ont un centre commerçant.
   6) Toutes les lignes de métro desservent le centre ville.

CONTRÔLE

1. Conjugaison.

   1) Au présent :
      il vaut nous ouvrons
      tu crois vous dites
      je me souviens elles prennent
   2) Au passé composé :
      j'ai mis nous nous sommes réveillés
      tu es descendu vous avez cru
      il a su elles sont parties
   3) A l'imparfait :
      je tenais nous nous promenions
      tu faisais vous croyiez
      elle allait ils valaient
   4) Au futur simple :
      je verrai nous recevrons
      tu seras vous aurez
      il vaudra ils feront
   5) A l'impératif :
      fais sache
      ayez finissons

réveille-toi　　soyez

2. Mettez les verbes entre parenthèses au temps qui convient.

sont, étaient, habitaient, sont venus, est, étudie, ont visité, étaient, n'ont rien trouvé, essaieront

3. Mettez les adjectifs entre parenthèses au comparatif ou au superlatif.

1) plus grande　2) moins travailleur　3) plus grande
4) la plus difficile　5) plus intéressante　6) la meilleure
7) meilleure　8) la plus travailleuse　9) plus petit
10) plus belle　11) plus beau, plus longs, la plus grande, moins grande

4. Traduisez en français.

1) Nous avons passé une bonne journée.
2) Je rêve d'un balcon et d'une petite terrasse.
3) La ville est séparée de la banlieue par le périphérique.
4) Plus on s'éloigne du pays natal, plus on pense à la famille.
5) Quels sont les meilleurs films de cette année ?

Leçon 6

EXERCICES

3. Complétez les phrases suivantes avec *mieux*, *le mieux*, *meilleur(e)(s)* ou *le(s) meilleur(e)(s)*.

1) mieux; meilleur　2) mieux　3) mieux; meilleur
4) mieux　5) meilleures　6) mieux
7) les meilleurs　8) meilleurs

4. Complétez les phrases avec *mieux*, *meilleur* ou *pire*.

1) meilleure　2) mieux　3) meilleur
4) pire　5) mieux　6) mieux
7) pire　8) meilleure

5. Remplacez les blancs par les prépositions convenables.

1) du, pour　2) de, à　3) devant (près de)　4) au
5) vers　6) à　7) chez (avec)　8) à, avec
9) d'　10) En　11) à　12) sur
13) dans　14) avec

6. Traduisez en français.

1) Cet étudiant s'est levé le plus tôt ce matin.
2) Je conduis le plus lentement.
3) Tu as fait autant de fautes que lui dans la dictée.
4) Sa mère va de mieux en mieux.
5) Elle parle le plus vite français de notre classe.

CONTRÔLE

1. Connaissez-vous les noms qui correspondent à ces verbes ? Complétez à l'aide d'un dictionnaire.

1) organiser → organisation
2) associer → association
3) résumer → résumé
4) utiliser → utilisation
5) écouter → écoute
6) apprécier → appréciation
7) voyager → voyage
8) repérer → repérage
9) déménager → déménagement
10) créer → création

2. Complétez les phrases avec « encore » ou « déjà » ou « toujours ».

1) encore
2) déjà, encore
3) encore
4) toujours

3. Remplacez les blancs par une préposition ou un article et supprimez, s'il y a lieu, les blancs.

1) des, de
2) /, à, chez
3) à, de, le
4) de
5) la, à (pour), les, de la
6) Après (avant), de, en, de
7) à la, à, de la
8) /, de, le, du

4. Complétez les phrases avec le mot qui convient.

1) sûr
2) C'est, ces
3) quant
4) ça
5) On, ont
6) dû
7) mis
8) faite
9) de la
10) ton
11) Son

5. Complétez les phrases avec « *quelque chose* », « rien », « quelqu'un » ou « personne ».

1) quelqu'un, personne
2) quelque chose
3) Personne
4) Quelqu'un
5) rien
6) rien
7) Rien, Quelque chose
8) quelque chose, rien

6. Mettez les infinitifs au temps et au mode qui conviennent.

1) est allée, se sont dit
2) irons, achèterons
3) ont pris
4) ferez, j'enverrai
5) m'a demandé, oublier, d'écrire
6) Ecrivez, arriverez (arrivez)
7) aura, viendra, l'accueillirons

7. Ecrivez le verbe entre parenthèses au passé composé.

1) l'a prise
2) l'ai vue
3) avez visitées
4) ai mises
5) m'a offerte
6) l'ai invitée

8. Ecrivez les verbes entre parenthèses à l'imparfait.

1) existaient
2) savais, habitait
3) permettait
4) faisait
5) attendaient
6) voulait
7) devions
8) voyait

9. Traduisez en chinois les phrases suivantes.

1) 昨天,我哥哥读了一本小说。
2) 我哥哥放学后总是会读小说。

3) 我昨晚睡得很好。
4) 我睡觉的时候经常做梦。
5) 因为下雨,所以我在宿舍待了一整天没有出去。
6) 我每周日都待在阅览室。
7) 他进来的时候我正在看书。
8) 我正在看书的时候,他在写信。

10. Mettez les verbes entre parenthèses au temps convenable.

restons, voyons, lavons, passons, sont sorties, faisait, était, avait, ont pris, ont vu, racontait, a beaucoup plu, l'ont trouvé, est rentrée, est allée, ont passé, ne sortirai pas, devrai, aurons, parlera, préparerons, sera, passer

11. Traduisez en français.

1) Hier, j'ai retenu trois billets d'avion pour Beijing.
2) Michel, emmène ce monsieur à la chambre 304.
3) M. Vincent a réservé une chambre avec salle de bains.
4) L'hôtel est complet, toutes les chambres sont occupées.
5) Vous montez par ascenseur d'abord, le garçon va monter vos bagages tout de suite.
6) Si tu ne sais pas ce mot, tu n'as qu'à consulter le dictionnaire.
7) Sa chambre est confortable à Beijing.
8) La bibliothèque est à gauche de la salle de sport.
9) Excusez-moi, tout est occupé ici.
10) Nous ne voulons pas prendre la chambre du neuvième étage, parce qu'elle est trop petite.
11) Je vais téléphoner à l'Hôtel de Paix tout de suite pour vous réserver une chambre à double-lits.

Leçon 7

EXERCICES

3. Mettez en relief les mots soulignés dans les phrases suivantes en employant « c'est... que ».

1) C'est avec l'aide de mon professeur que j'ai traduit ce texte.
2) C'est en français qu'elle a parlé aux visiteurs étrangers des transformations de sa ville.
3) C'est chez mon oncle que j'ai passé mes vacances l'année dernière.
4) C'est à l'âge de 13 ans que j'ai commencé à apprendre le français.
5) C'est une usine que nous irons visiter dimanche prochain.
6) C'est maintenant que mon pays natal a beaucoup changé.
7) C'est à tes parents que tu écris ?
8) C'est avec ses élèves que le professeur visitera cette usine.

9) C'est à la gare que nous attendons les nouveaux camarades.
10) C'est dans la rue que je l'ai rencontrée hier.

4. Transformez les phrases : utilisez « ce qui...c'est » ou « ce que...c'est » pour mettre en relief l'élément souligné.
   1) Ce que je déteste c'est son attitude.
   2) Ce qui m'a vraiment énervé c'est sa réponse.
   3) Là, maintenant, ce que je voudrais c'est un bon lit pour bien dormir.
   4) Ce qui lui plairait certainement c'est un gentil petit message.
   5) Ce que je ne sais pas c'est pourquoi il ne veut plus me parler.

5. Complétez les phrases avec « qui » ou « que ».
   1) que 2) qui 3) que 4) qui 5) qu' 6) qui

6. Complétez les phrases avec « qui est-ce qui », « qui est-ce que », « qu'est-ce qui » ou « qu'est-ce que ».
   1) Qu'est-ce que 2) Qui est-ce qui 3) Qui est-ce que
   4) Qu'est-ce qui 5) Qui est-ce qui 6) Qu'est-ce que

7. Remplacez, selon le sens, les points par « ne...pas », « ne...plus » ou « ne...que ».
   1) ne, qu', ne, pas 2) ne, qu' 3) ne, pas (plus)
   4) n', qu', n', pas 5) Ne, qu' 6) ne, pas
   7) n', que 8) ne, pas (plus) 9) n', pas

8. Lisez le texte, puis complétez les phrases.
   1) La mairie 2) ferme 3) réalisera
   4) une enquête 5) ont été mises

9. Transformez les phrases comme dans l'exemple.
   1) Une nouvelle réunion sera organisée par le directeur.
   2) Mon chèque n'a pas été accepté par la banque.
   3) Mon livre va être publié par les éditions Gallimard.
   4) Une nouvelle eau de toilette a été créée par Chanel.
   5) La lettre a été envoyée hier par lui.
   6) Isabelle va être très bien accueillie par ses amis.
   7) Les exercices sont faits tous les matins.
   8) La chambre n'a pas été faite par la femme de ménage.

10. Traduisez en français les phrases suivantes avec le pronom relatif « qui ».
   1) Nous avons rencontré un ouvrier retraité qui a plus de 60 ans.
   2) Nous devons aider les camarades qui ont des difficultés dans leurs études.
   3) Le dictionnaire qui est sur la table est à Pierre.
   4) La fille qui s'assoit/ s'assied/ est assise près de la fenêtre s'appelle Marie.
   5) Les étudiants qui ne s'efforcent pas d'étudier ne peuvent pas réaliser des progrès /qui ne sont pas travailleurs ne font pas de progrès.

6) Les professeurs ont reçu des amis français qui étaient venus de Beijing en train.

7) La semaine dernière, nous avons visité un village qui se trouve en banlieue ouest de Shanghai.

8) L'étudiante qui a été interprète / a servi d'interprète aux visiteurs étrangers hier parle bien français.

9) La machine a remplacé en grande partie le travail des hommes et des animaux à la campagne. Autrefois les gros travaux qui se faisaient à la main sont faits par la machine maintenant.

CONTRÔLE

1. Trouvez le féminin des noms suivants.

paysanne	institutrice	mère	fille
ouvrière	employée	sœur	étudiante
vendeuse	tante	cousine	dinde
brebis	poule	vache	cane
médecin	réceptionniste	agricultrice	directrice

2. Complétez les phrases avec « pas » ou « ni ».

1) ni, ni　2) pas, ni　3) ni, ni　4) pas, ni
5) pas (ni), ni　6) pas (ni), ni　7) ni, ni　8) ni, ni

3. Complétez avec « ce », « cet », « cette » ou « ces ».

1) ce　2) cette　3) cet　4) ces
5) cette　6) ces　7) cette　8) ce

4. Complétez ces slogans avec *le /la/les (plus)* ou *le /la/les (moins)*.

1) le plus　2) les　3) le moins, le plus
4) les plus　5) le moins, le plus　6) la plus, la plus

5. Corrigez les fautes dans les phrases suivantes.

1) parler → dire　2) acheté → acheter
3) ni → ne, à → de　4) émouvant → émouvante
5) participer → participer à　6) que → qui
7) 去掉 est-ce que　8) si sont-ils → s'ils sont, arrivé → arrivés
9) qui → que　10) et il → et qu'il

6. Mettez à l'imparfait ou au passé composé les verbes entre parenthèses.

1) ne se sentait pas, j'ai appelé　2) était, a demandé
3) travaillait, se levait　4) étions, faisions
5) faisais, est venu　6) suis allé, j'ai pris
7) j'arrivais, rentrais　8) suis né, habitaient
9) a plu, a plu, a fait　10) attendait, est arrivé

11) étaient, est entré
12) était, était, n'avons pas eu
13) faisait, ne suis pas sorti, j'ai révisé
14) m'a dit, est partie
(15) parlait, est arrivée
(16) travaillait, s'est arrêté
(17) ne pleuvait pas, suis sorti
(18) ont pris, sont allés
(19) n'a pas pu, avait

7. Traduisez en français.

1) Pendant les vacances d'été, je faisais la lecture tous les matins chez moi.

2) Quand ce vieux paysan labourait la terre, nous lui donnions souvent un coup de main.

3) Autrefois/Avant/Dans le temps, le professeur Zhang habitait tout seul dans la chambre de son école. L'année dernière, sa femme et ses enfants sont venus à Shanghai. Maintenant, toute sa famille habite dans un appartement près de l'école.

4) Ce travail se fait à la main, mais pas par la machine.

5) On a besoin de toutes sortes de machines à la campagne : tracteurs, camionnettes et moissonneuses, sans parler des moteurs électriques.

6) —Tu n'as pas de choses à faire aujourd'hui ?
—Si, il y a toujours beaucoup de choses à faire.

7) En général, chaque ferme a des camions, des moteurs électriques, des moissonneuses et des tracteurs.

8) Le mois dernier, Wang Lin est rentré à son pays natal. Il a aidé les paysans à moissonner le blé.

9) Les pommes de notre région sont connues dans tout le pays.

Leçon 8

EXERCICES

2. Mettez les verbes entre parenthèses au plus-que-parfait.

1) n'avais pas revu
2) étions partis
3) n'avait pas voulu
4) j'avais bien dormi, j'avais pris
5) l'avait prévenu
6) avaient fait
7) avait connues
8) j'avais perdu

3. Mettez les verbes entre parenthèses au plus-que-parfait, à l'imparfait ou au passé composé.

1) allait, se mettait
2) suis arrivé, était parti
3) sommes partis, s'était déjà levé
4) sont rentrées, était déjà tombée
5) suis allé, était sorti
6) devait / a dû, avait blessé
7) a lu, avait acheté
8) avons fini, avions commencé
9) étaient, avaient fait
10) me suis endormi, j'avais eu
11) avait, avait vite couru
12) j'ai enveloppé, avait pesé

13) étions, avions reçu
14) avait, n'avait rien mangé
(15) a retrouvé, avait perdu
(16) as déjà fini, avais acheté
(17) as dit, n'aviez pas voulu
(18) racontait, avait vus, était
(19) m'avez rendu, avais prêté
(20) n'a pas pu, avait posées
(21) avait ramassé, n'était
(22) avaient labouré,; ont été remplacés
(23) m'a écrit, avait visité
(24) m'a dit, avait été sauvé
(25) ont examiné, avait reçues

4. Ecrivez le verbe entre parenthèses au temps qui convient.

1) a sonné
2) était parti
3) ne l'a pas entendu
4) t'avais dit
5) j'étais
6) avait acheté

5. Reliez les propositions suivantes par les pronoms relatifs « qui » ou « que ».

1) Le garçon qui m'appelle est mon frère.
2) Cette jeune fille qui est malade ne mange pas.
3) Vous pouvez lire ces revues qui sont très intéressantes.
4) L'avion qu'on a attendu aujourd'hui n'est pas arrivé.
5) Cet homme qui porte une veste grise se dirige vers nous.
6) La photo que vous avez prise avant-hier est très réussie.
7) La vieille femme qui revient de la poste est ma voisine.

6. Complétez les phrases avec « qui » ou « que ».

1) que
2) que
3) qui
4) qui
5) que, que, qui
6) que, qui

7. Ajoutez « je ne savais pas » et « il m'a demandé » aux propositions suivantes.

1) Je ne savais pas si Paul voulait voir un film de fiction.
2) Je ne savais pas si Monsieur Dupont était venu de Shanghai.
3) Je ne savais pas ce qui s'était passé dimanche dernier.
4) Je ne savais pas ce qu'ils avaient fait quand ils avaient été à la campagne.
5) Je ne savais pas ce qui était intéressant dans ce roman.
6) Je ne savais pas ce qu'il allait faire après son travail.
7) Je ne savais pas comment vous travailliez.
8) Je ne savais pas où on allait passer ce film.
9) Je ne savais pas de quoi tu avais parlé au professeur.
10) Je ne savais pas pourquoi il avait été en retard hier.

8. Transformez les phrases suivantes en une phrase complexe.

1) Elle m'a dit que son copain ne pouvait pas venir voir le film.
2) Il lui a dit qu'il s'appelait Pierre.
3) Elle m'a dit qu'elle ne voulait pas y aller.
4) Fanny a dit qu'elle venait voir Jacques.
5) Catherine a dit à sa tante qu'elle espérait venir un jour la voir.
6) Ils ont demandé à leurs amis s'ils n'aimaient pas voyager en avion.

7) Nathalie lui a demandé si elle n'était pas contente.

8) Louise a dit à sa sœur qu'elle lui avait téléphoné trois fois.

9) Les étudiantes ont dit qu'elles étaient allées voir leur professeur.

10) Paul a demandé à son papa s'il avait réparé sa voiture.

9. Remplacez les blancs par une préposition convenable.

1) dans	2) de, d'	3) de	4) à	5) du
6) dans	7) parmi	8) sur / selon	9) sous, d'	10) Au
11) dans, de	12) à, d'	13) de, de	14) dans	15) vers
16) de	17) d'	18) d'	19) de	20) de

10. Traduisez en français en employant les verbes aux temps passés.

1) Li Ming nous a envoyé deux photos qu'il avait prises à Paris.

2) Le professeur a corrigé les devoirs que les étudiants lui avaient rendus jeudi.

3) J'aime bien le livre que Paul m'a donné l'an dernier.

4) Mme Dubois était très inquiète, parce que son enfant avait disparu la veille.

5) Le grand-père dit qu'il aimait faire du sport quand il était jeune.

6) J'ai entendu dire que tu étais venu me chercher, as-tu quelque chose à me dire ?

7) Hier, nous avons reçu deux ingénieurs qui avaient terminé leurs études à l'Université de Nanjing.

8) Nous savons que nous pouvons prendre l'autobus 57 pour aller au zoo, parce que nous l'avons déjà demandé à Wang Ming. Il est de Shanghai.

CONTRÔLE

2. Mettez les verbes entre parenthèses aux temps qui conviennent.

1) irez-vous, fait

2) était déjà partie

3) était rentrée

4) attendait, êtes descendu

5) ai reçu, travaille, l'ai connu

6) révisais, est entré

7) avaient décidé

8) ont déjà fini

9) avions vu

10) ai reçu

3. Mettez les verbes entre parenthèses au temps convenables.

a vu, faisaient, n'a pas pu, a dit, a essayé, répondaient (n'ont presque rien répondu), avaient, a trouvé, avait lu, avaient attaqué, a pensé, peuvent, sont, sont assis, a eu, a traversé, s'est arrêté, a expliqué, ne pouvait pas, sont parties, a annoncé, vient, avaient attaqué

4. Répondez aux questions suivantes en employant des pronoms personnels compléments.

   1) Oui, ils en ont mangé.

   2) Oui, nous l'avons entendu.

   3) Oui, je les ai retrouvés.

   4) Oui, j'en ai acheté.

   5) Oui, nous en avons parlé.

   6) Non, je n'en ai pas besoin.

   7) Oui, ils en ont trouvé un.

   8) J'en ai reçu 4.

   9) Oui, il en a lu plusieurs.

   10) Oui, il en a beaucoup bu.

5. Lisez les dialogues et écrivez quel nom remplace chaque pronom.

   les : mes parents

   l' : mon voisin

   l' : Mia

   la : la rue de Milan

   la : la rue de Milan

   la : la rue de Milan

   leur : les personnes de l'office de tourisme

6. Traduisez en français.

   1) Dans cinquante ans, la Chine sera un des pays industriels les plus importants du monde.

   2) En général/En un mot, l'industrie de la Chine est moins développée que celle de la France.

   3) Qui est ton meilleur ami ?

   4) Mon professeur est aussi gentil que celui de ma sœur.

   5) Ce film est beaucoup plus intéressant.

   6) C'est la meilleure classe du département français.

Leçon 9

EXERCICES

3. Complétez les phrases avec *celui*, *celle*, *ceux*, *celles*, *celui-ci*, *celui-là*, *ceux-là*, *celles-là*, *ça*, *celles-ci*.

   1) Celui　　2) ceux- là, ceux　　3) Ça

   4) celui　　5) Celui-ci, celui-là

4. Complétez avec *lequel, laquelle, lesquels* ou *lesquelles*.

   1) Laquelle　　2) Laquelle　　3) Lequel　　4) lequel

5. Remplacez les mots soulignés avec les pronoms possessifs.

1) la mienne 2) le vôtre 3) le tien 4) le mien 5) la tienne

6) la leur 7) les miens 8) la vôtre 9) le mien 10) le leur

6. Remplacez les mots en italique en utilisant un pronom démonstratif.

1) celui 2) celle 3) celui 4) celles 5) celles 6) celui

7. Complélez avec pronoms démonstratifs suivants : *celui-là*, *celui qui*, *celui que*.

1) Celui qui, celui-là, celui qui, celui que

2) Celui qui, celui que

8. Remplacez les mots soulignés par *celui*, *celle*... *lequel*, *laquelle*...

1) Lequel 2) celles-là 3) celui 4) Ceux 5) celles

9. Remplacez les points par une des prépositions suivantes : *avec*, *pour*, *de*, *à*, *chez*.

1) de 2) à / avec, de 3) de, chez 4) de

5) à, à, de 6) au, de, à 7) de, avec, de 8) de, d', à, à

9) de, au 10) du, à, de

10. Associez les abréviations aux mots complets.

1) L ; 2) K ; 3) H ; 4) D ; 5) C ; 6) P ; 7) J ; 8) E ; 9) B ; 10) N ;

11) O ; 12) M ; 13) F ; 14) G ; 15) A ; 16) I

12. Traduisez en français.

— Je viens de louer un appartement.

— Ah, où ? / Où se trouve-t-il ?

— Dans la rue de Londres.

— Il y a combien de pièces ?

— Trois : une salle de séjour, deux chambres (à coucher), avec une cuisine et une salle de bains.

— Le loyer est très élevé ?

— Très élevé. Mais nous le cherchions depuis six mois (nous avons dépensé 6 mois pour le chercher), tu peux l'imaginer ? Nous sommes contents de finir par en trouver un.

CONTRÔLE

1. Complétez avec un nom de meuble ou d'équipement.

1) table, chaises 2) canapé, fauteuils 3) table basse

4) lit 5) ordinateur, bureau 6) placard

7) armoire

2. Complétez avec « *depuis* », « *il y a* » ou « *pendant* ».

1) pendant 2) Depuis 3) Il y a 4) il y a

5) pendant 6) depuis 7) il y a 8) Depuis

3. Complétez les phrases avec *le*, *la*, *elle*, *lui*, *leur*, ou *y*. Faites les modifications nécessaires.

1) leur 2) n'y 3) lui 4) y, elle 5) le, lui

6) l' 7) leur

4. Mettez les verbes entre parenthèses aux temps convenables.

1) sont, allais, habitais

2) sommes allés, avait fini

3) avait, voulait, parlait, est entré, a pris, a dessiné, a regardé, a fait, voulait, est sorti, était, attendait, est revenu, a apporté

5. Utilisez, d'après le sens des phrases, le comparatif ou le superlatif de l'adjectif ou de l'adverbe.

1) moins grande, plus grande 2) le plus intelligent 3) les meilleurs

4) mieux 5) plus frais 6) moins larges

7) mieux, moins bien 8) plus / moins

6. Traduisez en français.

1) Il fait beaucoup plus chaud ce soir qu'hier soir. Tu vois, je suis déjà en nage / je suis déjà trempé de sueur.

2) Je crois que Mademoiselle Marie n'aime pas bien voir le film.

3) Comme nous faisons souvent du sport, nous sommes en bonne santé.

4) — Monique chante mieux que Pierre, tu es d'accord ?

— Cette fois-ci, elle chante mieux que lui, mais dans la soirée de samedi dernier / à la soirée de samedi dernier, c'est Pierre qui a chanté le mieux.

7. Associez les questions et les réponse ; jouez la scène à deux.

D, F, A, C, B, E

Leçon 10

EXERCICES

1. Remplacez les points par un ou deux pronoms personnels qui conviennent.

1) le lui 2) en 3) m'en 4) en ; prends-le

5) y 6) n'en, me l' 7) le, te l'

8) en, me le, rends-le-moi, me le

2. Remplacez les mots soulignés par un pronom.

1) Julie me l'a donné.

2) Je ne lui en ai pas parlé.

3) Oui, je vais te les montrer tout à l'heure.

4) Non, je n'en ai plus ici, mais je peux vous en envoyer un lundi !

5) Oui, mais je ne peux pas te l'offrir.

6) Oh, tu pourrais leur en donner un peu de temps en temps.

7) Il ne faut pas leur en donner.

8) Oui, et vous savez qui le lui a offert ?

9) Je ne lui en donnerai plus.

10) Je vais le lui rendre demain.

11) Je ne leur en ai pas encore parlé.

12) Je vais les y emmener.

3. Mettez le verbe proposé au conditionnel présent.

1) pourrais 2) devrais 3) plairait 4) serait

5) devrait 6) faudrait 7) aimeriez 8) voudrais

9) pourriez 10) aimerais 11) serait 12) ferais

13) plairait

4. Mettez aux modes et aux temps convenables les infinitifs entre parenthèses.

1) connaissez, conduirai (connaissiez, conduirais) 2) pouvais, demanderais

3) avais, j'achèterais 4) comprenait, poserait 5) comprenait, dirait

6) avait, n'aurait 7) lisions, saurions 8) manqueriez, partiez

9) comprendra, parlez 10) serait, veniez (sera, venez)

11) pouvais, visiterais (peux, visiterai)

12) travaillez, ferez 13) vous sentez, j'irai 14) Pourriez

5. Traduisez en français.

1) Voici la lettre de Marie. Pourrais-tu / peux-tu la lui passer ?

2) Avez-vous les journaux de ces derniers jours ? Donnez-m'en un.

3) Ton vélo est là ? Prête-le-moi pour un moment, s'il te plaît, je vais aller en ville.

4) Nous voudrions / nous voulons voir tes photos, pourrais-tu / peux-tu nous les montrer ?

5) Voici les lettres de nos amis étrangers. Dépêche-toi de les leur passer.

CONTRÔLE

1. Complétez les phrases avec « de » ou « que », si nécessaire.

1) /　2) que　3) d'　4) de　5) /　6) /

2. Mettez les mots et les expressions suivants à la place convenable dans les phrases suivantes.

1) attire / a attiré　2) distractions　3) a droit

4) quelque chose　5) vit de　6) si, que

7) s'installer　8) Alors qu'　9) loisirs

10) il me semble qu'

3. Complétez les phrases avec *ça, celui, celle...lequel, laquelle...*

1) laquelle　2) celui-là (celui-ci ; ça)　3) ça

4) cela　5) celle-là　6) ceux　7) ça

4. Mettez au temps convenable les verbes entre parenthèses.

C'est, c'est, m'a rendu, dites, fera, avait, s'est décidé, j'étais, savait, avez-vous gardé, a décidé, dire, avez expliqué, était, a fait, l'ai fait

5. Traduisez en français.

1) S'il fait beau demain, nous irons faire une excursion en banlieue.

2) Pourrais-tu / peux-tu me dire comment tu apprends le français ?

3) D'après moi, il vaudrait mieux / il vaut mieux écouter souvent l'enregistrement.

4) Paris est la capitale de la France, le siège du gouvernement français, il est aussi le centre politique, industriel, commercial et culturel de la France.

5) Beaucoup d'amis étrangers désirent connaître la Chine.

Leçon 11

EXERCICES

5. Reliez les propositions par le pronom relatif « où ».

   1) Voilà un restaurant où nous avons dîné hier.

   2) Cette université où je fais mes études est grande.

   3) Cette classe où nous travaillons est assez claire.

   4) Cette salle de lecture où nous allons souvent lire des journaux est pour nous.

   5) Ce quartier où se trouvent beaucoup de grands magasins est très animé.

6. Conjuguez les verbes entre parenthèses à toutes les personnes au futur antérieur ou au futur simple.

   1) aurai traduit, passerai   2) écrirai, aurai organisé

   3) j'aurai visité, ferai   4) j'aurai fini, regarderai

   5) j'aurai rempli, donnerai

7. Mettez les verbres entre parenthèses au temps du futur qui convient.

   1) rentreront, auront fini   2) sentirez, serez entré

   3) s'endormira, se sera couché   4) auras, auras fini

   5) partirons, aurons reçu   6) préparerons, serez rentrés

   7) prendrons, sera revenue   8) n'oublieras, auras visité

   9) rendrai, j'aurai fini   10) se couchera, aura pris

8. Complétez les phrases avec : « *comme* », « *autant de* », « *la même* », « *le même* ».

   1) la même   2) comme   3) le même   4) autant d'

9. Remplacez les points par une préposition convenable et supprimez, s'il y a lieu, les articles.

   1) de   2) de, à   3) à, dans   4) d'

   5) à   6) de   7) de, à   8) à, de

   9) de, à   10) de   11) d'   12) à, à, d'

   13) pour, dans   14) à   (15) à, en

10. Reliez les propositions suivantes par les pronoms relatifs « *qui* » ou « *que* » ou « *où* ».

    1) Le jeune homme qui est sous cet arbre-là est le frère de notre professeur.

    2) Je dois aller tout de suite à la gare pour accueillir mon père qui va arriver à Beijing dans une heure et demie.

    3) Tu as vu cette pièce de théâtre qui a attiré tout Beijing ?

4) Vous êtes allés au nouveau cinéma qui se trouve près du zoo ?

5) Cet été je vous conduirai dans un petit village de montagne où je suis né et j'ai grandi.

6) Hier soir nous avons vu un film français qui nous a beaucoup intéressés.

7) Je n'oublierai pas l'été dernier où Philippe m'a appris à nager.

8) Le fleuve où nous nageons est toujours propre.

9) Je revois le village où j'ai passé mon enfance.

10) Parlez-nous de ce jour où vous avez fait un tour à Paris.

11. Mettez les verbes entre parenthèses au temps qui convient, remplacez les points par « *qui* », « *que* », « *où* ».

1) qu', a construite　　2) qui, se trouve　　3) que, avait créée

4) où, peuvent　　5) que, ont faits　　6) où, peuvent

7) qui, jouent (ont joué)　　8) où, peuvent　　9) que, trouve

10) que, va

12. Traduisez en français.

1) Il y a plusieurs centaines de milliers de volumes (livres) dans la bibliothèque de notre institut.

2) Je consulte souvent le dictionnaire Larousse.

3) Pendant l'examen, les étudiants ne peuvent pas consulter n'importe quel dictionnaire.

4) Paul habite au rez-de-chaussée et son ami au deuxième étage.

5) Ils veulent lire des livres de référence pour les mathématiques.

6) Cette bibliothèque est ouverte tous les jours.

7) Dites-moi où se trouve la salle de lecture pour les professeurs.

CONTRÔLE

1. Complétez les phrases suivantes par un pronom démonstratif.

1) Celui　　2) celle　　3) celles　　4) Ceux　　5) celle

6) celles-là　　7) celui　　8) ceux　　9) ceux　　10) celui

2. Complétez les phrases suivantes par un pronom relatif convenable.

1) qui　　2) que　　3) que　　4) où　　5) que

6) où　　7) qui　　8) que　　9) qui　　10) où

3. Remplacez les mots soulignés par des pronoms : *celui, celle...lequel, laquelle....*

1) lequel 2) laquelle, celle 3) celui

4) laquelle, celle-là 5) celle 6) celui

4. Reliez les deux phrases avec un pronom relatif convenable.

1) Cet étudiant qui travaille bien est le plus rapide de notre classe.

2) Cette fille qui chante très bien est notre chef de classe.

3) J'ai acheté un livre que je donnerai à ma sœur.

4) Nous avons vu Mme Dupont qui travaille avec les étudiants chinois.

5) Cet institut où mon frère fait ses études est très grand.

6) Ce quartier où il y a beaucoup de magasins est très animé.

7) Je suis arrivé le 15 avril où il pleuvait.

8) Cette enfant qui porte souvent des robes rouges plaît à tout le monde.

9) On cultive du riz et du blé dans cette région où nous avons travaillé le semestre dernier.

10) Le semestre dernier, nous avons appris vingt leçons qui sont toutes très longues.

5. Complétez avec « depuis » ou « il y a ».

1) il y a 2) depuis 3) Il y a 4) il y a, depuis

5) depuis 6) depuis 7) Il y a 8) depuis

9) depuis 10) depuis

6. Choisissez le pronom qui convient pour compléter ces phrases.

1) en 2) en 3) y 4) en 5) n'y

7. Mettez les verbes entre parenthèses au temps et au mode convenables.

est arrivé, C'était, quittait, avait, voulait, habitait, est sorti, n'avait, devait, parlait, n'a pas eu, habitait, étaient, a sonné, s'est précipitée

8. Lisez le dialogue et associez les pronoms en gras à leur équivalent.

ça → cette chose

lesquelles → Quelles chaussures

celles-là → ces chaussures-là

celles → ces chaussures

les → les chaussures

9. Traduisez en franiçais.

1) As-tu besoin du dictionnaire que j'ai acheté hier ?

2) Sophie Marceau est l'actrice que j'aime le plus. / Sophie Marceau est une actrice qui me plaît le plus.

3) Il y a beaucoup de livres sur la Seconde Guerre Mondiale dans la bibliothèque.

4) Mon frère aime bricoler / faire du bricolage, il a remis notre grande armoire à neuf hier.

5) Le centre audio-visuel de notre institut possède de très bons équipements / est bien équipé.

6) La chambre où j'habite donne sur le nord, il y fait très froid en hiver.

Leçon 12

EXERCICES

3. Mettez le texte suivant au passé.

étais allé, avais, devait, suis descendu, ai laissé, était, étais, faisait, suis allé, ai pris, m'a conduit, ai travarsé, roulaient, me suis dirigé, était, je l'ai apercu, était, il ne m'avait pas vu, regardait

4. Mettez les verbes entre parentheses au temps et au mode qui conviennent.

a mis, se lavent, sèchent, désirait, prenne, a dit, veux, faut, aie, n'emporterai pas, faut, j'ouble, auras, t'invitent, faut, emporte, fait, je n'ai pas

5. Mettez les verbes entre parenthèses au temps et au mode qui conviennent.

1) a travaillé 2) réparerez (réparez) 3) habitons 4) restera

5) suis resté 6) arriverons 7) finirai 8) sont allés

9) est rentrée 10) ne sont plus allés

6. Remplacez les blancs par *dans, avant, après, plus tôt, plus tard, à, en, par*.

1) à, avant/après 2) à , plus tard/après 3) en, en dans

4) à, par, à, plus tard, à 5) à, à, plus tôt, en 6) en

7. Remplacez les blancs par un article ou supprimez-les.

1) La, du, La, la, La, du, La, la, Le, la, la, La, la, la, le les

2) un, une, /, /, l' , la , au , l' , les, aux, Le, des, aux

9. Traduisez en français.

un jardin potager

des arbres fruitiers

donner lieu à

pratiquer le camping

satisfaire sa passion

posséder une residence secondaire

une maison délabrée

des œufs frais

faire des provisions

échapper à ces problèmes

améliorper les conditions de vie

rembourser le prêt de la banque

10. Thème.

1) Il craint d'apprendre une mauvaise nouvelle.

2) Christophe Colomb a découvert l'Amérique.

3) Les Morain sont obligés de travailler dur pour rembourser toutes leurs dettes.

4) Comme j'étais souffrant, Bernard m'a ramené chez moi en voiture.

5) La construction de cette usine donne lieu à la pollution.

6) Toutes les fins de semaines, les citadins français quittent leur ville. Ils ont envie de « se mettre au vert » . Une famille sur dix possède une maison de la campagne qui se trouve en général dans la région qu'on préfère.

CONTRÔLE

1. Remplacez les blancs par une preposition ou une locution prépositive.

1) Au cours de   2) de   3) sur   4) en, du

5) de, contre   6) dans, de, de   7) Depuis, sur

8) Pendant, chez, avec   9) En, aux   10) dans, près d'une

4. Mettez les verbes entre parenthèses au temps et au mode qui conviennent.

1) a été bien nettoyée, a

2) arrivera, sera accueillie

3) a été construite

4) descendrons, sera arrivé

5) vivaient, a changé, avaient été détruits, ont été reconstruits, s'est beaucoup améliorée, ont été achevés, a ouvert était équipée, ont acheté, étaitent utilisés, trouver, viennent, deviendra

5. Remplacez les blancs par un pronom interrogatif composé.

1) laquelle   2) Lesquels   3) lesquelles   4) laquelle   5) Lequel.

6. Traduisez en français.

1) La Chine s'étend sur 9, 600, 000 km.

2) Cette ferme fournit des légumes frais aux trois restaurants.

3) Il finit par rentrer à son pays natal après avoir subi de nombreuses souffrances.

4) A l' O.N.U, on utilise comme langue de travail, l' anglais, le français, le chinois, le russe, l'espagnol et l'arabe.

Leçon 13

EXERCICES

10. Mettez les verbes entre parenthèses au temps et au mode qui conviennent.

est, n'est , c'est, vivent, travaillent, sont, habitent, ont, ont, retrouvent, l'avaient, c'est, l'a fait trouve, retrouvera

12. Thème.

—Li Hua, est-ce que tu as pris le train ?

—Oui, bien sûr, je l'ai pris. Tu ne dois pas oublier. Ma famille habite à Shanghai. Je prends toujours le train pour rentrer chez moi chaque année pendant les vacances.

—Comment trouves-tu les chemins de fer chinois ?

—Notre train n'est pas encore bien modernisé. Surtout le service dans le tain n'est pas satisfait. Sur les grandes lignes, les trains sont trop serrés. C'est trop fatigant de faire un long voyage.

—Oui, notre pays n'est pas encore riche maintenant. Les équipements du chemin de fer ne sont pas bien modernisés.

CONTRÔLE

3. Complétez les blancs suivants par un mot convenable.

1) parking　　2) boulangerie　　3) hommes, femmes
4) grand　　5) de la viande　　6) va

4. Mettez les verbes entre parenthèses au temps et au mode qui conviennent.

1) n'avions pas, irions　　2) ne passait pas, pourrait　　3) désireriez
4) voudrais　　5) n'avais pas, accompagnerais
6) n'est pas, chantera (n'étais pas, chanterait)

6. Mettez les verbes entre parenthèses au temps et au mode qui conviennent.

faisait, brillait, allaient, chantaient, couraient, est venu, a enlevé, a neigé, a gelé, était

7. Traduisez en français.

1) —Je voudrais un kilo de pomme, Monsieur.
—Bien, (le) voilà. Ça coûte / fait 2 euros.

2) Il y a une concurrence entre les grands magasins et les petits commerçants. / Les

grands magasins font une concurrence aux petits commerçants.

3) Je pense que cette chemise te va bien certainement.

4) Si maman était libre après-demain, nous irions ensemble à l'hypermarché / dans un hypermarché.

5) Il y a un marché près de chez moi. On peut y acheter toutes sortes de légumes frais.

6) Ce pantalon ne coûte pas cher. J'en veux un.

Leçon 14

EXERCICES

4. Complétez les phrases avec un pronom relatif qui convient.

1) à laquelle   2) auxquelles   3) à laquelle   4) auxquels
5) à laquelle   6) auquel   7) duquel   8) qui/laquelle

5. Remplacez les mots en italique par un pronom relatif en transformant la phrase si nécessaire.

1) Il nous présente ses amis avec lesquels il a passé ses vacances.
2) Il regarde le mur sur lequel il y a une carte du monde.
3) Ils s'asseyent à une table sur laquelle le couvert est mis.
4) Voici mon sac sur lequel mon nom est écrit.
5) Il ouvre la valise dans laquelle il a rangé ses affaires.
6) Il prend son billet sans lequel il ne peut pas partir.
7) Voici une enveloppe sur laquelle vous mettrez un timbre.
8) Elle ne trouve qu'un maigre salaire sur lequel vit toute sa famille.

6. Remplacez les blancs par le pronom relatif.

1) qui   2) lequel   3) lequel   4) auxquelles
5) auxquelles   6) lequel   7) duquel   8) lequel
9) laquelle   10) lesquelles

7. Mettez les verbes entre parenthèses aux temps du passé convenables.

habitions, J'étais, n'habitait, n'avait, fait, disait, avait, venaient, coulait, dépendait, avaient renversé, faisait, a beaucoup aimés, j'ai aimé, entendait, avait, profitais, m'amusais, j'étais, a changé, s'est retiré, n'avait

8. Traduisez en français.

1) C'est une lettre à l'attention du président de l'Université.

2) Je lui ai demandé si on pouvait aller à la bibliothèque demain, et ce qu'il y avait de si important.

3) Les enfants chantent en chœur.

4) Ce match aura lieu cet après-midi, ce sportif n'y participera pas.

5) Son cadeau plaît toujours à l'enfant.

CONTRÔLE

1. Répondez aux questions suivantes avec des pronoms personnels complément d'objet ou des pronoms adverbiaux.

1) Oui il nous en a déjà parlé.

2) Oui, je le leur y ai expliqué.

3) Oui, il me l'a rendu.

4) Oui, je la lui ai achetée.

5) Oui, nous nous y sommes intéressés.

6) Non, je ne me les lave pas avant le repas.

7) Oui, ils s'en occupent .

8) Oui, nous pouvons vous le prêter.

2. Transformez les phrases suivantes en impératif et employez des pronoms personnels complément d'objet et des pronoms adverbiaux.

1) Profites-en !
2) Montre-le-moi.
3) Remettez-les-moi !
4) Passons-la-lui !
5) Occupez-vous-en !
6) Passez-les-moi !
7) Parle-m'en.
8) Rendons-la-lui.
9) Allez-vous-en !
10) Ne les lui prête pas.

3. Mettez les verbes au temps convenable et les prépositions correctes.

pour, écouter, sont arrivés, se sont assis, de, écoutait, avec, a demandé à, joue, en, s'est tournée, vers, a dit, a manqué

Leçon 15

CONTRÔLE

1. Remplacez les blancs par un pronom relatif convenable.

1) que
2) où
3) qui
4) où
5) que

6) dont　　7) que　　8) où　　9) que　　10) qui

3. Mettez les verbes entre parenthèses aux temps convenables.

est né, était, n'a jamais fait, ont donné, a beaucoup aimé, faisait, admirait, a étudié, a commencé, est entré, est devenu, a travaillé, ont reçu, ont trouvé, est mort, portent

4. Remplacez le blanc par l'article qui convient ou par une préposition.

1) des, des, du, du, de la　　2) un　　3) un, le, la　　4) un (du), du

5) une, la, la　　6) l', la, le, de　　7) /　　8) le

5. Remplacez les blancs par la préposition qui convient.

1) à　　2) dans, aux　　3) depuis, à　　4) dans

5) de, à, par, en　　6) à, pour　　7) à, de　　8) à, en, de, de

9) à, à, avec

6. Remplacez le blanc par le pronom relatif approprié.

1) que　　2) dont　　3) que　　4) ce que　　5) ce dont

6) lesquelles　　7) d'où　　8) que　　9) qu', dont　　10) duquel (de qui)

11) dont　　12) ce dont　　13) ce que　　14) ce qui　　15) où

16) laquelle　　17) Ce que　　18) ce dont　　19) de qui

7. Transformez les deux phrases en une seule en employant un pronom relatif.

1) Vous lui avez prêté dix dollars dont il avait besoin.

2) Cet après-midi, nous allons chez les gens que vous aimez.

3) Voici mon professeur avec la fille de qui Pierre se marie.

4) Je voudrais savoir ce que tu fais le dimanche.

5) La ville de Suzhou d'où je viens est une belle ville.

8. Traduisez en français.

1) Il faut que je sache les heures de travail.

2) Serait-ce possible que vous restiez avec Marie un soir par semaine?

3) J'ai quitté la maison à dix ans pour entrer dans un college à Nice où j'étais interne.

4) Ce sont ces quinze années où j'ai rêvé de devenir professeur.

5) C'est la ville dont je rêvais.

Leçon 16

EXERCICES

2. Exercices sur le texte 2.

1) Rapprochez les deux parties de chaque expression.

(1) installer une tente

(2) terrain de camping

(3) en fin de mois

(4) avoir le droit de faire qch.

(5) fermer la porte à clef

(6) une centaine de campeurs

2) Remplacez les blancs par des mots et expressions du texte 2.

(1) tarde	(2) aspect	(3) contraire	(4) absolument
(5) isolée	(6) place	(7) nature	(8) interrompre
(9) détruit	(10) rêvez	(11) quoi	

3. Répondez aux questions suivantes en utilisant le gérontif.

1) Michel pense à tous ceux qui ont faim en profitant de l'appareil ménager.

2) Je dis bonjour à Mme Laval en entrant dans la classe.

3) Son père a découvert une vieille montre d'acier en ouvrant son paquet.

4) J'ai appris cette nouvelle en lisant le journal d'aujourd'hui.

5) L'enfant est tombé dans l'eau en s'amusant au bord de la rivière.

4. Refaites les phrases suivantes avec le gérontif.

1) On en apprend facilement la langue, en séjournant dans un pays plusieurs années

2) Elle a rencontré Michel en sortant de la gare.

3) En travaillant jour et nuit pendant une semaine, Paul pourrait terminer sa thèse.

4) L'enfant est tombé en courant.

5) On s'instruit beaucoup en voyageant.

5. Transformez les phrases comme dans l'exemple.

1) Vous comprendrez mieux en le voyant.

2) Il a dit ça en plaisantant.

3) Tu apprendrais plus vite en prenant des cours.

4) Elle est arrivée en pleurant.

5) Vous ne pouvez pas téléphoner en conduisant.

6) J'ai appris à cuisiner en regardant ma mère.

7) Vous nous aideriez beaucoup en nous donnant cinq euros.

附录二

I. 1. D 2. A 3. D 4. C 5. B 6. D 7. C 8. B 9. D 10. A

II. 1. B 2. B 3. A 4. A 5. B 6. C 7. D 8. C 9. D 10. A
11. B 12. B 13. A 14. D 15. B 16. D 17. C 18. B 19. B 20. C

III. 1. A 2. A 3. D 4. C 5. B 6. A 7. C 8. B 9. A 10. D

IV. 1. A 2. C 3. B 4. A 5. B 6. A 7. C 8. A 9. A 10. C

V. 1. C 2. A 3. B 4. B 5. D 6. C 7. C 8. B 9. B 10. C

附录三

I. 1. D 2. A 3. D 4. D 5. C

II. 1. C 2. A 3. D 4. C 5. D 6. C 7. A 8. B 9. B 10. C

III. 1. B 2. C 3. D 4. B 5. B

IV. 1. D 2. C 3. B 4. A 5. B

ANNEXE I 附录一

语法总结

I. 代词 (LES PRONOMS)

人称代词 Pronoms personnels				
法语人称代词 Sujets	宾语人称代词 Compléments		自反代词 Pronominaux	重读人称代词 Toniques
	直接 Directs	间接 indirects		
je	me	me	me	moi
tu	te	te	te	toi
il	le	lui	se	lui
elle	la	lui	se	elle
nous	nous	nous	nous	nous
vous	vous	vous	vous	vous
ils	les	leur	se	eux
elles	les	leur	se	elles

指示代词 Pronoms démonstratifs				
单数 Singulier			复数 Pluriel	
阳性 Masculin	阴性 Féminin	中性 Neutre	阳性 Masculin	阴性 Féminin
Celui	celle	ce	ceux	celles
Celui-ci	celle-ci	ceci	ceux-ci	celles-ci
Celui-là	celle-là	cela	ceux-là	celles-là
		ça		

复合疑问代词 Pronoms interrogatifs composés		
	阴性 Féminin	阳性 Masculin
单数 Singulier	laquelle	lequel
复数 Pluriel	lesquelles	lesquels

<table>
<tr><th colspan="4">双宾语的位置 Place des doubles pronoms compléments</th></tr>
<tr><th></th><th>间接宾语</th><th>直接宾语</th><th></th></tr>
<tr><td rowspan="3">主语
sujet (ne)</td><td>me
te
se
nous
vous
se</td><td>le
la
les

y</td><td rowspan="3">动词
verbe (pas)</td></tr>
<tr><td>直接宾语</td><td>间接宾语</td></tr>
<tr><td>le
la
les</td><td>lui
leur
y</td></tr>
</table>

关系代词 Pronoms relatifs		
J'aime la maison	**qui**	est près de la route.
C'est la maison	**que**	tu as visitée.
C'est la maison	**dont**	nous avons parlé.
C'est la maison	**où**	nous avons passé nos vacances.

复合关系代词 Pronoms relatifs composés			
单数 Singulier		复数 Pluriel	
Masculin	Féminin	Masculin	Féminin
lequel	laquelle	lesquels	lesquelles
avec *à* et *de*			
auquel duquel	à laquelle de laquelle	auxquels desquels	auxquelles desquelles

主有代词 Les pronoms possessifs				
	拥有者为单数		拥有者为复数	
	单件物品	多件物品	单件物品	多件物品
第一人称 阳性 (1ère pers)阴性	le mien la mienne	les miens les miennes	le nôtre la nôtre	les nôtres
第二人称 阳性 (2e pers)阴性	le tien la tienne	les tiens les tiennes	le vôtre la vôtre	les vôtres
第三人称 阳性 (3e pers)阴性	le sien la sienne	les siens les siennes	le leur la leur	les leurs

泛指代词 Pronoms indéfinis
On est souvent malade quand il fait froid. **Quelqu'un** a pris mon stylo. **Tout** est très cher dans ce magasin.

II. 冠词 (LES ARTICLES)

定冠词 Articles définis	不定冠词 Articles indéfinis	部分冠词 Articles partitifs
le pain **la** viande **les** légumes	**un** pain **une** viande **des** légumes	**du** pain **de la** viande **des** légumes
否定式 Négation Je **n'** aime **pas** le pain. Je **n'** aime **pas** la viande. Je **n'** aime **pas** les légumes.		否定式 Négation Je **ne** mange **pas de** pain. Je **ne** mange **pas de** viande. Je **ne** mange **pas de** légumes.

缩合冠词 Articles contractés	
Je téléphone (à)	**au** professeur. **à la** secrétaire. **aux** élèves.
Je parle (de)	**du** chauffeur. **de la** vendeuse. **des** étudiants.

III. 形容词 (LES ADJECTIFS)

疑问形容词 Adejectifs interrogatifs		
	阳性 Masculin	阴性 Féminin
单数 Singulier 复数 Pluriel	Quel Quels	Quelle Quelles

主有形容词 Adjectifs possessifs		
单数 Singulier		复数 Pluriel
阳性 Masculin	阴性 Féminin	
mon ton son notre votre leur	ma ta sa notre votre leur	mes tes ses nos vos leurs

指示形容词 Adjectifs démonstratifs		
	阳性 Masculin	阴性 Féminin
单数 Singulier	ce, cet	cette
复数 Pluriel	ces	ces

IV. 否定式 (LA NEGATION)

Je **ne** bois	**pas** **plus** **jamais**	de café.
	rien.	
Je **n'**ai **pas** Je **n'**ai **plus** Je **n'**ai **jamais**	bu bu bu	de café. d'eau froide. d'eau froide.
Je **ne** me suis **pas** Je **ne** suis **plus**	couché(e) arrivé(e)	si tard. si tard.

V. 数量表示法 (EXPRIMER LA QUANTITE)

—Combien de tomates voulez-vous ?

—J'en veux plusieurs.

—J'en veux un kilo.

—J'en veux beaucoup.

—Je n'en veux pas beaucoup.

VI. 时间的某些表示法 (EXPRIMER LA DUREE ET LE MOMENT)

问 (Interroger) :

Dans	combien de temps	arrive-t-il ?
Depuis	combien de temps	est-il à Paris ?
Pendant	combien de temps	restera-t-il ?
Ça fait	combien de temps	qu'il est là ?
Il y a	combien de temps	qu'il est arrivé ?
Quand		viendra-t-il ?

答 (Répondre) :

Il arrive **dans** dix minutes.

Il est à Paris **depuis** hier.

Il restera **pendant** une semaine.

Ça fait trois jours qu'il est là.

Il est arrivé **il y a** un mois.

Elle viendra **avant** midi.

Elle partira **après** le dîner.

Quand je m'ennuie, j'aime me promener sur les quais.

VII. 表示位置 (LOCALISER DANS L'ESPACE)

B est à côté de C.

F est en face de B.

E est à droite de F.

B est à gauche de A.

G est derrière F.

E est devant H.

E est près de F et H.

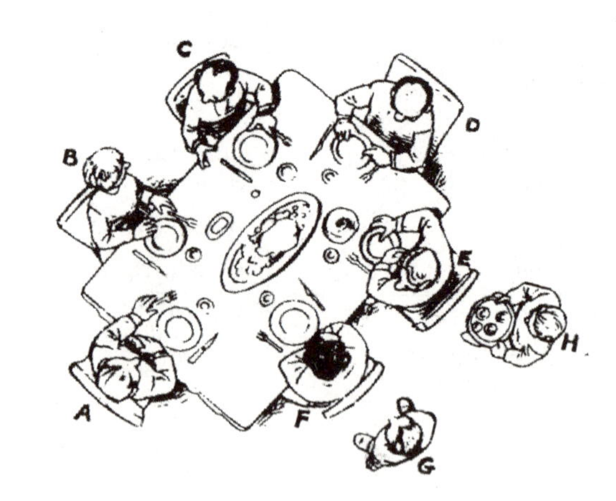

VIII. 比较级 (LA COMPARAISON)

avec un adjectif / adverbe					
Les filles roulent	**plus** **aussi** **moins**	vite	**que**	les	garçons.
avec un nom					
Elles ont	**plus** **autant** **moins**	de	livres	**que**	moi.

IX. 用助动词 être 变位的动词(VERBES SE CONJUGANT AVEC L'AUXILIAIRE ETRE)

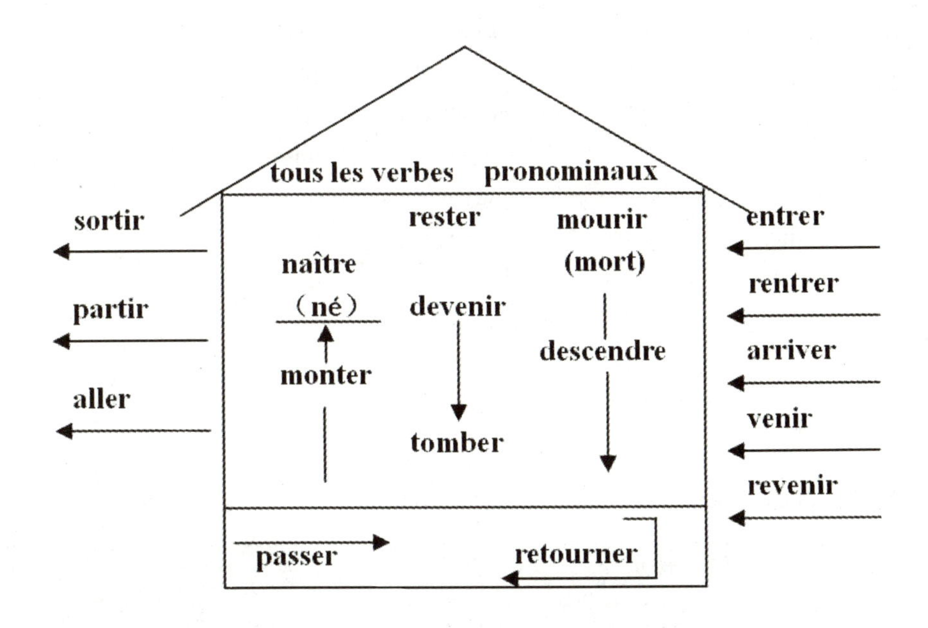

X. 不规则动词的过去分词 (LES PARTICIPES PASSES DE VERBES IRREGULIERS)

	avoir	eu
	être	été
	aller	allé
	naître	né
-i	dormir	dormi
	partir	parti
	rire	ri
	sentir	senti
	servir	servi
	sortir	sorti
	suivre	suivi
is	asseoir	assis
	mettre	mis
	prendre	pris
it	conduire	conduit
	dire	dit
	écrire	écrit
	faire	fait
-u	attendre	attendu
	boire	bu
	connaître	connu
	courir	couru
	croire	cru
	descendre	descendu
	devoir	dû
	falloir	fallu
	interrompre	interrompu
	lire	lu
	paraître	paru
	perdre	perdu
	plaire	plu
	pouvoir	pu
	rendre	rendu
	répondre	répondu
	savoir	su
	taire	tu
	tenir	tenu
	vivre	vécu
	voir	vu
	vouloir	voulu

XI. 重要动词变位简表 (TABLEAU DE CONJUGAISONS DE VERBES IMPORTANTS)

动词不定式	直陈式			条件式	虚拟式
	现在时	未完成过去时	简单将来时	现在时	现在时
être	je suis nous sommes	j'étais nous étions	je serai nous serons	je serais nous serions	que je sois que nous soyons
avoir	j'ai nous avons	j'avais nous avions	j'aurai nous aurons	j'aurais nous aurions	que j'aie que nous ayons
aimer	j'aime nous aimons	j'aimais nous aimions	j'aimerai nous aimerons	j'aimerais nous aimerions	que j'aime que nous aimions
finir	je finis nous finissons	je finissais nous finissions	je finirai nous finirons	je finirais nous finirions	que je finisse que nous finissions

aller	je vais nous allons	j'allais nous allions	j'irai nous irons	j'irais nous irions	que j'aille que nous allions
venir	je viens nous venons	Je venais nous venions	je viendrai nous viendrons	je viendrais nous viendrions	que je vienne que nous venions

动词不定式	直陈式			条件式	虚拟式
	现在时	未完成过去时	简单将来时	现在时	现在时
partir	je pars nous partons	je partais nous partions	je partirai nous partirons	je partirais nous partirions	que je parte que je partions
faire	je fais nous faisons	je faisais nous faisions	je ferai nous ferons	je ferais nous ferions	que je fasse que nous fassions
dire	je dis nous disons	je disais nous disions	je dirai nous dirons	je dirais nous dirions	que je dise que nous disions
devoir	je dois nous devons	je devais nous devions	je devrai nous devrons	je devrais nous devrions	que je doive que nous devions
pouvoir	je peux nous pouvons	je pouvais nous pouvions	je pourrai nous pourrons	je pourrais nous pourrions	que je puisse que nous puissions
vouloir	je veux nous voulons	je voulais nous voulions	je voudrai nous voudrons	je voudrais nous voudrions	que je veuille que nous voulions

ANNEXE II 附录二

填空练习

(I)

Quand mon amie allemande m'a invitée chez elle pour passer quelque temps, vous imaginez combien je __1__ contente ! J'ai relu mon livre d'allemand, j'ai mis mes plus __2__ robes dans ma valise et j'ai pris le train pour Paris à Montpellier. J'avais une place __3__ de la fenêtre, et le compartiment était plein de gens __4__ parlaient beaucoup et qui, à midi juste __5__ à manger des œufs durs, du jambon et du poulet. L'odeur était __6__ fort que j'ai dû sortir dans le couloir, et que je n'ai même pas pu manger mon sandwich.

A Paris, je n'avais __7__ une heure pour aller de la gare de Lyon à la gare de l'Est. Il y __8__ une queue très longue pour les taxis. J'ai dit à l'agent de police que je __9__ manquer mon train __10__ l'Allemagne, et il m'a fait passer devant tout le monde. Enfin, je n'ai pas manqué mon train et je suis bien arrivée en Allemagne.

1. A. serais	B. fus	C. serai	D. étais
2. A. belles	B. bel	C. belle	D. beaux
3. A. par	B. sous	C. sur	D. près
4. A. dont	B. que	C. qui	D. où
5. A. avaient	B. ont commencé	C. auraient commencé	D. auront commencé
6. A. très	B. moins	C. peu	D. si
7. A. rien	B. plus	C. qu'	D. pas
8. A. a	B. avait	C. eut	D. aurait
9. A. irais	B. alla	C. vais	D. allais
10. A. pour	B. à	C. vers	D. en

(II)

Le voyage m'a fait grand plaisir, __1__ partiellement des aspects de la campagne en France. Les paysans __2__ j'ai connus ou que j'ai __3__ dans ce village montagneux vivent __4__ et tranquilles. Ils n'ont pas de souci d'emploi, __5__ a son travail ; pas de souci de logement, __6__

famille a assez de maison __7__ se loger ; pas de souci de déplacement, chaque famille possède __8__ une voiture ; pas de souci de nourriture, on peut faire la cuisine __9__, __10__ la femme a assez de temps à la maison, on peut acheter à la boutique où à la boulangerie dans le village presque tout __11__ on a besoin dans la vie quotidienne et on peut aussi demander __12__ on veut manger au jardin devant la maison. Ils n'ont pas besoin __13__ se presser pour __14__ en retard au bureau. __15__ repas, une belle promenade de __16__ famille se fait sur la route ou le sentier assez calmes autour du village et un air assez naturel et rustique entoure les parents, les enfants ainsi que leur ami fidèle, le chien...

Une coutume __17__ m'intéresse, même qui m'étonne, c'est que le mari coupe « autoritairement » la viande __18__ __19__ manger. On m'a dit que c'est le symbole __20__ pouvoir dans la famille.

1. A. a fait me connaître　　B. m'a fait connaître
   C. a me fait connaître　　D. a fait connaître à moi

2. A. qui	B. que	C. ceux	D. celles
3. A. vus	B. vues	C. vu	D. voir
4. A. heureux	B. triste	C. difficile	D. pauvre
5. A. personne	B. chacun	C. quelqu'un	D. aucun
6. A. chacun	B.aucune	C. chaque	D. chacune
7. A. à	B. de	C. sur	D. pour
8. A. enfin	B. plus	C. au moins	D. mois qu'
9. A. lui-même	B. nous-mêmes	C. elle-même	D. soi-même
10. A. ca	B. à cause de	C. grâce à	D. en raison de
11. A. ce que	B. ce dont	C. ce qui	D. dont
12. A. ce qui	B. ce que	C. ce dont	D. que
13. A. de	B. pour	C. à	D. en
14. A. n'être pas	B. ne sont pas	C. ne pas sont	D. ne pas être
15. A. Au cours du	B. Après le	C. Entre le	D. Avant le
16. A. tout	B. toute	C. tout le	D. toute la
17. A. que	B. ce qui	C. qui	D. ce que
18. A. avant	B. avant de	C. après	D. devant
19. A. le	B. la	C. lui	D. elle
20. A. de	B. de la	C. du	D. des

(III)

Ce matin-là, papa nous a dit: « Comme il fait beau, nous allons dans la forêt ; nous ferons le tour du lac. » __1__ bonne surprise ! Vous savez, nous n'avons pas __2__ fait le tour du lac. Très contents, mon frère et moi, nous sommes __3__ dans la voiture. Papa a mis le moteur en marche, et nous voilà en route pour la forêt.

Notre voiture est une __4__ auto, elle n'est pas rapide, elle est plutôt lente. Et papa dit toujours : « Je n'aime pas __5__ vitesse parce que c'est dangereux. Je n'aime pas __6__ comme un fou. Je ne veux pas écraser les chiens, ni les chats, ni les personnes qui vont à pied, à bicyclette ou à moto. »

Mais au milieu du chemin, notre voiture __7__: impossible de continuer notre __8__. Elle ne voulait ni avancer, ni reculer. Au début, nous avons ri, parce que c'était drôle __9__ entendre papa crier, le voir mettre sa tête dans le moteur, pousser la voiture, puis enlever les roues... Mais ce n'est au bout de deux heures que nous sommes repartis. Et savez-vous la cause de tout cela ? Et bien, notre auto n'avait __10__ d'essence.

1. A. Quelle	B. Comme	C. Que de	D. Que
2. A. encore	B. déjà	C. jamais	D. de
3. A. venus	B. rentrés	C. descendus	D. montés
4. A. nouvelle	B. bonne	C. vieille	D. récente
5. A. de	B. la	C. une	D. de la
6. A. conduire	B. aller	C. marcher	D. rester
7. A. a arrêté	B. a arrêtée	C. s'est arrêtée	D. s'est arrêté
8. A. rue	B. route	C. voyage	D. course
9. A. de (d')	B. à	C. pour	D. /
10. A. rien	B. aucun	C. jamais	D. plus

(IV)

Un vieux morceau de journal

Entre ma paillasse et la planche du lit, j' __1__ un vieux morceau de journal. Il relatait un fait divers __2__ le début __3__. Un homme était parti d'un village pour faire fortune. Au bout __4__ 25 ans, riche, il __5__ avec une femme et un enfant. Sa mère tenait un hôtel avec sa sœur dans son village natal. Pour les surprendre, il __6__ sa femme et son enfant dans un autre établissement, était allé chez sa mère qui ne l'avait pas reconnu quand il __7__. Par plaisanterie, il avait eu l'idée de prendre __8__ chambre. Il avait montré son argent. Dans la nuit, sa mère et sa sœur l'avaient assassiné à coups de marteau pour le voler et avaient jeté son corps __9__ la rivière. Le matin, la femme était venue, avait révélé sans le savoir l'identité du voyageur. La mère s'était pendue. La sœur s'était jetée dans un puits. J'ai dû lire cette histoire des milliers de fois. D'un côté, elle était invraisemblable. D'un autre, elle était naturelle. De toute façon, je trouvais que le voyageur l'avait un peu mérité et qu'il ne faut __10__ jouer.

Albert Camus, *L'Etranger* (extrait)

	A	B	C	D
1.	A. avais trouvé	B. avait trouvé	C. ai trouvé	D. trouvais
2.	A. que	B. où	C. dont	D. qui
3.	A. avait manqué	B. manquait	C. manquer	D. a manqué
4.	A. de	B. du	C. à	D. d'une
5.	A. avait revenu	B. était revenu	C. a revenu	D. est revenu
6.	A. avait laissé	B. était laissé	C. a laissé	D. est laissé
7.	A. est entré	B. a entré	C. était entré	D. avait entré
8.	A. une	B. un	C. la	D. le
9.	A. dans	B. sur	C. à	D. avec
10.	A. plus	B.rien	C. jamais	D. aucun

(V)

La terre se réchauffe

Les vingt dernières années de notre siècle __1__ les plus chaudes depuis au moins six cents ans. En effet, __2__ cent trente ans, la température __3__ de 0.5℃ et on pense qu'elle augmentera de 1 à 3.5℃ d'ici à 2100. Le niveau de la mer __4__ __5__ 10 __6__ 15 centimètres depuis le début __7__ XXe siècle et l'évaporation de l'eau de la mer provoque des cyclones et des inondations dans le nord de l'Europe et __8__ Etats-Unis. En même temps, dans le sud de l'Afrique, les années 90 sont __9__ plus sèches. Et, dans le bassin méditerranéen, les températures qui montent jusqu'à 50℃ sont la cause de nombreuses maladies de cœur et provoquent des décès.

Les pays les plus riches sont les premiers responsables de cette situation puisqu'ils rejettent beaucoup __10__ gaz polluants.

	A	B	C	D
1.	A. sont	B. étaient	C. ont été	D. avaient été
2.	A. en	B. dans	C. pour	D. à
3.	A.augmente	B. a augmenté	C. avait augmenté	D. augmentera
4.	A. s'élève	B. s'est élevé	C. s'est élevée	D. s'était élevé
5.	A. pour	B. à	C. pendant	D. de
6.	A. de	B. depuis	C. à	D. au
7.	A. de	B. au	C. du	D. à
8.	A. dans	B. aux	C. au	D. les
9.	A. la	B. les	C. le	D. des
10.	A. des	B. les	C. de	D. du

ANNEXE III 附录三

阅读理解

(I)

Les fêtes en France

La France est un pays de tradition catholique, où les cérémonies religieuses ont eu une grande importance dans la vie sociale. La plupart des fêtes sont d'origine chrétienne.

Bien que la religion soit moins pratiquée aujourd'hui, les étapes de la vie sont encore marquées par le baptême, la première communion et le mariage.

Le mariage civil, à la mairie, est le seul légal, et doit précéder le mariage religieux s'il y en a un. Beaucoup de Français estiment encore que le mariage à l'église est nécessaire pour donner à l'événement sa solennité et son caractère de fête. L'enterrement religieux reste également très fréquent.

Certaines fêtes d'origine catholique, bien qu'elles aient en grande partie perdu leur caractère religieux, ont devenues des jours de congé légal. Ils permettent à la plupart des Français, comme les autres jours fériés, de « prolonger » les week-ends. Et ils leur permettent même de « faire le pont », à condition que le jour férié tombe un mardi ou un jeudi. Dans ce cas, en effet, il est rare qu'on travaille le lundi, ou le vendredi, selon le cas.

Noël est certainement la fête familiale à laquelle les Français restent les plus attachés. C'est l'occasion d'offrir des cadeaux à sa famille et à ses amis. Avec la « société de consommation », ces cadeaux sont de plus en plus nombreux et de plus en plus coûteux. Incités par la publicité, des foules de gens remplissent les magasins qui font pendant cette saison les plus grandes ventes de l'année.

1. «Bien que la religion soit moins pratiquée aujourd'hui... », dans cette phrase, « pratiquer la religion» veut dire : __________.
   A. l'exercer　　B. l'opérer
   C. l'établir　　D. en observer les rites, les prescriptions
2. En France, __________.
   A. On doit se marier à la mairie, ensuite on peut se marier à l'église.
   B. On doit seulement se marier à la mairie.

C. On doit seulement se marier à l'église.

D. On peut se marier à l'église ou à la mairie.

3. Les Français restent bien attachés au Noël, ___________.

A. parce que c'est une fête religieuse

B. parce qu'on peut se reposer un peu

C. parce qu'il y a le père Noël

D. parce que c'est la fête familiale

4. Indiquer la proposition qui n'exprime pas dans le texte : ___________

A. Les Français font le pont pour prolonger les week-ends.

B. Beaucoup de gens vont au magasin pour acheter des cadeaux à la fin de l'année.

C. Un mariage à l'église est souvent nécessaire pour la plupart des Français.

D. Le divorce, que condamne le catholicisme, est légal en France depuis 1884.

5. Parmi les fêtes suivantes, laquelle n'est pas une fête religieuse ?

A. La Toussaint B. l'Ascension C. le 14 juillet D. la Pentecôte

(II)

Le cinéma et les Français

En France, il y a de nombreuses salles de cinéma et aussi de nombreux cinéphiles, c'est-à-dire des personnes qui adorent de cinéma et qui connaissent presque tout sur les films ! Et puis, il y a ceux qui vont au cinéma une fois de temps en temps pour se distraire. Mais il faut signaler que les directeurs se plaignent de la baisse régulière du nombre d'entrées. Il paraît que plus de la moitié des Français ne vont jamais au cinéma ! Il faut dire que la télévision concurrence assez le cinéma par la diffusion d'un nombre considérable de films, et si on va en famille. En plus, à la sortie du film, en général, on aime bien aller dans un café boire un verre et discuter un peu...

Alors les efforts pour inciter les gens à se rendre au cinéma sont nombreux : tarifs réduits, le lundi pour tout le monde. Et si vous avez la chance de posséder une carte d'étudiant, les places seront moins chères pour vous du lundi au vendredi après-midi !

Depuis quelques années, il y a « la Journée du Cinéma », qui a lieu tous les ans au mois de juin. Vous achetez un billet qui est valable toute la journée, et vous pouvez aller voir autant de films que vous le désirez. Mais évidemment, ce jour-là, vous devez faire la queue... Car il y a « un monde fou » qui se presse à l'entrée des salles obscures.

Pour connaître les programmes des cinémas en France, c'est très facile. A Paris, il suffit de se procurer une petite revue hebdomadaire qui indiquera tout sur les salle, les films et les horaires. En province, le journal local consacre quotidiennement une page aux spectacles dans laquelle se trouvent les programmes des cinémas de la ville. Et puis, on peut aussi s'informer tout simplement par téléphone. En France, le programme des cinémas change tous les mercredis.

Et pour finir, pour les cinéphiles, il existe en France une douzaine de revues de cinéma ; les plus lues sont : « les Cahiers du cinéma » et « Première ».

1. Est-ce que les Français aiment aller au cinéma ?
   A. Oui, tous les Français aiment y aller.
   B. Oui, la plupart des Français aiment y aller.
   C. Non, tous les Français n'aiment pas y aller.
   D. Non, quelques Français aiment y aller.
2. Qu'est-ce qu'un cinéphile ?
   A. C'est une personne qui se passionne pour le cinéma.
   B. C'est une personne qui déteste le cinéma.
   C. C'est une personne qui va au cinéma une fois de temps en temps.
   D. C'est une personne qui travaille pour le cinéma.
3. D'après le texte, quelle description suivante n'est-elle pas correcte ?
   A. De moins en moins de Français vont au cinéma.
   B. La plupart des Français ne vont jamais au cinéma.
   C. La télévision fait concurrence avec le cinéma quant à la diffusion de films.
   D. Les entrées du cinéma coûtent bon marché.
4. Après avoir vu un film au cinéma, souvent qu'est-ce qu'on aime faire ?
   A. On aime aller prendre quelque chose au café.
   B. On aime parler un peu du film qu'on vient de voir en buvant quelque chose.
   C. On aime discuter, dans un café, sur ce qui se passe dans la vie en buvant quelque chose.
   D. On aime aller dans un café pour dépenser plus.
5. D'après le texte, quelles mesures qu'on doit prendre pour que les gens aillent plus au cinéma ?
   A. Distribuer plus de cartes d'étudiants à prix réduits.
   B. Donner un tarif privilégié aux étudiants le lundi et le vendredi.
   C. Acheter des chaises moins chères mais de bonne qualité.
   D. Diminuer le prix des entrées le lundi pour tout le monde et les après-midi en semaine pour les étudiants.
6. Pendant « la Journée du Cinéma », quelle description suivante n'est-elle pas correcte ?
   A. Cette journée a lieu toujours en juin.
   B. On doit faire la queue pour acheter un billet.
   C. On peut acheter un billet pour voir un film.
   D. On a beaucoup de films à choisir.
7. La phrase « il y a un monde fou » veut dire : __________
   A. Il y a un grand nombre de personnes.
   B. Beaucoup de gens sont devenus excités grâce aux films.

C. Certains sont devenus plus ou moins fous après avoir vu des films.

D. Le monde est devenu fou comme ce qu'on a décrit dans beaucoup de films.

8. Une revue hebdomadaire veut dire : _________

A. un quotidien.

B. un périodique paraissant chaque semaine.

C. une revue qu'on peut acheter deux numéros par mois.

D. un périodique paraissant le mercredi.

9. Selon le texte : _________

A. tous les mercredis, les périodiques publient les programmes des cinémas de la semaine suivante.

B. tous les mercredis, les cinémas changent de programme pour une semaine.

C. on peut consulter les nouveaux programmes des cinémas à partir du mercredi.

D. tous les mercredis, on peut voir toujours les mêmes films, mais les programmes sont récents.

10. Selon le texte, « Première » est : _________

A. la revue la plus lue.

B. une revue la plus lue.

C. une des revues les plus lues.

D. une des revues la plus lue.

(III)

Viens chez moi, j'habite encore chez mes parents.

Les jeunes restent chez leurs parents jusqu'à 22 ou 24 ans en moyenne, c'est-à-dire de plus en plus tard. Plus tard même que les gens qui ont trente ans aujourd'hui, qui ont quitté leur famille vers l'âge de 20 ans. A l'époque, il fallait se séparer de sa famille le plus vite possible pour vivre sa vie sans avoir ses parents sur le dos et aussi pour se prouver sa capacité à vivre de ses propres moyens. En 2002, 70% des jeunes de 20 ans n'avaient pas quitté la maison : une augmentation de 22% par rapport à 1993. Et contrairement à ce que l'on pourrait penser, ils ne souffrent pas de cet état de chose. Selon une étude du professeur Galland, 55% des étudiants vivant chez leurs parents ne sont pas pressés d'en partir. Il y a aussi ceux qui vivent dans un logement payé par leurs parents. Ils représentent 18% des jeunes de 20 ans et sont deux fois plus nombreux qu'il y a dix ans. Ceux-là jouent sur les deux tableaux: ils mènent une vie indépendante la semaine et rentrent se faire chouchouter (宠爱) le week-end. Ce sont surtout des jeunes en province qui plongent leurs études dans les grandes villes universitaires éloignées du domicile familial.

1. L'expression « à l'époque » signifie les années _________.

A. 80　　B. 90　　C. 60　　D. 50

2. Pouvez-vous dire le pourcentage des jeunes qui veulent partir de chez leurs parents ?
   A. 70%　　B. 55%　　C. 45%　　D. 22%
3. Qu'est-ce qu'on pense des jeunes qui restent chez leurs parents ?
   A. Ils sont très heureux et ils s'entendent très bien avec leurs parents.
   B. Ils souffrent beaucoup, parce que leurs parents les surveillent.
   C. C'est une bonne chose et c'est normal.
   D. Ils se font chouchouter par leurs parents.
4. Parmi les phrases suivantes, laquelle explique le mieux l'expression « ceux-là jouent sur les deux tableaux » ?
   A. Ceux-là copient deux tableaux.
   B. Ceux-là pratiquent un jeu traditionnel.
   C. Ceux-là dessinent un tableau à l'école, l'autre à la maison.
   D. Ceux-là veulent profiter de tous les avantages.
5. Qui sont les jeunes qui restent encore chez leurs parents ?
   A. Ce sont des jeunes qui travaillent à l'usine.
   B. Ce sont des jeunes qui font leurs études près de chez leurs parents.
   C. Ce sont des jeunes qui font leurs études à Paris.
   D. Ce sont des jeunes qui continuent leurs études loin de chez leurs parents.

(IV)

La Bibliothèque national de France

Si vous vous promenez sur les quais de la Seine, du côté de Bercy, vous découvrirez quatre tours de 80 mètres de haut, comme des livres ouverts aux quatre coins d'une place vaste et silencieuse. C'est François Mitterrand qui a eu l'idée de la construire, en 1988 : « Ce serait une bibliothèque d'un genre entièrement nouveau...qui devrait ouvrir tous les champs de connaissances et utiliser les techniques les plus modernes. » Le président de la République de l'époque lance le plus grand chantier du siècle.

Le grand nouveauté de la BNF, c'est informatique : un fichier comprend tous les livres de la bibliothèque que vous voulez consulter. Par example, vous voulez tout savoir sur Victor Hugo. Tapez ce nom dans la fenêtre « thème », vous pouvez trouver tous ses livres, des CD-Rom et des films concernant.

Autre technique nouvelle : le voyage des livres. Imaginez un mini-réseau de chemin de fer de 8 kilomètres, qui relie les tours, les magasins et les salles de lecture. 350 petits wagons y circulent, l'informatique les contrôle. Vous demandez un livre, l'ordre est transmis à l'un des petits wagons , qui se dirige vers le bon rayon, un employé y met le livre, il redescend vers la salle de lecture. Durée de l'opération : 20 minutes (contre 45 minutes d'attente dans l'ancienne bibliothèque).

1. A quoi ressemblent les quatre tours de BNF ?
   A. Elles ressemblent à la Tour Eiffel.
   B. Elles ressemblent à une gare.
   C. Ellles ressemblent à un grand chantier du siècle.
   D. Elles ressemblent aux livres ouverts.
2. Qu'est-ce que Mitterand a proposé en 1988 ?
   A. Il a proposé de construire quatre tours autour de Bercy.
   B. Il a proposé de construire une bibliothèque moins grande, mais beaucoup plus moderne que l'ancienne.
   C. Il a proposé une bibliothèque à la fois grande et moderne.
   D. Il a proposé un mini-réseau de chemin de fer pour aller à la bibliothèque.
3. Comment peut-on trouver un auteur et ses ouvrages dans cette immense bibliothèque ?
   A. On peut se renseigner auprès d'un employé de la bibliothèque.
   B. On n'a qu'à taper le nom de l'auteur sur l'écran d'un ordinateur.
   C. On n'a qu'à lire un fichier.
   D. On n'a qu'à trouver un CD-Rom.
4. Par quel moyen transporte-t-on les livres demandés ?
   A. Par un mini-réseau de chemin de fer de huit kilomètres.
   B. Par les employés et les ouvriers.
   C. Par l'informatique.
   D. Par l'escalier mécanique.
5. Parmi les descriptions suivantes, laquelle correspond le mieux à la réalité de la BNF ?
   A. C'est un bâtiment avec quatre tours.
   B. C'est une bibliothèque moderne, informatisée, en forme de livre, proposée par l'ancien président de la France.
   C. Les tours contiennent des livres, transportés par les 350 wagons.
   D. C'est une bibliothèque construite en forme de livre, située au bord de la Seine.

ANNEXE IV 附录四

语法常用术语

adjectif 形容词
adjectif numéral 数词
adjectif numéral cardinal 基数词
adjectif numéral ordinal 序数词
adjectif qualificatif 品质形容词
adverbe 副词
antécédent 先行词
apposition (*f.*) 同位语
article 冠词
article contracté 缩合冠词
article indéfini 不定冠词
article défini 定冠词
article partitif 部分冠词
attribut 表语
comparatif 比较级
complément 补语
complément circonstanciel 状语
complément d'agent 施动者补语
complément déterminatif 定语
complément d'objet direct 直接宾语
complémen d'objet indirect 间接宾语
concordance (*f.*) 时态配合
conditionnel 条件式
conjonction (*f.*) 连词
conjugaison (*f.*) 动词变位
copule (*f.*) 系词
déterminatif 限定词
déterminatif démonstratif 指示限定词
déterminatif indéfini 泛指限定词
déterminatif interrogatif 疑问限定词
déterminatif possessif 主有限定词
discours direct 直接引语
discour indirect 间接引语
épithète (*f.*) 形容语
féminin 阴性
forme (*f.*) atone 非重读词形
forme tonique 重读词形
futur antérieur 先将来时
futur dans le passé 过去将来时
futur immédiat 最近将来时
futur simple 简单将来时
genre 性
gérondif 副动词
imparfait 未完成过去时
impératif 命令式
indicatif 直陈式
infinitif 不定式
interjection (*f.*) 叹词
invertion (*f.*) 倒装
locution (*f.*) adverbiale 副词短语
locution conjonctive 连词短语
locution prépositive 介词短语
locution verbale 动词短语
masculin 阳性
mode 语式
morphologie (*f.*)词法
mot mis en apostrophe (*f.*) 呼语
nom 名词

nom abstrait 抽象名词
nom collectif 集体名词
nom commun 普通名词
nom concret 具体名词
nom individuel 个别名词
nom nombrable 可数名词
nom non nombrable 不可数名词
nom propre 专有名词
participe 分词
participe apposé 同位分词
participe passé 过去分词
participe présent 现在分词
parties *(f.)* du discours 词类
passé antérieur 先过去时
passé composé 复合过去时
passé immédiat 最近过去时
passé simple 简单过去时
personne *(f.)* 人称
phrase *(f.)* complexe 复合句
phrase simple 简单句
pluriel 复数
plus-que-parfait 愈过去时
prédicat 谓语
préposition *(f.)* 介词
présent 现在时
pronom 代词
pronom adverbial 副代词
pronom démonstratif 指示代词
pronom indéfini 泛指代词
pronom interrogatif 疑问代词
pronom neutre 中性代词
pronom personnel 人称代词
pronom personnel réfléchi 自反人称代词
pronom possessif 主有代词
pronom relatif 关系代词
proposition *(f.)* affirmative 肯定句
proposition circonstancielle 状语从句
proposition énonciative 叙述句
proposition exclamative 感叹句
proposition impérative 命令句
proposition indépendante 独立句
proposition infinitive 不定式句
proposition interrogative 疑问句
proposition négative 否定句
proposition principale 主句
proposition relative 关系从句
proposition subordonnée 从句
proposition subordonnée de complément 补语从句
proposition subordonnée de condition 条件从句
radical 词根
singulier 单数
subjonctif 虚拟式
sujet 主语
sujet apparent 形式主语
sujet réel 实质主语
superlatif 最高级
syntaxe 句法
temps 时态
temps composé 复合时态
temps simple 简单时态
verbe 动词
verbe auxiliaire 助动词
verbe impersonnel 无人称动词
verbe intransitif 不及物动词
verbe pronominal 代动词
verbe transitif direct 直接及物动词
verbe transitif indirect 间接及物动词
voix *(f.)* 语态
voix active 主动态
voix passive 被动态

未注明词性者都为阳性名词。

ANNEXE V 附录五

总词汇表

A

absolute *adv.* 绝对地,一定 (11)

aérien, ne *adj.* 空中的,航空的 (10)

à l'avance *loc. adv.* 提前 (13)

à la folie *loc. adv.* 疯狂地,狂热地,发疯般地 (1)

à ses moments perdus *loc. prép.* 在他空闲时 (12)

à son avis *loc. prép.* 依某人看来 (4)

abondance *n.f.* 大量,丰富 (10)

académie *n.f.* 科学院,研究院 (10)

acceptable *adj.* 能够接受的,不坏的 (13)

accompagner *v.t.* 陪伴,伴随 (10)

accueillir *v.t.* 接待,招待 (15)

accroissement *n.m.* 增加,增长 (13)

acteur, actrice *n.* 演员 (1)

activité *n.f.* 活动 (6)

actuel, le *adj.* 当前的,目前的 (4)

actuellement *adv.* 现在,目前 (7)

administration *n.f.* 管理,行政 (10)

adorer *v.t.* 爱慕,崇拜 (1)

adresse *n.f.* 地址 (11)

affaires *n.f.pl.* 经济,金融活动 (8)

affreux, se *adj.* 可怕的 (12)

agneau *n.m.* 羊羔 (7)

agriculteur, trice *n.* 耕作者,从事农业的人 (7)

agriculture *n.f.* 农业 (7)

aider *v.t.* 帮助 (7)

aimable *adj.* 可爱的,讨人喜欢的 (9)

ainsi *adv.* 如此,这样 (7)

air *n.m.* 外貌,神态 (11)

aire de repos *loc. n.* 高速公路休息站 (1)

aliments *n.m.pl.* 食品 (10)

ambassade *n.f.* 大使馆 (10)

ambiance *n.f.* 环境,气氛 (4)

aménager *v.t.* 整理,布置 (15)

américain, e *adj.* 美国的,美国人的 (5)

amitié *n.f.* 友谊,友情

amour *n.f.* 爱情,爱 (1)

amoureux, se *adj.* 钟情的,爱恋的 (1)

animal *n.m.* 动物 (7)

anniversaire *n.m.* 生日;周年纪念日 (14)

à part *loc. adv.* 单独地,分开地 (7)

appeler *v.t.* 打电话 (1)

appétit *n.m.* 食欲,胃口 (3)

apprécier *v.t.* 欣赏,赏识 (4)

approprié *adj.* 适合的,适当的 (10)

après *adv.* 在……之后,在……后面 (16)

après tout *loc. adv.* 总之,毕竟 (16)

à propos *loc. adv.* 对了,想起来了 (10)

assister *v.i.* 参加,参与 (4)

argent liquide *n.f.* 现金 (13)

arrêter *v.t.* 停止 (8)

arrondissement *n.m.* (法国)行政区;(大城市的)区 (9)
artificiel, le *adj.* 人工的,人造的,人为的 (16)
ascenseur *n.m.* 电梯 (6)
aspect *n.m.* 外貌,外观;观点 (16)
assourdissant, e *adj.* 震耳欲聋的 (12)
atteindre *v.t.* 到达,达到 (10)
attente *n.f.* 等待 (6)
augmentation *n.f.* 增加;加薪 (2)
ausculter *v.t.* 听诊 (3)
autant *adv.* 同样,一样多 (4)
automobile *n.f.* 汽车 (10)
autonomie *n.f.* 自治,自主 (10)
autoroute *n.f.* 高速公路 (1)
autrefois *adv.* 过去,从前 (7)
avaler *v.t.* 吞食;吞咽 (13)
avantage *n.m.* 优点,长处 (6)
avenir *n.m.* 将来,未来 (2)
avoir beau + inf. *loc. verb.* 徒然、枉然做某事 (13)
avoir mal à *loc. verb.* 疼痛 (3)

B

baby-sitter *n.m.* 看管小孩的人 (15)
balcon *n.m.* 阳台 (5)
banlieue *n.f.* 郊区,市郊 (5)
banlieusard *n.m.* 郊区人 (10)
barrière *n.f.* 栅栏,障碍;屏障 (5)
bas, se *adj.* 低的,矮的 (6)
basse-cour *n.f.* 家禽饲养棚 (7)
bassin *n.m.* 盆地,流域 (10)
bébé *n.m.* 婴儿 (2)
Belgique *n.f.* 比利时 (1)
bête *n.f.* 牲畜 (7)
beurre *n.m.* 奶油,黄油 (7)
bibliothécaire *n.* 图书馆馆员 (11)
bibliothèque *n.f.* 图书馆 (11)
bien que *loc. conj.* 虽然,尽管 (12)
billet *n.m.* 票 (11)
bisou *n.m.* (在面颊上)的亲吻 (8)
blond, e *adj.* 金色的 (8)
bœuf (les bœufs[bø]) *n.m.* 牛 (7)
bois *n.m.* 木材,柴 (7)
bonheur *n.m.* 幸福 (8)
bouchée *n.f.* 一口之量;一口 (13)
bouffe *n.f.* (口语)吃的,饭菜;一顿饭 (14)
bougie *n.f.* 蜡烛 (14)
boulanger, boulangère *n.* 面包师傅;面包店店主 (15)
boulangerie *n.f.* 面包业 (15)
bouleverser *v.t.* 弄乱,引起革命 (10)
boulot *n.m.* (俗)工作,活儿 (8)
bouton *n.m.* 按钮 (6)
boxeur *n.m.* 拳击手 (1)
bravo *interj.* 好啊! 好样的! (8)
brebis *n.f.* 雌羊 (7)
Brésil *n.m.* 巴西 (8)
brillamment *adv.* 辉煌地,卓越地 (13)
briller *v.i.* 发光,闪光 (6)
brûler *v.i.* et *v.t.* 燃烧 (10)
brûler de faire qch. 渴望做某事 (10)
buffet *n.m.* 碗橱;冷餐会 (14)

C

cadre *n.m.* 框架,干部 (6)
cafétéria *n.f.* 高级咖啡馆;(多为自助式的)快餐馆 (1)
calme *n.m.* 平静;冷静 (2)
camionnette *n.f.* 小卡车 (7)

campagne *n.f.* 乡下，乡村 (6)
campeur, se *n.* 野营的人 (16)
canadien, ne *adj.* et *n.* 加拿大的；加拿大人 (15)
canard *n.m.* 雄鸭 (7)
cane *n.f.* 雌鸭 (7)
capitale *n.f.* 首都 (6)
caqueter *v.i.* （家禽）叫 (7)
casser *v.t.* 劈断，打碎 (7)
casserole *n.f.* 有柄平底锅 (16)
catalogue *n.m.* 目录 (11)
catégorie *n.f.* 种类，类别 (4)
causer *v.t.* 引起，造成 (13)
caution *n.f.* 担保，保证金，保证人 (9)
cave *n. f.* 地窖 (10)
célébrer *v.t.* 庆祝 (14)
celui, celle, ceux, celles *pron.* 这个，那个，这些，那些 (9)
celui-ci, celle-ci *pron.* 这个 (9)
celui-là, celle-là *pron.* 那个 (9)
centaine *n.f.* 一百来个 (11)
centralisation *n.f.* 集中，集权 (13)
cependant *adv.* 然而 (12)
cerise *n.f.* 樱桃 (7)
chacun, e *pron. indéf.* 每一个人，人人 (7)
champ *n.m.* 田，耕地 (7)
champignon *n.m.* 蘑菇 (7)
chanceux, se *adj.* 走运的 (8)
changement *n.m.* 变化 (10)
changer *v.t.* 更换；调换 (2)
chanteur, se *n.* 歌手，歌唱家 (1)
charger *v.t.* 装载，使充满 (7)
charmant, e *adj.* 可爱的 (12)
chauffage *n.m.* 加热，暖气 (8)
chef *n.m.* 首领，主任 (2)
chéri, e *adj.* et *n.* 亲爱的（人） (9)
cheval *n.m.* 马 (7)
chèvre *n.f.* 山羊 (7)
chœur *n.m.* 合唱；合唱团 (14)
chômage *n.m.* 失业，失业现象 (2)
chum [tʃœm] *n.m.* 爱人 (8)
ciao *interj.* 〈俗〉你好！再见！ (5)
cimenter *v.t.* 抹水泥，浇水泥 (12)
cinéma *n.m.* 电影，电影院 (4)
cirer *v.t.* 上蜡，打蜡 (9)
citoyen, enne *n.* 市民 (12)
classer *v.t.* 分类，分级 (10)
classique *adj.* 古典的；经典的 (4)
clé (clef) *n.f.* 钥匙 (6)
club *n.m.* 俱乐部 (4)
cochon *n.m.* 猪 (7)
coin *n.m.* 角，角落 (9)
collègue *n.* 同事 (14)
comédie *n.f.* 喜剧 (4)
comédien, ne *n.* 喜剧演员 (4)
comique *adj.* 喜剧的，滑稽的 (4)
commentaire *n.m.* 评论，评述 (13)
commercial, e *adj.* 商业的 (10)
commode *adj.* 方便的 (11)
communication *n.f.* 交流 (10)
compagnie *n.f.* 公司 (13)
comparer *v.t.* 比较 (6)
composer *v.t.* 作曲 (1)
comprendre *v.t.* 理解，明白 (1)
comptable *n.* 会计，会计员 (12)
compter *v.t.* et *v.i.* 计数，计算 (8)
compter sur 依靠，信赖
concernant *p. présent* 涉及，牵扯到 (13)
concierge *n.* 看门人，门房 (9)
conduite *n.f.* 驾驶，驾驭 (14)

confort *n.m.* 舒适 (10)
confortable *adj.* 舒适的 (6)
connu, e *adj.* 有名的，出名的 (7)
conseil *n.m.* 劝告 (10)
conséquence *n.f.* 后果，结果 (10)
conservation *n.f.* 保存，储藏 (10)
considérer *v.t.* 细看；考虑；重视 (16)
consommateur, trice *n.* 消费者，用户 (10)
constituer *v.t.* 构成，组成 (5)
construire *v.t.* 建造，建筑 (10)
consultation *n.f.* 门诊，看病 (3)
consulter *v.t.* 查看，求教 (11)
continuer *v.t.* 继续 (6)
contraire *n.m.* 相反的事物，对立面，反义词 (16)
contrairement à *loc. adv.* 相反地 (5)
contrôleur *n.m.* 监督员，检查员 (2)
convergence *n.f.* 集中 (10)
convier *v.t.* 邀请 (14)
cool [kul] *adj. inv.* 〈英〉从容的，洒脱的 (6)
coq *n.m.* 公鸡 (7)
copain, copine *n.* 伙伴，朋友 (8)
couchette *n.f.* 铺位 (13)
coup de foudre *loc. n.* 一见钟情，一见倾心 (1)
couper *v.t.* 分开，断绝 (2)
couple *n.m.* 夫妻 (8)
courant *n.m.* 水流，电流 (8)
courir *v.t.* et *v.i.* 走遍，经常去，奔跑 (7)
couronne *n.f.* 花环，王冠，环形物 (5)
court, e *adj.* 短的 (6)
coûter *v.i.* 值(多少钱)，价值 (6)
couverture *n.f.* 被子，毯子 (6)
couvrir *v.t.* 盖，覆盖 (6)
craindre *v.t.* 害怕 (12)
crier *v.t.* 叫喊 (12)
crise *n.f.* 危机 (8)
croire *v.t.* 以为，相信 (3)
culture *n.f.* 文化 (8)
culturel, le *adj.* 文化的 (6)
cumuler *v.t.* 兼任，兼领 (11)
curry *n.m.* 咖喱，咖喱粉 (2)

D

de moins en moins *loc. adv.* 越来越少 (4)
de quoi 必须的东西，足够的东西 (13)
débordé, e *adj.* 溢出的，忙碌的 (8)
debout *adv.* 站立，起来 (3)
décision *n.f.* 决定 (8)
définitif, ve *adj.* 最后的，决定性的 (8)
dégagé, e *adj.* 没有被遮挡的 (9)
délabré, e *adj.* 破烂的，破败的 (12)
déloger *v.t.* 赶走 (8)
déménager *v.i.* 迁居，搬家 (5)
dépasser *v.t.* 超过；超量 (13)
dès *prép.* 从……起，一……就 (8)
désagrément *n.m.* 不愉快的事 (12)
déshabiller *v.t.* 替……脱衣服 (3)
des quartiers résidentiels 居民区，住宅区 (10)
desservir *v.t.* 通达，连接 (5)
destination *n.f.* 目的地，终点 (13)
détruire *v.t.* 摧毁 (12)
dette *n.f.* 债务，欠款 (8)
développement *n.m.* 发展 (7)
difficulté *n.f.* 困难 (2)
dinde *n.f.* 雌火鸡 (7)
dindon *n.m.* 雄火鸡 (7)
disponible *adj.* 可自由使用的 (9)
distance *n.f.* 距离 (10)

distraction *n.f.* 娱乐，消遣 (7)
divers *adj.* 多样的，不同的 (11)
diversifié, e *adj.* 多样化的，多种多样的 (5)
diviser *v.t.* 分开，划分 (10)
divorce *n.m.* 离婚，离异 (2)
divorcer *v.i.* 离婚 (15)
docteur *n.m.* 医生，大夫 (3)
domestique *adj.* 家庭的，家内的 (10)
donner lieu à 招致，引起 (12)
donner sur *loc. verb.* 朝向 (5)
donner un coup de main *loc. verb.* 帮助 (15)
dont *pron. rel.* 相当于de qui, de quoi (12)
dos *n.m.* 背 (3)
doublé, e *adj.* 译制的 (4)
drap *n.m.* 床单 (6)
DRH *loc. n.* 人力资源主管（directeur des ressources humaines 的缩写） (2)
droit *n.m.* 法规，法律；权利 (16)
durant *prép.* 在……期间，在……过程中 (10)

E

échanger *v.t.* 交换，互换 (1)
éclater de rire *loc. verb.* 突然哈哈大笑 (1)
économies *n.f.pl.* 储蓄，积蓄 (2)
économique *adj.* 经济的 (8)
écran *n.m.* 银幕 (4)
écurie *n.f.* 马厩 (7)
Edith Piaf (人名)艾迪·皮雅芙 (1)
efficace *adj.* 有效的，有效率的 (6)
effort *n.m.* 努力 (12)
élection *n.f.* 选举 (8)
électricité *n.f.* 电 (10)
électrique *adj.* 电的 (7)
électronique *adj.* 电子的 (11)
élégant, e *adj.* 优美的，雅致的 (10)
élevé, e *adj.* 高的 (9)
élever *v.t.* 饲养 (7)
employé, e *n.* 职员，雇员 (6)
en chœur *loc. adv.* 齐声地，一致地 (14)
endroit *n.m.* 地方，处所 (10)
en effet *loc. adv.* 确实，其实，事实上 (7)
énergie *n.f.* 能量 (10)
en fait *loc. prép.* 事实上 (4)
enfer *n.m.* 地狱 (6)
en finir 结束 (13)
engraisser *v.t.* 养肥 (7)
en grande partie *loc. adv.* 大部分 (7)
enjeu *n.m.* 得失，关键，重要性 (8)
ensoleillé, e *adj.* 充满阳光的 (9)
en souvenir de... *loc. prép.* 为了纪念…… (1)
ennemi, e *n.* 敌人 (16)
ennui *n.m.* 麻烦；烦恼 (8)
ennuyer *v.t.* 使厌倦；使烦恼 (15)
entourer *v.t.* 环绕，围绕 (16)
emblématique *adj.* 象征性的，作为标志的 (10)
embouteillage *n.m.* 交通堵塞 (6)
empêcher *v.t.* 阻止 (11)
emporter *v.t.* 运走，带走，拿走 (7)
emprunter *v.t.* 借入 (11)
épais, se *adj.* 厚的 (6)
époque *n.f.* 时代，时期 (16)
épouvantable *adj.* 可怕的，恐怖的 (13)
équipé, e *adj.* 装备好的 (9)
escalier *n.m.* 楼梯 (9)
espace *n.m.* 空间 (6)
espagnol *n.m.* 西班牙语 (11)
essentiel *n.m.* 主要的事，最重要的部分 (14)
étable *n.f.* 家畜棚 (7)

état *n.m.* 状态,状况 (9)
étendu, e *adj.* 面积大的,幅员广的 (10)
étranger, ère *n.* 外国人 (6)
être debout *loc. verb.* 站起 (3)
euro *n.m.* 欧元 (11)
éveillé, e *adj.* 醒着的 (13)
évidemment *adv.* 当然地,明显地 (11)
éviter *v.t.* 避免 (13)
évolution *n.f.* 演变,发展,变化 (10)
exactement *adv.* 确切地,准确地 (1)
exagérer *v.t.* 夸大,夸张 (8)
excuser *v.t.* 原谅 (6)
exister *v.i.* 存在 (10)
exposer *v.t.* 陈列;使(房屋)朝向 (9)
extension *n.f.* 伸长,延伸 (10)
extérieur *n.m.* 外部,外面 (16)
extrait *n.m.* 节选,摘录 (2)

F

façon *n.m.* 方式,方法 (8)
faire du ski *loc. verb.* 滑雪 (3)
faire la queue 排队 (13)
familial, e *adj.* 家庭的,家族的 (14)
favori, te *adj.* 受宠爱的,受青睐的 (13)
fax *n.m.* 传真 (14)
félicitation *n.f.* 祝贺 (8)
femme de chambre *n.f.* 女佣人 (6)
ferme n.f. 农场 (7)
fermeture *n.f.* 关门,关闭 (13)
fêter *v.t.* 庆祝,纪念 (14)
fiche *n.f.* 书目卡片 (11)
fièvre *n.f.* 发热,发烧 (3)
file *n.f.* 队,直列 (6)
film *n.m.* 电影,影片 (4)
foin *n.m.* 干草 (7)
former *v.t.* 组成,构成 (10)
formulaire *n.m.* 表格,公式汇编集 (11)
fort *adv.* 非常地,很;使劲地,有力 (13)
Francilien, ne *n.* 法兰西岛人,巴黎大区的人 (5)
fréquent, e *adj.* 频繁的 (13)
fruitier, ère *adj.* 结果子的 (12)
fuite *n.f.* 逃走,躲避 (12)
futur, e *adj.* 将来的 (6)

G

gagner *v.t.* 赢得 (10)
gain *n.m.* 获胜,收益 (11)
garder *v.t.* 看管,照看;保卫;保存 (1)
garé, e *adj.* 停车的 (5)
gâteau *n.m.* 蛋糕 (14)
gerbe *n.f.* 捆,束 (7)
geste *n.m.* 动作,姿势;行动,行为 (15)
gestion *n.f.* 管理,经营 (2)
glisser *v.t.* 使滑动,悄悄地塞进 (8)
gorge *n.f.* 喉咙,咽喉,嗓子 (3)
gouvernement *n.m.* 政府 (10)
grâce à *loc. prép.* 多亏…… (10)
grande ligne *n.f.* 主要铁路线,干线 (13)
grandir *v.i.* 长大,成长 (6)
grave *adj.* 严重的 (2)
grenie *n.m.* 谷仓,顶楼 (10)
grippe *n.f.* 流行性感冒 (3)
gris, e *adj.* 灰色的 (6)
guéri, e *adj.* 痊愈,医好 (3)

H

hasard *n.m.* 风险,机遇,巧合 (11)
hâte *n.f.* 急忙,匆忙 (8)

hélas *interj.* 唉，哎，哎呀！（表示悲叹、失望、遗憾、惋惜等） (5)
hésiter *v.i.* 犹豫，踌躇 (11)
histoire *n.f.* 历史 (11)
hop *intej.* 嗨（用来配合某一有力或快捷的动作） (13)
horaire *n.m.* 时刻，时刻表 (4)
hymne *n.m.* 颂歌；国歌 (1)

I

idéal, e *adj.* 理想的 (4)
il vaut mieux 最好是…… (10)
île *n.f.* 岛 (10)
image *n.f.* 图像 (10)
imaginaire *adj.* 想象中的 (4)
immeuble de grand standing *n.m.* 非常舒适的房屋 (12)
impérativement *adv.* 必须地 (11)
incident *n.m.* 事件，事端 (2)
inconnu, e *n.* 陌生人，不认识的人 (4)
inconvénient *n.m.* 不利，缺点 (6)
incroyable *adj.* 不可相信的，难以置信的 (1)
indépendance *n.f.* 独立 (8)
indigné, e *adj.* 愤怒的 (13)
individu *n.m.* 个人 (10)
individuel, le *adj.* 个别的，个人的 (12)
industriel, le *adj.* 工业的 (10)
inévitable *adj.* 不可避免的，不能回避的 (16)
inhabitable *adj.* 不能居住的 (12)
inoubliable *adj.* 无法忘记的 (8)
inscription *n.f.* 注册，登记 (4)
instant *n.m.* 瞬间，顷刻 (11)
instantanément *adv.* 瞬间地，即刻地 (10)
intéressé, e *adj.* 有关的，感兴趣的 (9)
intérieur *n.m.* 内部；室内，家里 (10)
international, e *adj.* 国际的 (11)
interne *n.* （中学的）寄宿生 (15)
Internet *n.m.* 互联网 (11)
interprétation *n.f.* 表演 (4)
interpréter *v.t.* 表演，演奏 (1)
interrompre *v.t.* 使中断，使停止 (16)
isolé, e *adj.* 孤独的，偏僻的 (16)
italien *n.m.* 意大利语 (11)
Ivry-sur-Seine 伊夫里·上塞纳（巴黎南部） (13)

J

jadis [ʒadis] *adv.* 从前，往日 (7)
jardin potager *n.m.* 菜园 (12)
jazz *n.m.* 爵士风格 (2)
jeter un coup d'œil 看一眼 (11)
jeunesse *n.f.* 年轻一代 (13)
joie *n.f.* 快乐，喜悦 (8)
journaliste *n.* 记者 (8)
Juliette Drouet （人名）朱丽叶·德鲁埃 (1)

L

labourer *v.t.* 收获，收割 (7)
la Concorde 协和广场 (10)
la Défense 拉德芳斯 (8)
laitier, ère *adj.* 产乳的，有关乳品的 (7)
la place du Théâtre-Français 法兰西剧院广场 (6)
l'Arc de Triomphe 凯旋门 (10)
la Tour Eiffel 埃菲尔铁塔 (10)
l'avenue de l'Opéra 歌剧院大街 (6)
l'ennui c'est que... 麻烦就在于…… (13)
la S.N.C.F. = La Société Nationale des

Chemins de Fer français 法国国营铁路公司 (13)
lampe de chevet *n.f.* 床头灯 (6)
langue *n.f.* 舌头 (3)
lapin *n.m.* 家兔 (12)
lecteur, trice *n.* 读者 (11)
le Loir-et-Cher 卢瓦尔·歇尔省 (12)
le Louvre 卢浮宫 (10)
le Marais 马来区(沼泽区,巴黎老区) (10)
le Palais de l'Elysée 爱丽舍宫 (10)
libérer *v.t.* 解放 (10)
licence *n.f.* 学士学位 (1)
l'île Saint-Louis 圣-路易斯岛 (10)
littérature *n.f.* 文学 (11)
locataire *n.* 租户,房客 (9)
logement *n.m.* 住房,住处 (9)
loger *v.t.* 留宿,给……住宿 (9)
lointain, e *adj.* 遥远的 (8)
loterie *n.f.* 用奖券进行的赌博 (11)
louer *v.t.* 出借,租借 (9)
lourd, e *adj.* 重的 (10)
loyer *n.m.* 房租,租金 (9)
lumière *n.f.* 灯光,光 (6)
lycée *n.m.* (法国的)公立中学 (7)

M

machine à laver *n.f.* 洗衣机 (10)
main-d'œuvre *n.f.* 劳动力 (10)
maîtresse *n.f.* 情人;情妇 (1)
mal *n.m.* 疼痛 (3)
malgré *prép.* 不管,不顾 (15)
malheureux, se *adj.* 不幸的 (8)
malsain, e *adj.* 不健康的,有病的 (16)
manifestation *n.f.* 示威运动,示威游行 (4)
Marcel Cerdan (人名) 马塞尔·瑟丹 (1)
marchandise *n.f.* 商品,货物 (10)
marche *n.f.* 行走,梯级 (9)
marché *n.m.* 市场 (7)
mariage *n.m.* 婚礼,婚姻 (1)
marié, e *adj.* 已婚的 (1)
Marie Slodowska (人名)玛丽·斯克沃多夫斯卡 (1)
Maroc *n.m.* 摩洛哥 (9)
marraine *n.f.* 教母 (8)
master *n.m.* 硕士 (8)
matelas *n.m.* 床垫 (6)
maths *n.f.pl.* (mathématiques 的缩写)数学 (1)
maximum *n.m.* et *adj.* 最大值;最大的 (10)
matinée *n.f.* 上午 (6)
mécanique *adj.* 机械的 (10)
média *n.m.* 媒体,传媒 (8)
médical, e, aux *adj.* 医学的 (3)
médicament *n.m.* 药 (3)
mélanger *v.t.* 混合,搀和 (2)
mener *v.t.* 带领 (7)
merveilleux, se *adj.* 出色的,令人赞叹的 (4)
message *n.m.* 留言,信息 (11)
messieurs [mesjø] *n.m.pl.* 先生们 (9)
métier *n.m.* 职业 (2)
mètre *n.m.* 米 (16)
meule *n.f.* 垛,堆 (7)
millionième *n.m.* 第一百万个 (11)
ministère *n.m.* (政府中的)部 (10)
moche *adj.* 丑的;差劲的 (5)
moderne *adj.* 现代化的 (9)
modestement *adv.* 简朴地;谦虚地;适度地 (14)
moisson *n.f.* 收获,收割 (7)

moissonneuse *n.f.* 收割机 (7)
Molière 莫里哀 (4)
moteur *n.m.* 发动机，马达 (7)
motif *n.m.* 动机；理由，原因 (14)
moulin *n.m.* 磨；磨坊 (15)
mouton *n.m.* 绵羊 (7)
mouvement *n.m.* 运动 (8)
musée *n.m.* 陈列馆；博物馆 (15)

N

n'en pouvoir plus 精疲力尽 (13)
naissance *n.f.* 诞生，出生；起始，开端 (14)
nature *n.f.* 大自然 (16)
naturel, le *adj.* 天然的，自然的 (16)
négatif, ve *adj.* 否定的，消极的 (6)
ne pas manquer de faire qch. 不会忘记做某事，必然会做某事 (13)
nécessaire *adj.* 必要的 (9)
neuf, ve *adj.* 新的 (8)
neutre *adj.* 中立的 (8)
New York 纽约 (1)
nez *n.m.* 鼻子 (2)
nièce *n.f.* 侄女 (8)
niveau *n.m.* 水平 (2)
nord *n.m.* 北，北方 (6)
normal, e, aux *adj.* 正常的 (3)
notamment *adv.* 尤其 (12)
nourrir (se) *v.pr.* 吃，进食
v.t 供养，抚养 (16)
numéro *n.m.* 号码 (6)

O

obtenir *v.t.* 取得，获得 (1)
occupé, e *adj.* 被占了的，忙碌的 (6)
occuper *v.t.* 占据，占领 (8)
œuf [oef], des œufs[ø] *n.m.* 蛋，鸡蛋 (12)
officiel, le *adj.* 官方的，政府的，正式的 (10)
oie *n.f.* 鹅 (7)
opération *n.f.* 作用，活动 (16)
ordonnance *n.f.* 处方 (3)
ordre *n.m.* 次序，顺序；种类，范畴 (16)
organiser *v.t.* 组织 (6)
organisme *n.m.* 机体，组织，机构 (11)
original, e *adj.* 原始的；独创的，创新的 (15)
oublier *v.t.* 忘记 (8)
ouf *intej.* 喔呀（表示疼痛轻松的感觉） (13)

P

panne *n.f.* 故障 (5)
parallèlement *adv.* 平行地，同时 (11)
parfum *n.m.* 香水 (2)
par conséquent *loc. adv.* 因此，所以 (13)
par hasard *loc. prép.* 碰巧 (15)
parisien, ne *adj.* et *n.* 巴黎的；巴黎人 (6)
partager *v.t.* 分享，分担 (4)
participer à 参加，参与 (14)
partout *adv.* 到处，处处 (3)
parvenir à *v.t.* 到达，能够 (10)
pas *n.m.* 门口，门槛 (5)
passion *n.f.* 激情；爱好；嗜好 (12)
patron *n.m.* 老板，雇主 (14)
pauvreté *n.f.* 贫困，贫苦 (2)
pêche *n.f.* 捕鱼 (7)
peinture *n.f.* 绘画，粉刷 (9)
penderie *n.f.* 挂衣服的壁橱 (9)
pénible *adj.* 繁重的 (7)
pensée *n.f.* 思考，思想，思维，想法 (16)
penser *v.i.* 想，思考 (3)
perdu, e *adj.* 失去的，浪费的 (6)
périphérique *n.m.* 环城大道 (5)

permettre *v.t.* 允许，准许 (10)
personnellement *adv.* 就个人而言 (4)
pétrole *n.m.* 石油 (10)
peuplé, e *adj.* 有居民的 (6)
physicien, ne *n.* 物理学者，物理学家 (1)
physique *n.f.* 物理学 (1)
pièce *n.f.* 剧作，剧本 (1)
Pierre Curie (人名) 皮埃尔·居里 (1)
pilule *n.f.* 药丸 (3)
piqûre *n.f.* 注射，打针 (3)
place *n.f.* 座位 (4)
plafond *n.m.* 天花板 (6)
plaire *v.t.ind.* 使喜爱，使高兴 (14)
plancher *n.m.* 地板 (6)
plateau *n.m.* 托盘，盘子 (1)
pleurer *v.i.* 流泪，哭泣 (1)
plus ou moins *loc. adv.* 或多或少 (14)
plutôt que 宁愿，宁可；与其……倒不如 (13)
poire *n.f.* 梨 (7)
pollution *n.f.* 污染 (6)
police *n.f.* 治安，警察 (8)
politique *adj.* 政治的 (11)
Pologne *n.f.* 波兰 (1)
Polonais, e *n.* 波兰人 (1)
pomme *n.f.* 苹果 (7)
ponctuel, le *adj.* 准时的 (13)
population *n.f.* 人口 (10)
porcherie *n.f.* 猪圈 (7)
portable *n.m.* 手机 (1)
porte-fenêtre *n.f.* 落地窗 (6)
positif, ve *adj.* 肯定的，积极的 (6)
posséder *v.t.* 拥有 (11)
possibilité *n.f.* 可能，可能性 (6)
poste *n.m.* 职位，岗位 (2)
pot *n.m.* 〈口〉小型酒会 (14)
potager, ère *adj.* 蔬菜的 (12)
poule *n.f.* 母鸡 (7)
poulet *n.m.* 小鸡，鸡肉 (2)
pour le moment *loc. adv.* 暂且，目前 (9)
pour que *loc. conj.* 为了 (12)
pousser *v.t.* 推动；督促，催促 (15)
pousser un soupir 叹一口气 (13)
pratique *adj.* 实际的，实用的 (9)
précieux, se *adj.* 宝贵的，珍贵的 (13)
précision *n.f.* 明确，确切 (9)
prendre...au sérieux *loc. verb.* 认真对待 (4)
préparer *v.t.* 准备 (8)
presser *v.i.* 紧迫，急迫 (7)
prêt, e *adj.* 准备好的 (8)
prêt *n.m.* 借出 (11)
prêter *v.t.* 出借；提供 (5)
préserver *v.t.* 保护，保存 (16)
princesse *n.f.* 公主，王妃，公爵夫人 (1)
privé, e *adj.* 个人的，私人的 (14)
prix Nobel 诺贝尔奖 (1)
prochain, e *adj.* 最近的，即将到来的 (4)
proche *adj.* 临近的，靠近的 (5)
production *n.f.* 生产，出产 (10)
produit *n.m.* 产品 (7)
professionnel, le *adj.* 职业的，专业的 (14)
profiter (de) *v.t.* 利用 (6)
programme *n.m.* 计划，项目 (2)
promettre *v.t.* 允许，答应 (8)
proposer *v.t.* 建议，推荐 (6)
propre *adj.* 干净的 (6)
propriétaire *n.* 物主，房东 (9)
(la) Provence 普罗旺斯地区 (15)
province *n.f.* 外省 (6)
prune *n.f.* 李子 (7)

psychologique *adj.* 心理的，心理学的 (16)

Q

quatre à quatre *loc. adv.* 几级一跨下楼梯 (13)

quelqu'un, quelqu'une, quelques-uns, quelques-unes *pron. indéf.* 有人，某人，某个；某些人，有些人 (6)

quitter *v.t.* 离开，走出 (6)

Quotidien *n.m.* 日报 (2)

quotidiennement *adv.* 日常地 (11)

R

raccompagner *v.t.* 陪送(某人)回去 (5)

radicalement *adv.* 根本地，彻底地 (10)

radio *n.f.* 电台，收音机 (8)

rafraîchir *v.t.* 使凉爽，翻新 (9)

ramasser *v.t.* 拾取，捡起 (1)

rapide *n.m.* 特别快车 (13)

ravi, e *adj.* 高兴的，愉快的 (15)

réagir (à qch.) *v.t.ind.* 起反应，有反应 (1)

réalité *n.f.* 现实，现实性 (16)

réceptionniste *n.* (旅馆、公司)接待员 (6)

recevoir *v.t.* 接到，收到，得到 (1)

recherches *n.f.pl.* 研究，钻研 (1)

rédaction *n.f.* 编辑，草拟 (11)

redescendre *v.t.* 重新下去，再下楼 (13)

rédiger *v.t.* 拟定；编写 (3)

réduction *n.f.* 减价，折扣 (4)

réduire *v.t.* 减少 (10)

référence *n.f.* 参考 (11)

réflexion *n.f.* 思考；反射；想法 (16)

réfrigérateur *n.m.* 电冰箱 (10)

réforme *n.f.* 改革 (4)

région *n.f.* 地区 (7)

relation *n.f.* 关系 (8)

remercier *v.t.* 感谢，谢谢 (14)

remettre *v.t.* 放回；恢复 (9)

remettre à neuf 翻新，更新 (9)

remonter *v.t.* 重新装配 (8)

remplacer *v.t.* 代替 (7)

remplir *v.t.* 填写(表格等)；装满 (11)

rentrer *v.t.* 拿进，取进来 (7)

renverser *v.t.* 打翻 (1)

réparation *n.f.* 修理 (12)

repartir *v.i.* 重新出发 (13)

répondre (à) *v.t.* 回复，回答 (11)

représentation *n.f.* 演出 (4)

réseau *n.m.* 网 (10)

réseau ferré *n.m.* 铁路网 (13)

réserver *v.t.* 预订 (6)

respecter *v.t.* 尊重，敬重 (2)

respectivement *adv.* 分别地 (13)

respirer *v.i.* 呼吸 (3)

retenir *v.t.* 预订，叫人保留 (6)

retour *n.m.* 返回 (8)

retraite *n.f.* 退休，退职 (2)

retrouver *v.t.* 重新找到，再见到 (13)

réunir *v.t.* 汇集，集中 (2)

rêver *v.t.ind.* 梦见，梦到；想象 (16)

révolution *n.f.* 革命 (10)

rêver de 渴望，梦想 (5)

rez-de-chaussée *n.m.* 楼底层(一楼) (11)

rien *pron.* 没有什么 (3)

rire *v.i.* 笑，发笑 (1)

romance *n.f.* 罗曼史，浪漫曲 (1)

romantique *adj.* 富有浪漫色彩的 (16)

ruine *n.f.* 倒塌 (12)

russe *n.m.* 俄语 (11)

rythme *n.m.* 节奏 (6)

S

s'accroître *v.pr.* 增长 (12)
se demander *v.pr.* 寻思,思忖 (13)
salle à manger *n.f.* 饭厅 (9)
salle de bains *n.f.* 浴室 (6)
salle de documentation *n.f.* 资料室 (11)
salle de lecture *n.f.* 阅览室 (11)
salle de prêt *n.f.* 借书室 (11)
salle de séjour *n.f.* 起居室 (9)
s'amuser *v.pr.* 消遣,娱乐 (4)
saint, sainte *n.* 圣人,圣像 (14)
saisir *v.t.* 抓住 (12)
salaire *n.m.* 薪水,工资 (2)
Samaritaine *n.f.* 萨马里丹商店 (12)
sans doute *loc. adv.* 大概,可能 (3)
santé *n.f.* 健康 (11)
São Paulo 圣保罗(巴西最大的城市) (8)
s'apercevoir *v.pr.* 发现,望见 (13)
satisfaisant, e *adj.* 令人满意的 (13)
science *n.f.* 科学 (11)
s'éloigner de *v.pr.* 离开,远离 (5)
s'étendre *v.pr.* 延展,展开 (5)
se déguiser *v.pr.* 乔装打扮 (4)
se déshabiller *v.pr.* 脱掉衣服 (3)
se développer *v.pr.* 发展 (15)
se faire *v.pr.* 被做 (7)
se marier *v.pr.* 结婚 (1)
semblable *adj.* 相似的 (10)
se mêler *v.pr.* 混合,混杂 (10)
se moquer de *v.pr.* 嘲笑 (4)
se précipiter *v.pr.* 猛然冲下;加快,匆忙 (13)
se rapprocher de... 接近某物,靠近某物 (13)
se retrouver *v.pr.* 重逢,相见 (1)
se révolter *v.pr.* 反抗,起义 (8)
se souvenir de *loc. verb.* 想起,记得 (15)
se spécialiser *v.pr.* 专业化 (7)
se terminer *v.pr.* 结束,终止 (4)
studio *n.m.* 单间公寓 (9)
séance *n.f.* 一场 (4)
secteur *n.m.* 地方,区域,地段 (13)
sécurité sociale 社会保障 (4)
séparé, e *adj.* 分开的 (5)
séparer *v.t.* 使分开,使分离 (8)
se passer *v.pr.* 发生 (8)
servante *n.f.* 女仆 (4)
servir un repas, une cuisine 提供一餐饭;提供菜肴 (13)
servir à *v.t.* 用于,用作 (11)
seul, e *adj.* (起副词作用)独自地,单独地 (1)
siège *n.m.* 所在地 (10)
signature *n.f.* 签字,署名 (9)
simplement *adv.* 简单地 (11)
s'informer *v.pr.* 询问,打听 (9)
sinon *conj.* 否则 (11)
s'inquiéter *v.pr.* 不安,担心 (3)
s'inscrire *v.pr.* 报名参加,进行登记 (1)
s'intéresser à... *loc. verb.* 对……感兴趣 (2)
site *n.m.* 网址 (11)
ski *n.m.* 滑雪 (15)
s'occuper de *loc. verb.* 照看,照管,照顾 (2)
social, e *adj.* 社会的 (8)
soigner *v.t.* 看护,照料,治疗 (3)
solitude *n.f.* 孤独,寂寞 (16)
solution *n.f.* 解决办法 (2)
somme *n.f.* 金额,款项 (11)
sonnette *n.f.* 电铃,铃 (6)

sort *n.m.* 命运 (11)
sortie *n.f.* 外出，出门 (4)
soulagement *n.m.* 减轻，缓解，宽慰 (13)
source *n.f.* 源泉 (10)
souvenir *n.m.* 回忆，记忆 (1)
spécial, e *adj.* 特别的，特殊的 (2)
spécialisé, e *adj.* 专业化的 (10)
spectateur, trice *n.* 观众 (4)
square *n.m.* 广场中心的小公园；中间有小公园的广场 (15)
standing[stãdiŋ] *n.m.* （英）豪华，舒适 (12)
stress[strɛs] *n.m.* （英）压力 (6)
suffire *v.t.indir.* 足够，足以 (3)
suivre *v.t.* 跟随 (6)
sujet *n.m.* 主题，原因 (9)
surveiller *v.t.* 监视，看管 (12)
Survilliers 叙尔维利耶尔市镇 (1)
symbolique *adj.* 象征的 (5)

T

table de nuit *n.f.* 床边柜 (6)
tant mieux *loc. adv.* 那就好了，那很好 (3)
tant pis *loc. adv.* 算了 (9)
tante *n.m.* 姑妈，姨妈，伯母 (16)
tapis *n.m.* 地毯 (6)
technique *adj.* 技术的 (10)
télécommunication *n.f.* 电信 (10)
température *n.f.* 温度，体温，发烧 (3)
tendresse *n.f.* 温柔 (8)
terminus *n.m.* 终点站 (13)
terrain *n.m.* 场地，地 (16)
terrasse *n.f.* 平台 (5)
théâtral, e *adj.* 戏剧的 (4)
théâtre *n.m.* 剧场，剧院 (4)
théoriquement *adv.* 在理论上 (16)
tirer *v.t.* 拿出，取出，抽出 (3)
tirer au sort 抽签 (11)
titre *n.m.* 书名 (11)
toile *n.f.* 网 (11)
toit *n.m.* 屋顶 (6)
tomate *n.f.* 番茄，西红柿 (1)
tomber amoureux de... *loc. verb.* 爱上…… (1)
totalité *n.f.* 全部 (13)
toucher *v.t.* 和……毗邻，紧接 (5)
tourisme *n.m.* 旅游业 (10)
tourner *v.t.* 翻转，转动 (8)
tousser *v.i.* 咳嗽 (3)
toutes sortes de... 各种…… (7)
tracteur *n.m.* 拖拉机 (7)
traffic *n.m.* 运输，运输量，交通 (13)
trajet *n.m.* 路程 (6)
transformation *n.f.* 改变，改造，加工 (10)
transformer *v.t.* 改变，转换 (10)
transistor *n.m.* 半导体收音机 (16)
transports *n.m.pl.* 交通，运输 (6)
travaux *n.m.pl.* 活儿，工程 (7)
tristesse *n.f.* 悲伤 (8)
typique *adj.* 典型的，有代表性的 (14)

U

une demi-douzaine (de) 半打，（约）六个（的……） (7)
une majorité (de) 大多数 (12)

V

vache *n.f.* 母牛 (7)
vain, e *adj.* 徒劳 (12)
valider *v.t.* 使有效，使生效 (11)

varié, e *adj.* 各种各样的，多样化的 (10)
veau *n.m.* 牛犊 (7)
vendange *n.f.* 收获葡萄 (7)
Venise 威尼斯 (2)
verger *n.m.* 果园 (7)
verser *v.t.* 倒，倾入 (11)
Victor Hugo (人名) 维克多·雨果 (1)
vision *n.f.* 观点 (6)
visite *n.f.* 访问，参观，出诊 (3)
visiteur, euse *n.* 来访者，来客 (9)
vivre *v.i.* 活着，生活 (2)
voie *n.f.* 路，道路 (10)
voie ferrée *n.f.* 铁路 (10)
voisin, e *adj.* et *n.* 邻近的；邻居 (9)
voix *n.f.* 声音 (10)
volume *n.m.* 卷，册 (11)
voyager *v.i.* 旅行 (10)
voyageur *n.m.* 旅客 (6)
vue *n.f.* 看，看到；视觉；风景 (10)

W

wagon-lit *n.m.* 卧铺车厢 (13)
week-end [wikɛnd] *n.m.* (英) 周末 (6)

Y

Yves Saint Laurent 伊夫·圣·罗兰 (2)

Z

zéro *n.m.* 零，零度 (4)